肇兴侗寨

教育变迁

The Educational Changes of Zhaoxing
Dong Nationality

王丽娟 著

教育部人文社会科学重点研究基地重大项目「民族地区民生改善与文化教育发展互促研究」（15JDZONGHE021）

国家社科基金重点项目「西南民族地区民生改善调查研究」（11AMZ004）

科学出版社
北京

内 容 简 介

本书以民族村寨教育变迁为思维主线，选择建寨历史悠久的侗族聚居村寨——肇兴为研究对象，对时代更替中社会的发展与少数民族村寨内部教育诉求的变迁做深刻、细致、辩证的研究。

本书首先借助田野考察及因素分析框架，对贵州省黎平县肇兴侗寨的教育变迁做要素与过程分析。在此基础上，阐释在不同的历史时期少数民族聚居村寨教育诉求发生变迁的缘由与背景，并探析了现阶段肇兴侗寨教育的现状。最后对引发肇兴侗寨教育变迁的根源，以及少数民族聚居村寨实际教育诉求如何协调与国家统一教育设想之间的矛盾也做了一定的研究。

本书适合教育学、人类学等领域的研究生、科研人员，以及对少数民族教育发展、文化传承感兴趣的各类读者参阅。

图书在版编目（CIP）数据

肇兴侗寨教育变迁 / 王丽娟著. —北京：科学出版社，2018.1
ISBN 978-7-03-054387-5

Ⅰ. ①肇… Ⅱ. ①王… Ⅲ. ①侗族–少数民族教育–教育史–研究–黎平县 Ⅳ. ①G759.2

中国版本图书馆 CIP 数据核字（2017）第 216814 号

责任编辑：朱丽娜 孙文影 / 责任校对：杜子昂
责任印制：张欣秀 / 封面设计：润一文化

联系电话：010-64033934
电子邮箱：edu_psy@mail.sciencep.com

科 学 出 版 社 出版
北京东黄城根北街 16 号
邮政编码：100717
http://www.sciencep.com

北京京华虎彩印刷有限公司 印刷
科学出版社发行 各地新华书店经销

*

2018 年 1 月第 一 版 开本：720×1000 B5
2018 年 1 月第一次印刷 印张：13 1/8
字数：265 000

定价：78.00 元
（如有印装质量问题，我社负责调换）

序　言

　　教育变迁受社会变迁的深刻影响，是社会变迁的体现与缩影，也是教育发展的构件与载体。随着中国社会在不同历史时期内的转型和变革，中国广大村寨的教育亦跟随村寨社会前进的脚步步入了现代化进程。村寨教育作为村寨社会的构成部分之一，随着社会的转型经历了多样的起伏与波澜，它时而繁荣兴盛，时而踌躇停滞。村寨教育的变迁历程标注了村寨社会变迁与转型的路径，保留了村寨教育实践改革和教育思想演进的印记。时至今日，村寨教育依然蕴藏着鲜活的生命力，延续着发展和变迁的历史使命。

　　肇兴侗寨便是这样一所经历了中国乡村教育数百年变化发展历史，至今仍在思索、前行和变化的少数民族聚居村寨。肇兴侗寨地处黔、桂、湘三省交界的"金三角"地带，是贵州省黔东南苗族侗族自治州黎平县的 25 个乡镇之一。作为侗族聚居之地——"肇洞"的中心地区，自明朝洪武六年（1373 年）建寨至今，这里的教育经历了漫长、曲折的变迁历程。根据村寨学校教育兴盛衰亡的曲折经历，肇兴侗寨的教育变迁历程可大致分为前后相继的三个历史阶段。

　　1）建寨之初至 1504 年之前的时期，此阶段肇兴侗寨虽然已经受到汉文化的影响，但还未被纳入到国家统一的行政版图之中，属于化外之地，尚无学校，当时的村寨教育就是寨内社会教育。1504 年，明王朝出于政治需要和军事安全的考虑，下旨要求贵州省州、府所在地设立府学、书院，在类似肇兴侗寨的人口聚居"大乡巨堡"设社学、义学或私塾，标志着肇兴侗寨教育迈入了新的历史阶段，被纳入到中央集权教育体系之中。

　　2）清王朝延用前朝的文教政策直到 1905 年，随着"废科举、兴新学"新政的实施，肇兴侗寨传统学校停办，但新式学堂却并未建立起来，乡民无校可上，侗寨教育进入了停滞时期。1935 年，国民党在肇兴侗寨建立了第一所现代学制小学，标志着该村寨教育步入了现代化进程。1949 年中华人民共和国成立以后，村寨学校走上了新的发展道路，学校的办学思想、课程设置也随时代要求不断变化，学校的规模不断扩大，到 1954 年发展成为一所完全小学。

　　3）中华人民共和国成立后一系列政治运动的影响，使学校处于不断的混乱和调整之中，在"文化大革命"中达到最大，学校教育活动陷入低谷，更是一度停办；在拨乱反正和改革开放之后，学校从低谷中开始慢慢复苏，并逐步走向现代化。与此对应，面向肇兴侗寨农民的农民夜校和农民中学（简称夜校农中）自1951年开办以来，一直坚持开门办学的宗旨，发展至今成为农民文化技术学校，虽历经波折，却在普通学校教育难以为继之时，取得了辉煌的办学成绩，为肇兴侗寨及周边地区培养了大量人才，发挥了教育服务社会、服务个体的功能。

　　肇兴侗寨教育变迁历程，是中国众多少数民族聚居村寨教育变迁的缩影和代表。肇兴侗寨面对政权更替、教育改革和文化转型一直在积极地寻求变革，对促进个体全面发展、乡村社会稳定和谐及改善民生都有着不可替代的作用。不同历史时期村寨教育的变迁，反映出了村寨乡民对村寨教育的需求随时代更替而发生着相应的变化。鉴于此，本书在田野考察的基础上，借鉴文化哲学、政治文化学和教育人类学等学科理论和方法，首先对肇兴侗寨的历史文化、社会变迁等现有相关研究成果进行了梳理；对不同历史时期下村寨的社会发展状况及教育需求、村寨教育的特点、变迁历程、促使其发生变迁的原因等内容进行细描。其次对村寨教育变迁的整个历程进行历史透视，总结了肇兴侗寨教育变迁的基本规律；对村寨教育的根本属性进行了理性反思和讨论，提出教育是满足人生存和发展需要不可或缺的生命活动，其目的是提升人生存和发展的生命质量，促进社会的和谐发展与全面进步，而国家统一教育要求与个体需要之间背离是侗寨教育发生变迁的深刻根源。最后，循迹肇兴侗寨教育变迁的历史，沿着理论求索的轨迹，探寻其背后隐含的教育规律，以滴水见太阳，对我国民族地区农村教育的未来发展做出理性的思考：要辩证认识国家统一教育要求与基层农村实际教育需求之间的关系，立足于实现国家教育目标，满足农村的实际教育需求；要树立以改善民生为本的民生价值观、整体发展观，促进民族地区的教育、人、自然与社会的和谐共生发展；要在多元文化的现实背景下建立互补共进的多元文化交流机制，以不同文化之间的双向互动、滋养促进教育发展；进一步重视发挥政策制度对农村教育发展的积极促进作用，以期促进我国农村教育和谐发展，并有利于农村社会、经济、文化等各方面的发展。

王丽娟
2017年7月17日

前　言

本书在田野考察的基础上，借鉴文化哲学、政治文化学和教育人类学等学科理论和方法，对肇兴侗寨的历史文化、村寨教育、社会变迁等现有相关研究成果进行了梳理，从纵向角度对肇兴侗寨教育变迁历程进行深入的分析，对该村寨自建寨以来不同时期的村寨教育状况进行尽可能入微的考察，对肇兴侗寨教育变迁的各个历程、变迁的特点及当下存在的问题、变迁的原理及引导策略进行全面的总结，最终在此基础上对民族村寨教育的科学定位与选择作出理性的思考。

本书共由六部分构成，第一部分为第一章，该部分主要涉及选题的背景，即研究问题的由来、本书的目的与意义，并在对已有研究文献进行梳理、透析、概括和评论的基础上，对本书中涉及的几个核心概念进行阐述和限定，同时交代了本书研究区域选择的依据、研究方法与技术路线运用的客观标准。

第二部分为第二章，研究区域的民族志考察，具体内容是研究区域的生态环境、历史沿革、民族人口分布状况、生活周期、当地的社会经济类型、产业结构类型、生活习俗的多样性，以及当地村寨教育的基本状况，从村寨教育自身变迁的历程及整个变迁过程的特点为切入点，对肇兴侗寨的教育情况进行尽量全面的考究。

第三部分由第三章至第五章组成，主要在上述考究的基础上，分析总结出肇兴侗寨教育变迁历程的基本特征，以及村寨教育在不同历史时期内，学校教育及社会教育遭遇的诸多突出问题和现实困境。

第四部分为第六章，在深度访谈的基础上，揭示肇兴侗寨教育变迁的深刻原因：村寨生产实践活动及生产力发展水平是村寨教育变迁的重要基础；政治制度和政策是肇兴侗寨教育变迁的主导力量；侗族文化变迁是肇兴侗寨教育变迁的深层次因素；村寨主体的需要和教育观念的变化是肇兴侗寨教育变迁的内在动因；肇兴侗寨教育作为村寨社会大系统中的子系统之一，自身的变迁体现了教育合规律性与合目的性的统一。

第五部分为第七章，主要从理论思考的角度提出民族村寨教育发展的思路和可行性路径，对教育的根本属性进行了理论反思和讨论，并由此提出教育是满足人生存和发展需要所必需的生命活动，其目的是提升人生存和发展的生命质量，促进社会的和谐发展与全面进步。本部分提出，民族村寨教育合理定位的理性思路是：树立以改善民生为本的整体发展观，促进民族地区教育、人、自然与社会的和谐共生发展；在个体现实教育需求与村寨教育目标之间建立起双向适应、双向滋养的关系；进一步明确政府在民族村寨教育事业中的责任，以期在促进民族村寨教育事业发展的同时，又能促进民族乡村社会、经济、文化等各方面的发展。

第六部分为结语，主要交代本书的创新和存在的不足，以及进一步研究的方向。

王丽娟

2017 年 8 月 1 日

目　录

第一章 导　论

第一节　教育变迁视角下的民族村寨教育

教育在社会转型与时代变迁中，自身也经历着或积极或被动、或持久或短暂、或平静或剧烈、或细微或全面的变化。与整个社会的外发性现代化相一致，中国众多民族村寨的教育是逐渐迈向现代化的，尽管至今远未实现真正的教育现代化，仍在走向现代化教育的过程之中，但是"我们不能不了解中国教育现代化已经经历了相当漫长的历史进程，它伴随着传统教育的不断解构而兴起，其过程十分曲折，需要反思性理论总结与探索"①。中共中央"十二五"规划提出，"必须坚持把解决好农业、农村、农民问题作为全党工作重中之重，统筹城乡发展，坚持工业反哺农业、城市支持农村和多予少取放活方针，加大强农惠农力度，夯实农业农村发展基础，提高农业现代化水平和农民生活水平，建设农民幸福生活的美好家园"②。在这种形势下，农业、农村、农民问题日益受到国家的重视，民族村寨发展与教育变迁的关系成为学界研究的热点，因此，深入民族农村实地，研究农村教育与社会各因素之间的复杂关系，探寻农村教育的出路，是研究者应有的选择。

一、民族村寨教育命运的思考

中国的大多数人口依旧生活在农村，广大农村是中国传统文化的核心与载体，是"中国广阔地域上和历史渐变中的一种实际存在的最稳定的时空坐落"③。民族地区尤其如此，民族村寨积淀着深厚的民族文化和历史传统。作为民族乡土社会系统中的村寨教育，深受特定时空地域及民族文化的影响，在社会转型与时代变革中的形态和作用历来受到研究者的重视，在这些转型和变革中，伴随着村寨传统教育的不断解构与现代学校教育嵌入农村并兴起，村寨教育自身经历了漫长的历史进程和各种各样的变化，其过程十分曲折，需要反思性理论总结与探索。

---

① 丁钢. 历史与现实之间：中国教育传统的理论探索[M]. 桂林：广西师范大学出版社，2009：142.
② 中共中央关于制定十二五规划的建议全文公布[EB/OL]. http://news.sina.com/cn/0/2010-10-28/00091829 4495s. shtml [2010-10-28].
③ 钟敬文. 民间文化讲演集[M]. 南宁：广西民族出版社，1998：120-124.

以民族村寨为研究单位,通过由内向外、自下而上的路径研究村寨教育变迁,借助历史文献梳理和口头叙事细致描绘,将民族村寨的教育变迁置于鲜活的社会生活中,进而揭示民族地区村寨教育变迁中的特点及规律,这是社会科学面临的重大现实问题。因此,审慎而理智地思考民族村寨教育作为一种社会存在的命运应当成为教育研究的责任。

二、教育改善民生的现实诉求

现代社会的高度分工和市场经济的功利主义逻辑,使人们更多趋向于社会的需要,忽视人本身的需要,把技术和技术理性作为追求功利的手段。与之相应,教育表现出唯科学、唯理性教育的倾向,重视教授受教育者掌握"何以为生"的本领,放弃了引导学生对"为何而生"的思考。整个世界教育改革的潮流都在强调技术知识教育,无论是基础教育改革还是高等教育的专业调整,都把发展的重点放在技术知识教育上,对教育功能的认识多偏重其工具功能、选拔功能,而忽视教育在切实提高生活质量、提升人的幸福感方面的功能。但是,仅仅注重教育的工具功能,而忽视教育引导人们真正地贴近生活、享受生活进而创造生活方面的功能,容易导致生命完整性的丧失及人被物化的命运,进而将人的精神生活和灵魂世界排挤到一个日益边缘化的角落。人不仅是工具性的存在,更是目的性的存在。要实现人的工具性与目的性的统一,需要引导受教育者成为生活的"主人",在生活中舒展生命,享受生命的乐趣,实现生命的意义与价值。

随着我国社会政治、经济与文化的发展,国家政策逐渐从强调经济的增长、物质资料的生产和积累转向注重人民生活质量、国民的幸福指数,特别是精神文化生活的改善与提高。与之相应的教育价值体系也经历了类似的转变,教育定位由先前的"文教""科教"转向以民生改善为重点的"社会事业",从服务于国家发展需要的"国计"转向以解决人民群众最关心、最直接、最现实利益问题为宗旨的"民生"[①]。关于教育与幸福、教育与生活的讨论近些年已经成为教育理论研究的热点话题,教育在改善民生、提高人们生活质量方面的基础性作用逐渐引起国家与政府的重视。关于如何实现教育在改善民生方面的功能、切实提高人们的生活质量,实现真正的"以人为本",已有的国家政策与理论研究提出了宏观性的意见,包括:促进和实现教育公平[②];坚持教育的公益性质,依法规范各种办学行为[③];强化国家与政府在教育发展中的责任和作用;加强教育与其他民生项目

① 阮成武. 新中国60年教育定位变迁及价值转向[J]. 华中师范大学学报(人文社会科学版), 2011, (2): 136-141.
② 柳礼泉, 黄艳. 改善民生视阈下的教育公平问题论析[J]. 科学社会主义, 2009, (2): 93-96.
③ 司晓宏. "以人为本"教育价值观的真正确立——对党的"十七大"报告从"改善民生"角度论述教育问题的解读[J]. 陕西师范大学学报(哲学社会科学版), 2009, (5): 95-99.

的统筹配合；等等。通观已有的关于教育与民生的研究，论者多是从教育目的、教育价值取向方面进行了论证并探讨教育如何促进民生改善，这些宏观策略为教育改善民生的实践起到了原则性的指导作用，具有一定的现实意义。但是目前关涉微观层面，在通过教育如何实现改善民生、提高生活质量方面的现实研究还比较缺乏。教育是社会系统的一个子系统，对相对稳定的民族村寨而言，要有效发挥它的民生功能无疑既需要村寨政治、经济、文化等系统的配合，还需要对教育自身的目的及结构等方面进行调整，然后通过教育培养个体这一实践活动来实现改善民生的功能。因此，立足于民族村寨教育的历史与现实来研究教育如何改善民生，有利于实现教育改善民生的现实诉求。

三、基于村寨教育现实的"乡土理论"

长期以来，我国的城市与乡村之间，在社会、经济、政治、文化等多方面都存在着无法忽视的巨大差异。随着城镇化建设的加速，城乡之间的差别也随之持续加大。人们对现代化社会的褒扬和追随，使大量农村人走向城市，这已成为社会人口流动的一个主要形式。我国自封建社会以来，一直延续至今的外向型精英教育模式在当下的农村里还在持续进行。村寨教育顺应了农村社会流动趋势，与我国提出的城乡二元结构理念相结合，强化了教育活动的城市导向。很多人甚至认为研究城市的、主流社会的教育问题才是有意义的，才是符合研究主流的"大题目"，而村寨教育与村寨的发展、人的发展等问题，只是处于边缘化的"小题目"。也就是说，当前我国民族农村的教育是沿着一条已经被规划好、设计好的理想化路线前进。当远离乡村的学者将农村社会教育的变迁简单地等同于符合了时代及国家发展的需求时，显然他们忽视了民族乡村社区和教育本身是一个多元化的、异彩纷呈的世界的事实，这使他们的研究既面临着来自微观视角的挑战，又显示出了在理论创新上的倦怠。

在此背景下，本书以贵州肇兴侗寨为研究对象进行微型研究，便具有了特别的意义，即从城市和主流社会的边缘分析中国的乡村教育与社区关系，通过自下而上、由内而外的村寨微型研究，使教育研究与真实的经验形成内在的关联，有利于探寻事物的本质，寻找到符合村寨教育自身发展的话语和理论方式，丰富人们对村寨教育变迁与乡村社会的认识。

四、倡导实践导向的研究策略

"要真正做好农村研究以及其他关于中国的研究，就必须回到常识，回到个案，回到农村和中国经验中来，对农村和中国当下的状况与处境做出解释，在中国问题和农村问题的语境中建构理论。"①本书以贵州肇兴侗寨为研究对象所做的微型研究，即回归民族地区乡村教育的语境，对民族村寨与教育的关系从具体的、历史的、实践的维度去综合理解，丰富人们对乡村教育变迁的深刻认识。同时，可以反思验证乡村教育宏观研究的真实性，提供一幅微观的教育变迁图景，以便洞察出一些来自基层的认识和观念。

教育变迁与民族村寨的发展互动，不但是村寨外部力量影响的结果，同样也是民族村寨内外部各种影响要素之间互动的过程与客观结果。贯穿本书的一个基本理念是，对村寨教育变迁与村寨及个体的发展，应该从历史的、现实的、实践的、综合的多维度来理解。本书所展示的是一种自下而上、由内而外的阐释路径，即避免采用预设的自然或社会来说明研究对象及研究者的活动，而是考察教育活动如何与自然和社会等各因素之间互动，通过追踪教育变迁的实践和历史中的村寨社会，实现把握知识活动本源的研究诉求。因此，本书为考察基层村寨教育与农民社会和生活的综合发展、先进知识的生产传播过程，以及教育与乡民社会的复杂关联等问题提供了一种新的研究视角。

第二节　贵州省黎平县肇兴侗寨简介

中国复杂的地域环境、历史条件、多样的民族文化，使乡村社会的教育变迁呈现出多样面貌和轨迹，"一味地凭借想象力或理论阅读来完善考察视野的勾勒，并不能将中国教育的真实状况揭示出来"②，只有走入具体乡村社会，将乡村社会时空中的教育事件描述出来，才能获得对乡村教育变迁的真正理解。基于这样的基本认识，本书认为，选择一个富含代表性的民族村寨是进行民族村寨教育变迁问题研究的基础。被选择的民族村寨的生长变化必然要与整个社会的生长变化有基本一致的或者同步的节奏，它身上的村寨社会变迁和教育变迁的烙印应十分明显或突出；该民族村寨必然是随着社会历史的变迁而积淀了丰富的教育经历，不仅曾达至村寨教育活动的顶峰，也必然曾经历过教育的沉寂和低迷；该民族村寨的教育在今天也仍旧有着源源不断的生命力，伴随着社会和教育的变迁而继续脉动。贵州省黔东南苗族侗族自治州黎平县肇兴侗寨便是这样一个民族村寨。

肇兴侗寨位于贵州黎平县南，地处黔、桂、湘三省交界地带。明朝洪武六年（1373 年），由江西吉安府陆姓家族迁居此地并建寨至今③。全寨有 800 余户，3300多人，均为陆姓，是国内最大的侗族自然村寨，由上寨、中寨、下寨三个自然寨

---

① 贺雪峰. 新乡土中国[M]. 桂林：广西师范大学出版社，2003：230.
② 丁钢. 声音与经验：教育叙事探究[M]. 北京：教育科学出版社，2008：13.
③ 黎平县地方志编纂委员会. 黎平县志[M]. 贵阳：贵州人民出版社，1984：83.

内的侗族家庭、家族、五个房族长期聚"斗"（房族）形成的，进行社会活动，产生各种互动关系而共生共存的社会地理空间，包括仁、义、礼、智、信五个团寨，被称为"千家侗寨"①。该"自然村寨是侗族居住集寨的基本单元，是侗家人世代聚居、生育繁衍的场所，也是侗族民俗和传统文化得以创造、发展的基地"②。肇兴是古代"肇洞"的中心，现今是肇兴乡政府驻地，涵盖周边近 30 个侗族村寨，人们形成了以农耕稻作为本，以鼓楼为全寨政治、文化中心，以萨坛为祭祀场所，以多声部大歌为养心之道的人类群落③。和汉文化地区相比，自明朝洪武年间建寨至今，肇兴的教育变迁与经济、政治、民族、文化、社会等因素之间的关系体现得非常明显，而各因素之间的矛盾也表现得十分突出，教育如何与村寨发展、文化传承、人口素质提高等内容有机统一也表现得比较突出。肇兴侗寨教育历经了最早自发的、非正规的、口耳相传的阶段，经历了封建王朝推行儒化教育、科举制度下的书院和义塾教育建制，经历了清末学堂改制、没落，经历了民国时期创办形制完备的新式小学到开办初中，同时创办夜校农中和农业技术文化学校，村寨教育层次齐全。

该民族村寨自明初建寨延续至今，村寨教育的积淀深厚、历史悠久，跨越了多种性质的社会形态，更是近现代以来中国民族村寨教育变化的历史缩影。肇兴侗寨教育的变迁史与中国历朝历代社会历史变化进程相联系，与教育自身的变迁相联系，与民族村寨乡民的需求变化相联系，既是普遍中的个别，也是特殊中的一般，因此是研究民族村寨教育变迁的优秀案例。本书以贵州省侗族聚居的肇兴侗寨为研究的田野，考察民族村寨教育变迁的历史与现实。本书立足于肇兴的田野调查，研究侗寨教育自身发展的特点与表现，考察该寨教育变迁从自发的、无组织的、口耳相传的教育到有组织的传统教育，再到正规的、以现代的民族村寨教育为主等多个历史阶段，进而分析当地不同时期教育的实际需求是什么，探寻民族村寨教育变迁的根源是什么等根本问题，具有现实的可能性。

纵观肇兴侗寨教育变迁的历史，从最初自发的、非正规的村寨教育活动到传统学校教育产生、经历短暂繁荣时期，再到民族村寨学校教育停滞甚至倒退时期，然后到现代学制学校出现、村寨教育曲折发展时期，直到机遇和挑战并存的新时期，该民族村寨的教育活动始终受到扎根于传统侗族社会土壤中的教育需求、民族文化习俗及地方性知识变化的影响和制约。那么，肇兴侗寨的教育在不同历史时期发生了怎样的变迁？基本特点是什么？不同历史时期的教育目的与肇兴侗寨

① 黎平县地方志编纂委员会. 黎平县志（1985～2005 年）[M]. 上册. 贵阳：贵州人民出版社，2009：164；黎平县地方志编纂委员会. 黎平县志（1985～2005 年）[M]. 下册. 贵阳：贵州人民出版社，2009：957.

② 冯祖贻，朱俊明，李双璧，等. 侗族文化研究[M]. 贵阳：贵州人民出版社，1999：4-5.

③ 贵州省黎平县人民政府. 贵州省黎平县地名志[M]. 凯里：凯里第一印刷厂，1985：221.

实际教育需求发生了怎样的变化？这些变化对民族村寨社会系统产生了怎样的影响？纵观肇兴侗寨教育变迁历程，肇兴侗寨教育发生变迁的原因有哪些？民族村寨教育应坚持什么样的定位和选择？如何提出促进肇兴侗寨及类似少数民族聚居村寨教育健康发展的现实策略？这一系列问题的解决具有深远的现实意义，引发了笔者以肇兴侗寨为研究的田野，深入研究民族村寨教育变迁这一论题。

第三节　已有相关研究

为了更好地诠释民族村寨的教育变迁，对国内外关于中国村寨教育思想、村寨教育具体和微观问题的研究、特定历史时期村寨教育的关注、村寨教育变迁与民众生活等方面的文献进行梳理十分必要。

一、国内外已有研究梳理

笔者通过深入地研读、分析、比对国内外已有的关于民族村寨教育变迁的相关文献资料，对已有的研究成果有了比较全面的认识与把握。为了能够科学高效地利用这些研究成果，笔者从以下几个方面对已有研究进行了概括，并提出了存在的不足或有待进一步研究之处，为本书奠定基础，具体内容如下。

（一）中国村寨教育思想的研究

早在春秋末年，我国的教育就具有了外向型、精英化的特点，从地方向中央的社会流动成为庶民从学和乡学发展的主要动力。《吕氏春秋·博志》①中所指出的宁越弃稼向学而后为周威王之师的记载，便是庶民弃"劳力"从学而后为"劳心"的例子。在整个封建社会中，仅有少数人才有受教的权利。到了清朝，各式官学先后发展，其中包括中央官学与地方官学两类。地方官学有府、州、县各级学校，在县以下的广大农村，国家依靠乡绅来实现对乡村社会的控制，私塾是乡村的主要教育形式。清末之后，随着我国现代化的推进，以及现代国家政权的建立，国家政权延伸至民族地区的基层村寨，并在乡村开办了新式的教育②。20世纪初的村寨教育思想与实践受到五四时期民主、科学精神及美国杜威实用主义教育思想的影响，"均不同于'学而优则仕'的精英教育，它是以改造乡村为目的，与社会需要紧密相结合的实用主义平民教育"③。在这一时期，陶行知、黄炎

---

① 余英时. 士与中国文化[M]. 上海：上海人民出版社，1996：16-17.
② 孙培青. 中国教育史 [M]. 3 版. 上海：华东师范大学出版社，2010：229.
③ 翁乃群. 村落视野下的农村教育：以西南四村为例[M]. 北京：社会科学文献出版社，2009：14.

培、晏阳初、梁漱溟等的"教育救国""科学救国""平民教育""乡村文化建设"思想奏响了教育走向实现农村现实生活、提高民族素质、以行动来改造中国的实践路径。费孝通在《乡土中国》中提出，在一个熟人社会里，农民有随心所欲而不逾规矩的自由。但规矩不是法律，而是它们"习"出来的礼俗，从"俗"即是"从心"。费孝通对乡土社会的属性分析是从实践、习惯、价值观和心态方面，代表一种独特的中国传统的"根"[①]。曹锦清认为，观察中国社会，可以有两个不同的"视点"（或说"立场"），每一个"视点"可以有两个不同的"视角"。第一个"视点"的两个"视角"是"从外向内看"与"从上往下看"；第二个"视点"的两个"视角"是"从内向外看"与"从下往上看"。所谓"外"，即西方社会科学理论与范畴，"从外向内看"，就是通过"译语"来考察中国社会的现代化过程；所谓"内"，即中国自身的历史与现实，尤其指依然活跃在人们头脑中的习惯观念与行为方式中的强大传统；所谓"上"，即中央，指传递、贯彻中央各项现代化政策的整个行政系统；所谓"下"，即与公共领域相对应的社会领域，尤其指广大的农民、农业与农村社会，"从上往下看"，就是通过"官话"来考察中国社会的现代化过程[②]。1927年3月，毛泽东发表了《湖南农民运动考察报告》，他在文中表明了鲜明立场，他认为"农民看不惯'洋学堂'是正确的，乡村小学校的教材，完全说些城里的东西，不合农村的需要"[③]。1934年1月，在第二次全国苏维埃代表大会的报告中，毛泽东提出苏维埃文化教育的总方针"在于使文化教育为革命战争与阶级斗争服务，在于使教育与劳动联系起来"，"教育与生产劳动相结合"后来成为苏区教育的基本经验之一。中华人民共和国成立之后，毛泽东批判了仿照苏联模式而建立起来的教育制度。他提出："教材要有地方性，应当增加一些地方乡土教材。农业课程要由本省编。讲点乡土文学。"[④]也有学者提出，"乡村社会变迁始终是中国历史变迁的主体内容，这不仅因为在区位结构中乡村占据绝对的多数，而且因为乡村的生活模式和文化传统，从更深层次上代表了中国历史传统。即使对于整个近代史而言，近代化或城市化进程，本质上也是乡村社会变迁的过程"[⑤]。乡土本色没有发生根本性的变化，因此，深入研究乡土社会是社会科学面临的重要任务。

（二）村寨教育具体问题的研究

1915年，由黄炎培等发起成立的全国省教育会联合会对国内外教育展开了

---

① 王铭铭. 西学中国化的历史困境[M]. 广西师范大学出版社，2005: 6.
② 曹锦清. 黄河边的中国——一个学者对乡村社会的观察与思考[M]. 上海：上海文艺出版社，2000.
③ 毛泽东. 湖南农民运动考察报告//毛泽东. 毛泽东选集（一卷本）[M]. 北京：人民出版社，1964: 41-42.
④ 转引自：翁乃群. 村落视野下的农村教育：以西南四村为例[M]. 北京：社会科学文献出版社，2009: 15.
⑤ 王先民. 中国近现代乡村史研究及展望[J]. 近代史研究，2002，（2）：259-289.

讨论，如"广东省教育会学制系统研究会在对德、英、美、法、日五国教育趋向的研究中指出，世界各国教育大趋向中包括了注重职业教育和村落教育"①，这表明具现代意义的乡村教育研究已经引起了人们的注意。李书磊在《村落中的"国家"——文化变迁中的乡村学校》②一书中，选择了一所希望小学作为调查对象，从小的视角出发来描述和分析学校与乡村生活的隔膜、学校课本知识与地方性知识的冲突、学校在村庄变迁中的意义等，该书是一本典型的教育民族志研究，展示了乡村学校作为村落中的"国家"的形象。马戎和龙山主编的《中国农村教育发展的区域差异：24 县调查》③是较早的应用社会学的实地调查和分析来对农村教育发展展开研究的一本著作，他们合编的《中国农村教育问题研究》④是在前一本书的基础上对农村教育问题的进一步的社会学分析。王铭铭考察了闽台三个村落的初等教育，他发现地方学校的历史可追溯至明朝的"社学"，但当时的教育只局限于将传统的政治伦理秩序合法化，在地方社会传播上层文化，而新式学校大大提高了对地方社会的渗透能力，它通过传授实用的普遍知识体系，培养起现代的公民意识，为新政权服务⑤。刘世民在《错位与抉择：论农村学校教育的主导功能和路向》一书中指出，当今中国农村教育的主导功能应当是要让每一个学生都受益，"既要让一部分将来能够升学的孩子奠定坚实的学术基础，更要让大多数孩子掌握一技之长，为他们今后在社会上安身立命做必要的准备"，与此相对应，农村教育应当贴近农村社会和生活，切合农民及其子女的需求⑥。王凌等在《以教育促进社会经济发展和民族文化传承：来自寻甸回族、彝族自治县六哨乡的研究报告》⑦中，使用参与性农村评估（Partivipatory Rural Appraisal，PRA）研究法、教育叙事研究法、田野工作法等研究方法，探究了以教育促进贫困民族农村社会经济与民族文化传承之道路。田静和曹芳的《与项目一同成长：一位村中心完小校长的个案》⑧一文在实地调研的基础上，利用多种方法搜集资料，对项目实施地的一位村中心完小校长的个人经历、职业生涯等进行了个案研究。袁同凯的《走进竹篱教室：土瑶学校教育的民族志研究》一书，探讨了影响少数民族

---

① 李华兴. 民国教育史[M]. 上海：上海教育出版社，1997：137.

② 李书磊. 村落中的"国家"——文化变迁中的乡村学校[M]. 杭州：浙江人民出版社，1999：25.

③ 马戎，龙山. 中国农村教育发展的区域差异：24 县调查[M]. 福州：福建教育出版社，1999.

④ 马戎，龙山. 中国农村教育问题研究[M]. 福州：福建教育出版社，2000.

⑤ 王铭铭. 教育空间的现代性与民间观念——闽台三村初等教育的历史轨迹[J]. 社会学研究，1999，（6）：103-116.

⑥ 刘世民. 错位与抉择：论农村学校教育的主导功能和路向[M]. 重庆：西南师范大学出版社，2002：13.

② 王凌，罗黎辉，曹能秀，等. 以教育促进社会经济发展和民族文化传承：来自寻甸回族、彝族自治县六哨乡的研究报告[A]//丁钢. 中国教育：研究与评论（第 5 辑）[C]. 北京：教育科学出版社，2003：55.

⑧ 田静，曹芳. 与项目一同成长：一位村中心完小校长的个案[A]//丁钢. 中国教育：研究与评论（第 5 辑）[C]. 北京：教育科学出版社，2003：133.

学生学业成就的因素，以及地方政治权力与学校教育的互动等问题，该书指出"真正阻碍弱势族群学校教育发展的重要因素是政治因素，或者说，首要的是国家和地方政府的政治意志，其次才是物质因素和文化因素"[①]。滕星撰写的《文化变迁与双语教育：凉山彝族社区教育人类学的田野工作与文本撰述》[②]一书，遵循解释人类学理论及研究范式，采用主客位立场相结合的研究范式，对 20 世纪后 50 年以来凉山彝族社区的语言及教育变迁过程进行了细致描述，对凉山彝族社区双语教学给予积极的评价与肯定，在此基础上在人类文化的共性与差异性、文化的普世主义与多元主义等相关领域，对当代人类社会在双语教育理论与实践活动中遭遇的困境及根源进行了深入的探讨，最后提出了研究者的基本立场和观点，即关于人类语言文化应坚持共性与多样性有机统一的基本立场。滕星和杨红的《西方低学业成就归因理论的本土化阐释：山区拉祜族教育人类学田野工作》[③]一文，从人类学的田野调查入手，应用现象学的手段对山区拉祜族学生的低学业成就进行了原因分析，总结出主要的影响要素，并结合地方的实际状况提出了改善少数民族学生低学业成就的"多元文化整合教育"理论模式。张诗亚和吴晓蓉的《"顶岗实习"：来自农村教育的日志》[④]一文通过借助实习学生、实习指导教师及实习工作参与人员等的回忆、讲述和日志，以讲述实习的故事等形式，揭示中国贫困农村的教育现状，深入探究了解决中国农村教育问题的有效方略。袁桂林的《农村教育调查研究三题》[⑤]依托扎实的第一手田野调查资料，对我国的农村义务教育经费、农村师资及农村初中生辍学率问题进行了较为系统的分析研究。孟小军认为西南民族地区基础教育的发展面临着前所未有的困境。他认为产生困境的根本原因在于对基础教育概念的理解过于狭隘，在于强制推行单一类型基础教育政策带来的消极后果；他通过实地考察了解西南民族地区影响个体发展的多样化教育形态，从理论与实践两个层面对西南民族地区基础教育进行了反思，认为研究者的首要任务是要廓清基础教育的概念内涵，还对西南民族地区客观存在的、多样化的基础教育进行了分类，最后针对西南民族地区基础教育未来发展提出了针对性的路向选择。[⑥]翁乃群主编的《村落视野下的农村教育：以西南四

① 袁同凯. 走进竹篱教室：土瑶学校教育的民族志研究[M]. 天津：天津人民出版社，2004：360.

② 滕星. 文化变迁与双语教育：凉山彝族社区教育人类学的田野工作与文本撰述[M]. 北京：教育科学出版，2001：256.

③ 滕星，杨红. 西方低学业成就归因理论的本土化阐释：山区拉祜族教育人类学田野工作[J]. 广西民族学院学报（哲学社会科学版），2004，（3）：2-17.

④ 张诗亚，吴晓蓉. "顶岗实习"：来自农村教育的日志[A]//丁钢. 中国教育：研究与评论（第7辑）[C]. 北京：教育科学出版社，2004：157.

⑤ 袁桂林. 农村教育调查研究三题[A]//丁钢. 中国教育：研究与评论（第8辑）[C]. 北京：教育科学出版社，2005：1.

⑥ 孟小军. 断裂与链接：西南民族地区从础教育类型研究[M]. 桂林：广西师范大学出版社，2007：219-229.

村为例》①中包括李小敏的《村落知识资源与文化权利空间——滇西北永宁乡拖支村田野调查》、吴凤玲的《村落社会文化与国家教育——川西南泸沽湖镇一村小及其所在村落的田野调查》、沈红的《贫困乡村教育的文化嵌入——黔西北石门坎的田野调查》、刘云衫的《村庄与教育——黔西南一个民族混居村庄的田野研究》，这些田野志是对我国农村教育的宏观研究，而不是解剖麻雀式的微观研究。

（三）对特定历史阶段内村寨教育的研究

陈锟的《中国乡村教育战略》②在回顾历史、总结国内外乡村教育实践经验的基础上，对社会主义新农村建设、新形势下的中国乡村教育战略作了较为深入和全面的阐释。张济洲在《文化视野中的村落、学校与国家——一个县教育变迁的历史人类学考察（1904—2006）》③中通过收集民间文献资料，综合运用口述史、人种志等多种研究方法，呈现了 20 世纪以来伴随民族、国家的兴起，国家政权逐步渗入乡村社会，国民教育体系与村落文化、地方性知识相互作用的生动的复杂性。曹诗弟的《极左时期的农村教育（1957—1977 年）：一个具有国际影响的社会试验的成功和失败》④，在对山东邹平县的田野调查和民间收集的大量文献资料的基础上，生动地展现了邹平县在 1957~1977 年的乡村教育变迁图景，他提出，虽然这一时期的乡村教育增加了农民的受教育机会，"但学校在政治灌输、教育与乡村生活相联系方面是失败的"。巴战龙在《人类学视野中的学校教育与地方知识》⑤中以社会人类学为主要的理论研究范式，采用文化唯物主义的主位、客位研究相结合、历史与田野研究相结合的方式考察了我国西北一个乡村社区在现代性历程中地方知识与学校教育的关系的生成和演变场面，揭示了乡村教育，并对之进行描述和解释。彭虹斌和刘剑玲的《流变与博弈——一个农村小镇 30 年的教育变迁》⑥一书采用人类学的研究方法、新制度经济学和博弈论方法，对江汉平原上的一个小镇 30 年间的教育变迁进行了解剖，并对我国农村教育发展中传统与现代性的关系、旧有制度惯性与农村教育变革的阻碍作用、个体利益的选择在农村

① 翁乃群. 村落视野下的农村教育：以西南四村为例[M]. 北京：社会科学文献出版社，2009.

② 陈锟. 中国乡村教育战略[M]. 北京：中共中央党校出版社，2006：204-226.

③ 张济洲. 文化视野中的村落、学校与国家——一个县教育变迁的历史人类学考察（1904—2006）[D]. 华东师范大学博士学位论文，2007.

④ 曹诗弟. 极左时期的农村教育（1957—1977 年）：一个具有国际影响的社会试验的成功和失败[A]//丁钢. 中国教育：研究与评论（第 5 辑）[C]. 北京：教育科学出版社，2003：43.

⑤ 巴战龙. 人类学视野中的学校教育与地方知识——中国西北一个乡村社区的现代性百年历程（1907-2007）[D]. 中央民族大学博士学位论文，2008：1.

⑥ 彭虹斌，刘剑玲. 流变与博弈——一个农村小镇 30 年的教育变迁[M]. 重庆：重庆大学出版社，2009：1-5.

教育强制性变革中的意义、环境变量对农村教育体制变迁的重大影响等内容进行了深入的思考，使人们对我国农村教育从乡土化走向城镇化、从传统步入现代、从计划经济迈向市场体制的真实历程及其变革缩影有了进一步的认识。司洪昌的《嵌入村庄的学校：仁村教育的历史人类学探究》[①]一书选择了华北平原一个村落的教育作为研究对象，主要通过人类学的田野调查和口述史的方法，试图为百年来该村落中的教育和学校变迁提供一个微观的个案景观。张乐天在《我国农村教育结构演进六十年》一文中，通过对我国农村教育结构演进的考察，提出农村教育结构演进的整体取向是："从主要为农村政治文化建设服务，到主要为农村经济建设服务，再到落实'以人为本'的科学发展观，为建设社会主义新农村服务。"[②]

　　国外社会学采用不同的分析工具，来探讨乡村与城市社会属性。德国社会学家滕尼斯（Ferdinand Tönnies）运用"共同体"和"社会"描绘近代人类社会的转型，"共同体"建立在家族、村落和血缘关系等"自然的基础"上，表现思想意志的有机结合；"社会"则超越了血缘和地缘的限制，由带有各自利益和目的的个体机械聚合而成。"共同体"和"社会"是两种不同文化形态，滕尼斯运用"共同体"和"社会"这两个概念揭示近代工业文明与原生共同体的矛盾和冲突[③]。美国社会学家库利（Charles Horton Cooly）将人类社会关系划分为初级群体和次级群体：初级群体的特点是紧密接触和"面对面的关系"，主要是家庭、邻里和青少年群体，它是人类本性的养成所；次级群体是任意的、形式的和非私人的。海外学者杜赞奇和黄宗智将日本南满洲铁道株式会社在1940~1942年编辑的《中国惯行调查报告》作为资料来源，分析了华北乡村社会变迁特点。杜赞奇提出"国家政权建设"和"权力文化网络"的概念，并进一步分析华北乡村"国家政权内卷化"；黄宗智在《华北小农经济与社会变迁》一书中从近代华北农村经济变迁特点出发，提出华北小农经济"过密化"，导致农村经济贫困化和村落内聚力降低。美国传教士明恩溥的《中国乡村生活》[④]也生动展现了华北乡村生活情况，包括乡村学堂、科举制度、庙宇和宗教团体等，从一个西方人的视角来打量这块神秘的土地，对我们了解清末民初的乡村生活具有重要参考价值。西方学者以"国家政权内卷化"和农村经济的"过密化"理论来分析近代华北乡村社会的政治经济变迁，具有可借鉴性。但是笔者认为，要了解乡村权力的日常运作真相，必须回到村庄这一具体而真实的空间，研究各种各样的惯例和村

---

① 司洪昌. 嵌入村庄的学校：仁村教育的历史人类学探究[M]. 北京：教育科学出版社，2009：1.
② 张乐天. 我国农村教育结构演进六十年[J]. 教育学术月刊，2009，（8）：3-6.
③ 滕尼斯. 共同体与社会：纯粹社会学的基本概念[M]. 林荣远译. 北京：商务印书馆，1999：293.
④ 明恩溥. 中国乡村生活[M]. 午晴，蓝军译. 北京：时事出版社，1998：48-108.

规组成的"村庄活动"①。单靠假借他人收集的资料，无法深入村落社会的意义系统中去。

（四）教育与生活关系的研究

关于教育与幸福生活的研究，基于不同的幸福观，不同学者从多个视角对这个论题进行了探讨。朱小蔓在批判教育是未来成功和幸福观点的基础上，指出教育的目的应该是有利于人的和谐发展与终身幸福的实现②。张莉从教育的本质、教育的根本任务及人的本性出发，提出教育需要把追求幸福作为对人终极关怀的着眼点③。也有学者对以幸福为教育目的之观点提出了质疑。例如，吴金华提出教育的目的是培养和发展人的素质，不是追求人生幸福，所以"以人生幸福作为教育的目的，会弱化教育的目的性动力，使教育活动缺乏应有的秩序，会潜在地排斥社会的要求，导致价值强加的后果，但教育目的的实现与人生幸福相互影响、互为条件"④。孙振东在《教育何以促进人的幸福》一文中对幸福与幸福感进行了区分，认为"个人幸福与社会发展是对立统一的，克服人本主义教育观的错误倾向，正确处理学生需要与社会需要之间的关系才有利于教育促进人的幸福；人的全面发展是人的最高水平的幸福，全面发展的教育必然能提升人的幸福"⑤。郭元祥则通过评析我国基础教育脱离生活的种种表现和出现的问题，历史地考察了教育与生活的关系，并在重新解读历史上各种生活教育理论的基础上揭示了教育的生活意义和生活的教育意义⑥。孟建伟从哲学的角度分析了教育与生活脱节的根源，并尝试提出了知识教育回归文化教育进而回归生活教育的可能途径⑦。

国外学者杜威（John Dewey）在多学科的基础上，从实用主义哲学立场出发，提出了著名的生活教育理论，宣扬"教育即生活"，认为"学校主要是一种社会组织。教育既然是一种社会过程，学校便是社会生活的一种形式""教育是生活的过程，而不是为将来生活的预备"⑧。罗素（Bertrand Russell）提出，应该通过培养优秀的个体以组成美好的社会，他所谓的"优秀的人就是有知识、有品行的

① 李怀印. 20世纪早期华北乡村的话语与权力[J]. 二十一世纪, 1999, （10）: 34.
② 朱小蔓. 为人的幸福而教育[J]. 教师之友, 2005, （8）: 1.
③ 张莉. 幸福——教育对人的终极关怀的着眼点[J]. 教育导刊, 2004, （6）: 7-9.
④ 吴全华. 论教育与人生幸福的关系——教育目的论视角的解析[J]. 江苏: 教育研究, 2008, （10）: 27-32.
⑤ 孙振东. 教育何以促进人的幸福[J]. 湖南师范大学教育科学学报, 2008, （1）: 5-9.
⑥ 郭元祥. 生活与教育——回归生活世界的基础教育论纲[M]. 武汉: 华中师范大学出版社, 2005: 11-14.
⑦ 孟建伟. 教育与生活——关于"教育回归生活"的哲学思考[J]. 教育研究, 2012, （3）: 12-17.
⑧ 约翰·杜威. 学校与社会·明日之学校[M]. 赵祥麟, 任钟印, 吴志宏译. 北京: 人民教育出版社, 2004: 6.

人"①。怀特海（Alfred North Whitehead）则认为，"教育只有一个主题，那就是五彩缤纷的生活"。他强调教育不是仅将纯粹知识"填充"进学生大脑的行为，还是教授学生如何运用知识用以理解生活的活动；而教育的内容应该是被证明有生活的价值。这些众多研究对本书有重要参考意义。②

二、对已有相关研究的评价

笔者对已有研究进行梳理和分析后发现，乡村教育问题长期以来都是社会各界关注的热点问题，近年来研究的相关问题和研究视角也日趋多元化。同时，介入乡村教育研究的学科也越来越多，经济学、人类学、社会学等多门学科与教育学相结合，研究范式从多学科走向跨学科，研究成果越来越受到不同领域研究者的关注与重视。已有研究对村寨教育的关注，主要集中在教育普及、城乡二元教育结构调整、教育均衡发展、教育经费支出、管理体制创新等领域。之所以如此，一方面在于我国的村寨教育关涉中国社会主体成员——农民群体及其子女的命运，教育对这一群体的生存、生活乃至人格的健全发展有着突出的作用；另一方面，乡村教育自身的变迁是中国社会各构成要素及其变迁机制的极好载体。这些研究大多采用历史人类学的方法，以研究者熟悉的、具有代表性的某个村落为个案，将村寨教育置于中国社会及其构成要素的多次变迁进程中进行考察，尝试以问题的形式重构中国农村教育的发展谱系，并努力探讨在新旧教育转轨过程中，基层乡民的文化心态和教育需求的转变，让历史生动而逼真、富有生气，为教育研究提供了更为可信的基础与方向。但这些研究也存在以下问题。

（一）研究深度和广度不足

已有研究多试图通过分析社会历史的变迁历程来解释同时代乡村与乡村教育的变迁。关于民族村寨教育变迁的研究多停留在变迁的背景、影响、评价等较浅的研究层面上，从内容上看，较多关注社会变迁影响教育变迁，侧重从宏观角度对整体教育变迁的研究，忽略在微观层面对民族地区具体村寨教育变迁的研究；从范围上看，重视阐述文化因素对教育变迁的影响，但文化并非是推动教育变迁的唯一要素，对教育变迁有重要影响的自然环境、人口数量和质量、科学技术等要素缺乏深入的研究与分析。因此，本书认为可以从以下方面做出努力，要避免固守历史主义的研究方法，要关注现实生活，要主动地沉浸在民族村寨教育的事

---

① 罗素. 教育与美好生活[M]. 杨汉麟译. 石家庄：河北人民出版社，1999：103.
② 怀特海. 教育的目的[M]. 徐汝舟译. 北京：生活·读书·新知三联书店，2002：12.

实与情境中，描述历史是为了更好地理解现在。换句话说，应重视科学运用历史研究方法，但是要避免滥用。

（二）研究视角及分析路径单一

从我国社会制度和政权更替的历程可以看到，国家权力随时代变化逐渐介入了乡村社会并出现了各种各样的冲突和问题，反映在教育领域主要有国家教育体系与地方性知识的冲突、教育与乡村生活的隔阂、国家教育期望与村民教育需求和意图之间不一致；许多研究者一直坚持着"国家-社会"的分析路径，在运用"国家-社会"这一分析框架时，对乡村教育的研究过分依赖于西方社会科学理论知识和海外对中国社会及教育问题的研究成果，存在生搬硬套、水土不服等问题；对历史的、具体的、乡土的乡村社会教育事实与经验的关注并不重视，甚至将其作为证实西方理论的素材，从根本上颠倒了经验与理论的关系。放在村寨教育变迁这个角度，可以发现已有研究多把村寨教育变迁置于教育系统外部的乡村社会变迁的维度上，缺少对村寨教育变迁的内部动因的研究，缺少从民族地区村寨教育系统自身变迁视角来探讨教育变迁的研究。因此，应当重视把握乡村教育变迁的具体事实，为进一步的理论提升奠定客观基础，避免单一的研究视角和分析路径。

（三）研究资料不充分

已有研究基本上都是使用已经出版的档案资料、文史资料等资料，对其他一些更具价值的资料，如口述资料、地方档案、民间图片、报纸、杂志等却很少使用。本书以侗族村寨教育变迁为主要研究对象，研究资料包括州府县志、明清文史资料、档案、家谱、古迹、遗址、口述史等非文字资料。通过梳理这些珍贵的资料，可以获得一些在官方记录的文字资料和报刊资料中难以获得的信息。

（四）研究内容有待深入

关于教育与生活的已有研究，多集中于从教育目的或者教育价值观的角度进行应然性的阐释。因此，如何将这些应然价值理念融入到村寨教育结构系统之中，转化为具体的教育行动，进而满足个体基于现实生活的教育需求，最终有利于发挥教育在民生改善方面的促进功能，仍需要进一步的理论建构。

综上，目前关于民族地区教育变迁的研究虽然已经取得了一些研究成果，但多是从外部、静态的视角研究民族村寨教育变迁，缺少从村寨教育构成要素的内部视角来动态分析变迁的研究，到目前为止，尚无关于侗族村寨教育变迁的系统研究，这就为本书留下了较大的拓展空间；目前关于乡村社会教育变迁问题的研究，研究者多采用"国家-社会"分析路径来分析国家政权、乡村社会和乡村教育之间的互动关系,把乡村教育变迁置于教育系统之外的国家与社会变迁维度之上,缺少从乡村或村寨教育自身变迁的内部视角来研究变迁问题。因此,为避免"国家-社会"外部研究视角和分析路径的局限,为进一步的理论提升奠定客观基础,本书以肇兴侗寨教育变迁的客观历程和事实为基础,以构成村寨教育基本要素的性质差异和变化为依据,结合社会的变迁历史,从肇兴侗寨教育内部将其变迁历程划分为学校出现之前的村寨教育时期、传统学校教育出现到消亡的时期、现代学校教育出现后的时期三个阶段,并对每个阶段分别进行深入分析。通过对肇兴侗寨教育变迁进行全面、系统的研究,进而探寻民族农村教育与社会之间的互动关系,探讨民族地区农村教育发展的可能路径,以期对今后的民族地区教育事业的发展提供一些借鉴和启示。

三、本书的基本设想

本书的基本设想主要包括以下内容。

（一）研究内容

1）通过研究肇兴侗寨自身的社会历史进程,掌握影响该民族村寨教育变迁的天地系统、社会环境、历史沿革、人口和民族文化等的内外部因素的现实情况。

2）以肇兴侗寨教育自身变迁轨迹及历史中发生的重大教育事件为划分教育变迁阶段的依据,全面分析其教育变迁的历史与不同阶段的特征。

3）立足已有研究,对肇兴侗寨教育变迁进行总结,进而尝试探寻肇兴侗寨教育未来的发展趋向及应有路径。

（二）研究思路

本书以贵州肇兴侗寨教育变迁为研究对象,坚持由内而外、自下而上的研究路径,以及跨学科的研究范式,综合运用文献法、田野调查、口述史及统计分析等研究方法,广泛收集与肇兴侗寨有关的文献资料、口述史料,通过对侗寨、学校、社会组织及相关人员进行深入了解,力图呈现自建寨以来肇兴侗寨教育生动的起落变迁历史,伴随着村寨近现代化的时代潮流,解释村寨教育变迁的动因与逻辑,研究民族村寨教育与社会、学校、经济、自然、文化的关系,以及外部力量的介入与内生需求之间的关系,描绘出肇兴侗寨教育变迁在中国社会变迁中的全景,探索民族地区村寨教育未来变革发展的新路向。

（三）研究方法

基于肇兴侗寨的多次田野调查工作,搜集资料及研究时坚持理论与实证相结合原则，根据研究需要，综合运用多种研究方法和技术手段，探寻肇兴侗寨教育变迁及动因，本书使用的主要研究方法如下所示。

1. 文献及历史研究法

文献研究的前阶段注重资料的收集整理。根据研究目的与需要，对肇兴侗寨教育变迁历史记载的相关政府文件、地方史志、文集、法令汇编、档案、报纸、期刊、电子图书资料及网络（教育部、贵州省政府、黔东南州政府、黎平县政府、肇兴乡等政府网站、侗族网、人民日报数据库等）资源进行查阅、整理及分析，广泛搜集肇兴侗寨的历史沿革、行政建制、经济社会发展、民族文化教育等各方面的资料，力求资料的准备尽可能丰富且充实，如《黎平府志》《黎平县志》《黎平县教育志》《开泰县志》《贵州省黎平县地名志》《疆域志·夜郎考》《明实录》《清实录》《中国统计年鉴》《贵州统计年鉴》《黔东南统计年鉴》《侗族文化史料》《侗族简史》等。

本书还运用历史研究法，搜集、鉴别不同历史时期中与肇兴侗寨教育变迁相关的期刊、报纸、家谱、歌谣、传说、碑文、图片等多种载体的历史文献资料，如《陆氏家谱》《侗族祖先哪里来》《祖公落寨歌》《人民日报》《贵州日报》等，即通过搜集肇兴侗寨教育的发生、发展和演变的历史事实资料，加以系统、客观地分析研究与解读，以期全面认识肇兴侗寨教育变迁的历史、现实及整个变迁过程，最终揭示变迁所隐含的教育规律，预测我国农村教育在未来的可能走向，使研究过程与结论能够做到相互对照呼应，为本书奠定坚实的基础，最终增强研究的可信度。

2. 田野调查

"只有在一定理论、规范指导下，深入活的教育之中进行田野考察，才能获得构建有中国特色的教育学的资源，民族教育研究尤其如此。"[①]因此，在攻读博士学位期间，笔者于 2013 年 1 月和 10 月、2014 年 6 月和 12 月，先后四次进入以贵州省黎平县肇兴侗寨为田野的中心开展调查工作，立足肇兴侗寨教育变迁的历史及现实状况，综合运用观察、问卷、访谈等多种方法开展调研，重点使用问卷法与调查法，目的在于了解肇兴侗寨教育变迁的历史、特点、主要形式、存在的问题及出现困境的原因，同时也起到检验相关研究结果的作用，使得研究结论更加接近实际。田野调查的主要对象包括寨老、歌师、村干部、退休教师、家长、学校校长、行政人员、教师和学生等不同人群。

（1）问卷法

为了从更宏观的角度呈现肇兴侗寨教育变迁的历史与现实，以及教育发展面临的突出问题，也为了增加研究的信度与效度，研究者根据研究的实际需要和客

---

① 张诗亚. 活的教育与教育学的活[J]. 西南教育论丛，2005，（4）：23.

观条件，在田野调查中，以肇兴侗寨教育变迁及各类人群对变迁的认知为主要内容设计三类调查问卷，分别是《肇兴侗寨学校教育变迁调查问卷（教师版）》《肇兴侗寨学校教育变迁调查问卷（学生版）》《肇兴侗寨教育变迁调查问卷》（附录一）。调查对象以肇兴侗寨普通村民、学生、教师（包括退休、在职和管理教师）、学生家长为主，还包括肇兴寨内及周边侗族村寨的部分村民。问卷编制的具体过程与步骤如下所示。

第一，构建问卷调查的维度。首先，通过查阅国内外大量民族村寨教育变迁的相关文献，以供编制《肇兴侗寨教育变迁调查问卷》《肇兴侗寨学校教育变迁调查问卷》时参考或借鉴；其次，采用开放式访谈，请肇兴侗寨的中小学校长、教师和学生、家长、寨老、村民表达他们对村寨教育的发展现状、面临的困境与解决方案等内容的看法；再次，在开放式访谈调查之后，与肇兴中小学校的教师、学生、家长、村民进行分组集体座谈或者个别访谈（访谈提纲见附录二）；最后，依据对相关研究成果的分析，结合开放式访谈所获得的信息，确定问卷调查的几个维度（具体问卷题目见附录一）。

第二，问卷的编制。本书通过数次的田野工作，初步获得对贵州肇兴侗寨教育变迁的理性与感性的认识。研究者与村寨内各类成员进行了多次访谈，在调查中坚持主客位相结合的研究立场，尽量避免研究者主位立场的干扰，减少研究者自身的认知偏向，尊重被调查者的主体性和主体地位，以便更深入地认识和理解肇兴侗寨村民对教育变迁的态度和行为，以及他们背后的社会文化意义等。本书首先对田野调查所获得的所有资料进行归类、分析，删除无效问题，合并同质信息，保留高频问题或信息；然后依据研究的需要和现实情况确定问卷编制维度，初步编制出《肇兴侗寨教育变迁调查问卷》《肇兴侗寨教育变迁调查问卷（教师版）》《肇兴侗寨教育变迁调查问卷（学生版）》；最后请相关学科的教授、博士研究生、硕士研究生等对问卷每个题目的内容及字词表达进行评议，依据评议结果提出的建议，修正了某些存在问题的题目，最终完成《肇兴侗寨教育变迁调查问卷（教师版）》《肇兴侗寨教育变调查问卷（学生版）》《肇兴侗寨教育变迁调查问卷》的编制。问卷由被调查者的个人基本信息与正式项目两部分构成，第一部分可以获得被调查者的民族、性别、年龄、职业、文化程度等人口学特征；第二部分主要涉及肇兴侗寨教育变迁的历史、现状和教育面临的问题，通过被调查者的选择与回答帮助研究者深入了解村寨教育变迁的困境及原因。

第三，具体研究步骤。首先，深入肇兴侗寨了解情况。通过广泛深入地对肇兴侗寨的寨老、寨民、教师和学生进行访谈，初步了解肇兴侗寨教育变迁的基本历史状况。其次，发放问卷，实施问卷调查。在当地学校教师及政府官员的大力支持下，由研究者及肇兴侗寨的有关人员一起担任主试，运用不同的问卷对肇兴侗寨的中小学学生、教师（包括退休教师和在职教师）、家长、村民、教育管理者等人群进行了问卷调查。几次田野调查发放问卷总计 333 份，其中，面向学生发放问卷 143 份，回收问卷 143 份，回收率 100%，有效问卷 143 份；面向教师发放问卷 90 份，回收问卷 84 份，回收率约 93.33%，有效问卷 84 份；面向家长、侗寨村民发放问卷 100 份，回收问卷 94 份，回收率约 94%，有效问卷 89 份。最后，统计分析调查结果。研究者采用 SPSS18.0 软件对获得的调查数据进行统计分析，并对统计结果进行分析讨论。

第四，问卷样本的人口统计学特征。主要从性别、民族、学历、年龄、收入、学校类型、家庭居住地及父母的教育背景等方面来考察肇兴侗寨教师、学生、家长的人口学特征。

A. 教师问卷样本人口学特征分析

教师问卷样本人口统计学特征分布情况如表 1-1 所示。

表 1-1　教师问卷样本人口统计学特征分布情况

样本的人口学特征		人数/人	比例/%
性别	男	54	64.29
	女	30	35.71
民族	汉族	1	1.19
	苗族	4	4.76
	侗族	79	94.05
学历	中师	7	8.33
	中专	8	9.52
	大专	27	32.14
	本科	42	50.00
年龄	25～35 岁	22	26.19
	36～45 岁	52	61.90
	45 岁以上	10	11.90
月收入	1500～2000 元	5	5.95
	2001～2500 元	24	28.57
	2501～3000 元	48	57.14
	3000 元以上	7	8.33

注："学历""年龄"数据因为四舍五入造成比例总和不等于 100%，此类余同

a. 性别与民族

肇兴侗寨中小学的全体教师都是问卷调查的对象，总计发放问卷 84 份。就调查对象教师群体的性别与民族而言（图 1-1、图 1-2），调查对象的性别比例和民族比例，反映出肇兴作为侗族聚居区，这里的中小学教师群体体现出两大特点：

首先，男性教师人数大于女性教师，其中，男性教师总计 54 人，达到调查总人数的 64.29%，而女教师总计 30 人，比例为 35.71%；其次，侗族是教师队伍民族构成的主要民族，其中，侗族教师总计 79 人，占调查总数的 94.05%，苗族教师总计 4 人，比例为 4.76%，汉族教师 1 人，比例为 1.16%。

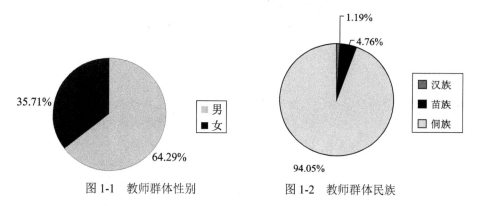

图 1-1　教师群体性别　　　　图 1-2　教师群体民族

b. 学历

就调查对象教师群体的学历而言（图 1-3），拥有本科学历的教师占 50.00%，拥有大专学历的教师占 32.14%，拥有中专学历的教师占 9.52%，拥有中师学历教师的比例为 8.34%。从教师学历呈现的态势来看，绝大多数的教师群体已取得本科学历，教师群体学历普遍达到国家相关的要求。

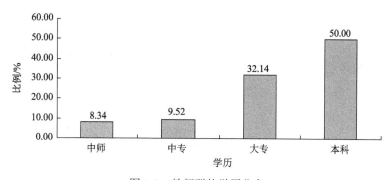

图 1-3　教师群体学历分布

c. 年龄

调查对象教师群体的年龄分布特点如图 1-4 所示。年龄在 45 岁以上的教师总计 10 人，比例为 11.90%；年龄在 36～45 岁的教师总计 52 人，比例为 61.90%；年龄在 25～35 岁的教师总计 22 人，比例为 26.19%。从教师群体的年龄特点来看，被调查教师主要集中在中老年群体，36 岁以上教师占的比例总计约为 73.81%，总计 62 位，因此，中老年教师是肇兴侗寨中小学校的骨干和核心力量。

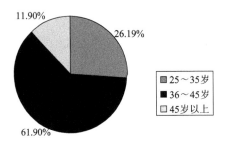

图 1-4　教师年龄结构分布

d. 月收入

肇兴侗寨教师群体的收入情况如图 1-5 所示。月收入在 3000 元以上的教师占 8.34%，月收入在 2501～3000 元的教师占 57.14%，月收入在 2001～2500 元的教师占 28.57%，而月收入在 1501～2000 元的教师比例仅有 5.95%。可以从教师的收入分布特点发现，被调查教师群体的收入主要集中在 2001～3000 元，而 3000 元以下的教师则占统计总数的 91.67%，也意味着，当地教师的工资收入普遍偏低。

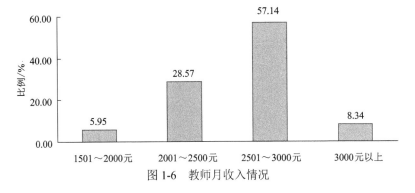

图 1-6　教师月收入情况

B. 学生问卷样本人口学特征分析

学生问卷样本人口统计学特征分布情况如表 1-2 所示。

表 1-2　学生问卷样本人口统计学特征分布情况

样本的人口学特征		人数/人	比例/%
学校类型	小学	50	34.97
	初中	93	65.03
父亲学历	小学	33	23.08
	初中	95	66.43
	高中	9	6.29
	中师、中专	2	1.40
	本科	2	1.40
	本科以上	2	1.40

续表

样本的人口学特征		人数/人	比例/%
母亲学历	文盲	2	1.40
	小学	62	43.36
	初中	68	47.55
	高中	8	5.59
	中师、中专	2	1.40
	本科	1	0.70
	本科以上	0	0.00
父母期望子女学历	小学	1	0.70
	初中	5	3.50
	高中	24	16.78
	中师、中专	14	9.79
	本科	36	25.17
	本科以上	63	44.06
父亲职业	工人	14	9.79
	农民	121	84.62
	教师	5	3.50
	公务员	1	0.70
	其他	2	1.39
母亲职业	工人	7	4.90
	农民	127	88.81
	教师	1	0.70
	公务员	2	1.40
	其他	6	4.19

a. 学校类型、民族分布、性别

调查学生群体所就读的学校分别是肇兴镇中心小学（民族小学）和肇兴中学，如图 1-6 所示。在两所学校内分别抽取调查对象，受两所学校学生总人数（截止到 2013 年 9 月底，贵州省黎平县肇兴乡肇兴中学在校学生人数 778 人，肇兴镇中心小学在校学生人数 373 人）[①]多少的影响，所在的小学和初中所抽取的人数按 1∶2 的比例进行抽样，其中小学和初中人数所占比例分别约为 34.97%和 65.03%。

调查对象学生群体的民族成分如图 1-7 所示，侗族学生占据优势比例，总比例为 91.00%，而苗族、水族学生较少，所占比例总计约 9.00%，反映出肇兴是侗

---

① 该数据来源于《贵州省黎平县肇兴乡肇兴中学在校学生花名册（2013 年 9 月 26 日）》《黎平县肇兴镇 2013 年秋季小学在校生日报表（9 月 25 日）》，分别由肇兴中学和肇兴镇中心小学提供。

族聚居的人口分布特征。

调查对象学生群体的性别构成如图 1-8 所示，男性学生人数比例较大，约占调查总人数的 66.00%，而女生比较少，女学生所占比例约为 34.00%，在校男女学生比例约为 2∶1。

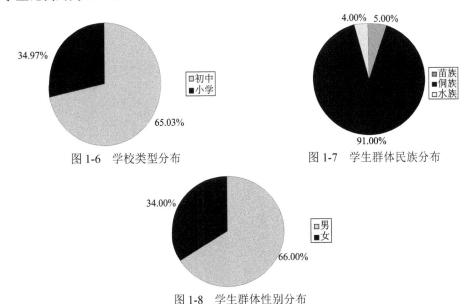

图 1-6　学校类型分布　　　　　　图 1-7　学生群体民族分布

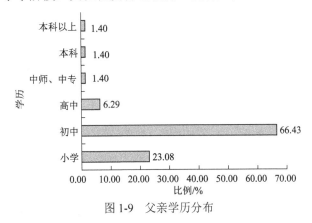

图 1-8　学生群体性别分布

b. 父亲学历

调查学生父亲的学历分布如图 1-9 所示。其中，获得小学学历的父亲所占比例为 23.08%，获得初中学历的父亲所占比例为 66.43%，获得高中学历的父亲所占比例为 6.29%，获得中师、中专学历的父亲所占比例为 1.40%，获得本科及以上学历的父亲所占比例总计为 2.80%。也就是说，接受调查学生的父亲学历主要集中在初中和小学阶段，文化程度普遍较低，没有文盲。

图 1-9　父亲学历分布

c. 母亲学历

调查学生母亲的学历分布如图 1-11 所示。其中，母亲为文盲的比例为 1.40%，获得小学学历的比例为 43.36%，获得初中学历的比例为 47.55%，获得高中学历的比例为 5.59%，获得中师、中专学历的比例为 1.40%，获得本专科及其以上学历的比例总计 0.70%。也就是说，接受调查学生的母亲学历同样普遍偏低，主要集中在初中和小学阶段，和父亲相比，母亲总体学历水平、文化程度偏低，小学学历人数多于父亲，还有极少数的母亲从未接受过正规的学校教育。

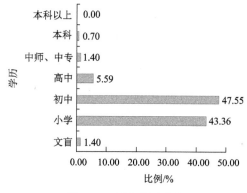

图 1-10　母亲学历分布

d. 父母亲职业

调查对象学生群体的父母职业分布如图 1-11 和图 1-12 所示。学生父亲的职业为农民的占绝大多数，达到 84.62%，工人所占的比例为 9.79%，教师、公务员、其他职业所占比例总计为 5.59%；学生母亲的职业为农民的亦是绝大多数，达到 88.80%，工人所占的比例为 4.90%，教师、公务员、其他职业所占比例总计为 6.30%。也就是说，被调查学生的父母主要职业是农民，其中，在家务农的母亲人数要稍多于父亲。

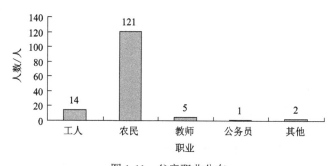

图 1-11　父亲职业分布

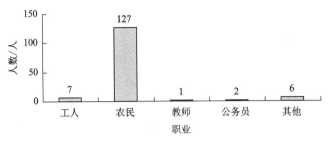

图 1-12　母亲职业分布

C. 村民问卷样本人口学特征分析

村民问卷样本人口统计学特征分布情况如表 1-3 所示。

表 1-3　村民问卷样本人口统计学特征分布情况

样本的人口学特征		人数/人	比例/%
家庭地址	登杠村	3	3.37
	花腊村	3	3.37
	皮林村	9	10.11
	平团村	5	5.62
	厦格村	10	11.24
	堂华村	4	4.49
	堂安村	3	3.37
	信同村	3	3.37
	肇兴村	49	55.06
子女数量	1 个	21	23.60
	2 个	59	66.29
	3 个	7	7.87
	3 个以上	2	2.24
家庭身份	父亲	74	83.15
	母亲	14	15.73
	祖父母辈	0	0.00
	其他亲戚	1	1.12
家庭成员学历（父亲）	小学	48	53.93
	初中	32	35.96
	高中	2	2.25
	中师、中专	1	1.12
	本科	6	6.74
	本科以上	0	0.00
村民族别	侗族	83	93
	（水族，汉族，苗族，瑶族）总计	6	7

续表

样本的人口学特征		人数/人	比例/%
家庭成员学历（母亲）	小学	73	82.02
	初中	9	10.12
	高中	1	1.12
	中师、中专	4	4.49
	本科	2	2.25
	本科以上	0	0.00
职业	工人	11	12.36
	农民	62	69.66
	教师	6	6.74
	公务员	3	3.37
	其他	7	7.87
月收入	2 000 元以下	18	20.22
	2 001～3 000 元	8	8.99
	3 001～5 000 元	40	44.94
	5 001～10 000 元	13	14.61
	10 000 元以上	10	11.24

注："村民族别"比例为四舍五入之值，此类余同

a. 村民族别、家庭身份

调查村民群体以肇兴侗寨上、中、下三寨及周边附属民族村寨的村民为主。根据研究需要，对肇兴侗寨三寨进行重点调查。调查对象村民群体的民族成分、性别构成如图 1-13 和图 1-14 所示。其中，侗族所占比例为 93.00%，而苗族、水族、瑶族、汉族人口相对较少，所占比例总计小于 10.00%；接受调查对象村民的家庭身份，父亲人数较多，占调查总人数的 83.15%，母亲所占比例为 15.73%，祖父母辈及其他身份成员所占总计比例小于 5%。

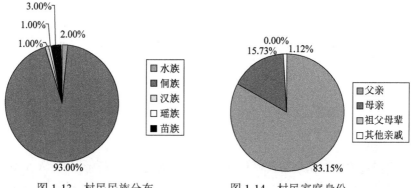

图 1-13 村民民族分布　　　　图 1-14 村民家庭身份

b. 家庭子女数量

调查村民家庭的子女数量如图 1-15 所示。被调查村民家里有 1 个子女的家庭所占比例为 23.60%，家里有 2 个子女的家庭所占比例为 66.29%，家里有 3 个子女的家庭所占比例为 7.87%，家里有 3 个以上子女的家庭所占比例为 2.24%。也就是说，接受调查的村民一般有 1 个或 2 个子女，总和比例达到调查总数的 89.89%。

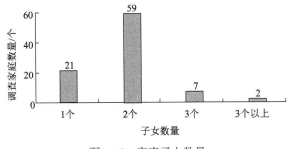

图 1-15　家庭子女数量

c. 学历

调查村民的学历，不仅包括调查对象本人，还包括其配偶的学历分布情况，男女村民之间差异显著，女性村民的学历水平总体低于男性（详见本书第五章第三节）。

d. 职业

调查对象村民群体的职业分布如图 1-16 所示。职业为农民的占绝大多数，比例达 69.66%，工人所占的比例为 12.36%，教师、公务员、其他职业所占比例总计约为 17.98%。也就是说，被调查对象村民的主要职业是农民，当地主要产业依然是种植业、养殖业，其他产业发展缓慢。

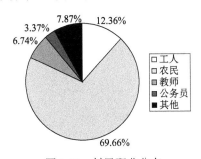

图 1-16　村民职业分布

e. 月收入

调查对象肇兴侗寨村民群体的收入情况如图 1-17 所示。月收入在 10 000 元以上的村民占总比例的 11.24%，月收入在 5001～10 000 元的村民占 14.61%，月收入在3001～5000元的村民占44.94%，月收入在2001～3000元的村民占8.99%，月收入在2000元以下的村民占20.22%。可以发现，被调查村民群体的收入主要集中3001～5000元，3000元以上的村民统计总数达到70.79%，说明该侗寨村民收入水平尚可。

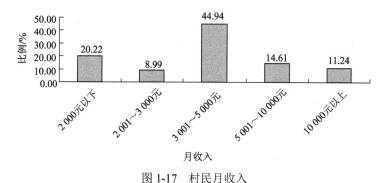

图1-17　村民月收入

（2）访谈法

访谈法，是指研究者通过与研究对象进行交谈来收集所需资料的调查方法[1]。在运用该方法时，研究者和受访者之间通过有目的的沟通与交谈，由访谈者通过询问来引导受访者回答提出的各个问题，以便了解受访者的态度和行为，获取研究所需的相关资料。也就是说，访谈法是研究者以访问、询问或交谈等形式与受访者进行交流，获取资料的一种活动。"访谈是一种研究性交谈，是研究者通过口头谈话的方式从被研究者那里收集第一手资料的一种研究方法。"[2]访谈者要根据预定的访谈提纲，与受访者之间建立起相对合理的互动形式。在本质上访谈由访员确定谈话的方向，再针对受访者提出的若干特殊议题加以追问[3]。

本书在四次田野调查工作中，为了能更客观地对肇兴侗寨教育变迁的历史与现实问题进行阐释，根据研究的现实需要，设计了《肇兴侗寨学校教育变迁访谈提纲》《肇兴侗寨社会教育变迁访谈提纲》（参见附录二），面向黎平县教育局领导、肇兴侗寨寨老、中小学校长、教师和学生、相关机构的工作人员及当地村民运用访谈法，后续还进行了多次集体座谈和个别深度访谈，并对一些对象进行跟踪访谈（主要访谈对象统计表见附录三），力图从不同角度展现肇兴侗寨教育变迁多维、立体的视角图对肇兴侗寨教育变迁的状况形成清晰可靠的认识，提高研究结果的质量。运用访谈法的步骤包括：第一，设计访谈提纲；第二，确定访谈对象；第三，建立访谈关系并协商具体访谈事宜；第四，确定访谈时间与地

① 白芸. 质的研究指导[M]. 北京：教育科学出版社，2002：42.

② 陈向明. 质的研究方法与社会科学研究[M]. 北京：教育科学出版社，2003：165.

③ 艾尔·巴比. 社会研究方法[M]. 邱泽奇译. 北京：华夏出版社，2000：368.

点；第五，进行访谈；第六，整理分析访谈资料；第七，提出思考意见或针对性
建议。

3. 口述史法

口述史法，是指研究者向提供历史见证的有关人员进行口头调查，运用现代
化手段（如录音、录像等）收集人们口述的历史资料，通过与当事人或与当事人
有密切关系的知情人进行交谈，或根据当事人的传记和回忆录，进行各种专题研
究的方法①。口述史法有利于那些不认识字、没有文化、沉默的但是见证或者参与
历史的大多数人发出自己的声音，形成的口述史料能够丰富甚至矫正文献史料的
不足。本书在侗寨运用口述史法收集资料时，研究对象主要有肇兴侗寨的寨老、
歌师、长者、退休教师、村干部等，在访谈时重视让研究对象自己来表述他们的
观点，保证访谈对象口述材料的真实性；避免"他者"因素的介入，避免按自身
的文化对之进行阐释，将可能得到的书面资料和实物资料相互印证和补充，保证
研究的真实性与完整性，以期本书能对肇兴侗寨教育变迁的历史及人们的现实教
育需要有更加客观而全面的认识。

---

① 李向平，魏扬波. 口述史研究方法[M]. 上海：上海出版社，2010：1.

第二章　肇兴侗寨的地理、社会与文化空间

在国家和市场力量不断增强的历史背景下，任何民族的教育都处于不断变迁的过程中，这为特定民族拓展了生存空间和发展资源。任何地方都不再是孤立的存在，传统文化网络和现代文明因子齐头并进，推动着地方文化及社会的重构。将肇兴侗寨视为一个特定的个体来研究其教育的变迁历程，应秉持这样的基本认识，即该村寨教育变迁的发生，一定是在该村寨所处的特定空间内发生的，不仅仅是在一个纯粹的自然地理区域内发生，而是在一个特定的地理空间与社会空间结合中的文化区位内发生的。因此，本书认为要研究肇兴侗寨教育变迁这一问题，首要任务就是对村寨教育变迁发生的特定时空有一个清晰、准确的认识。本章将总体描述肇兴侗寨的地理区位、自然环境、历史沿革、族群及文化图景、经济发展等内容，以便为后续研究提供一个区域性的、立体的、全面的、历史性的背景认识。国家与地理相互交织在一起，处于持续互动的过程中，这有助于我们把握肇兴侗寨所经历的社会变迁。

第一节　地理区位：生存空间的拓展与延伸

肇兴地处我国云贵高原东南边缘，位于黔、桂、湘三省交界的"金三角"地带，是贵州省南部黔东南苗族侗族自治州黎平县的 25 个少数民族聚居乡镇之一，是肇兴乡政府驻地，海拔 410 米，距离县城 72 公里，东邻水口镇，南邻龙额镇，西与从江县洛香镇交界，北靠永从镇、双江镇顺化乡。地形狭长似船形，四面环山，西面山地海拔较低，山地高处为林区，低处和谷底多被修成环山梯田，寨内有肇兴河自北向南穿越全寨，环境优美。全寨由肇兴上寨、肇兴中寨、肇兴下寨三个寨子连成一个大寨而成，居民由仁、义、礼、智、信五个房族的成员构成，寨内有鼓楼五座①。

截止到 2014 年，肇兴侗寨共 1100 余户，4500 余人，均为侗族。全镇有 2.3 万余人口，侗、苗、汉等民族聚居，侗族人口超过 90%；全镇区域面积 133 平方

---

① 本书所列出的黎平县及肇兴侗寨特定场域要素包括地理区位、自然环境、族群与文化、历史沿革、经济结构类型及民族人口分布状况等情况和统计数据，来自该地区不同时期的县志、年鉴和宗族谱牒等资料，本研究根据研究需要，结合历次田野考察获得的第一手资料，对这些内容进行了有选择性的摘抄或整理。

公里，其中耕地 12 539 亩，辖 22 个行政村，52 个自然寨、162 个村民小组，其中主要的有：肇兴下寨、肇兴中寨、肇兴上寨、己伦、纪堂、登江、厦格、厦格上寨、堂安、堂华、高鸟、皮林、信洞、平团等行政村。

　　肇兴侗寨位于低山峡谷地区，属喀斯特岩溶地貌，全境多山，包含低山、中低山峡谷、低山丘陵等多种地貌类型，形成了由西北向东南倾斜的地形，寨内的肇兴河顺地势自北向南流出；全境处于低纬度高海拔区域，属中亚热带温暖湿润季风气候带，具有热量丰富、雨水充沛、雨热同季、无霜期长等气候特点。境内年均气温 16.3℃，无霜期 288 天，年均降水量 1200 毫米。肇兴的耕地土壤主要有黄壤、红壤、潮土，耕地特点是稻田优势明显，稻田面积比重大，耕地中坝田分布较少，坡螃、冲沟田地分布较多，且多是产量较低的田地。

　　从肇兴侗寨的地理区位上来看，该地位于贵州东南部的丘陵沟壑之中，地理位置偏僻，交通落后，历史上亦属于化外之地，但由于它地处三省交界之处，继续向东、向南就可以到达湖南省和广西壮族自治区，又是"六洞"①的中心地区，三地民间交往、商业、货运往来一直存在。改革开放以前，乡民主要依靠步行方式外出，从肇兴到黎平县城需要一天多的时间，货物运输主要依靠河运。肇兴礼团寨老陆华英老人回忆，改革开放前，他带领夜校农中的学生上山伐木，进出山岭都靠双脚，没有公路也没有汽车，木材通过肇兴山里的河道运出山，而现在都是汽车直接运输，生产效率大大提高了②。改革开放后，肇兴的交通条件不断得到改善，与外部的交流日渐增多，特别是"十二五"期间，由国家牵头各省负责建设的、贯通南北的高速公路网络大大改善了肇兴的交通状况。随着厦蓉高速公路、贵广高速公路、洛香至三穗的高速公路相继建成和通车，自内蒙古南下至广东、广西的大通道被打通。2014 年底，厦蓉高铁全线贯通，周边的县道黎高、肇洛公路穿境而过，国道 321 公路、省道 202 黎从公路与肇兴相接，这里的交通状况已经变得十分顺畅，成了珠江三角洲经济技术开发区的后花园。显而易见的是，肇兴侗寨已从中国地理的边缘地区转变为地理区位上的交汇之处，孤立封闭的乡村社会日益被纳入到流动多变的外部世界格局之中。如今当地旅游经济兴起，村寨迎合外部世界主动发生改变，作为地理位置上的交汇之处还将不断得到巩固，并在一个新的空间格局中进行定位，时间长度和空间距离都将不断缩减。因此，肇兴侗寨作为一个偏远的所在，不断地被纳入到时空压缩的历史进程之中③。

---

① 作为古代"肇洞"的中心，肇兴含今之黎平、从江两县交界区的洒洞、云洞、独洞、贯洞、肇洞、顿洞，史称"六洞"。

② 依据 2014 年 12 月 20 日对肇兴侗寨礼团寨老陆华英老人的访谈。

③ 戴维·哈维. 后现代的状况：对文化变迁之缘起的探究[M]. 阎嘉译. 北京：商务印书馆，2003：324.

第二节　建制沿革：行政区域的演化与流变

从肇兴侗寨所处的地理区位来看，历史上这一地区自建寨起一直属于古代"六洞"地区，长期处于中国的地理边缘地带；在行政建制上，在各个历史时期内都受黎平县的管辖，直到今日，仍是黎平县的 25 个乡镇之一。肇兴聚居乡民全部是陆姓侗族，是历代中央政府在贵州侗族主要活动区域实行"卫所屯田、移民实边"政策的历史产物，不仅展现了历朝历代侗族聚居地区与中原地区及汉文化之间的互动历史，也反映了侗族地区从"民族"走入"国家"时底层村寨的各种境遇。通过对肇兴民间流传的侗族歌谣、存留的家谱、地方志等文献中相关记载的考证，研究者认为肇兴侗寨是在明朝洪武年间，由江西吉安府陆姓家族举家迁居于此并建寨发展而来的说法符合当地的历史，延续至今该村寨已经历了 600 余年。因此，如果要准确、清晰地掌握肇兴侗寨教育的变迁，就必须对肇兴侗寨建制沿革的变迁有所把握。

肇兴侗寨所在区域的历史十分久远。周属楚，秦属黔中郡，汉属武陵郡，晋属镡城县，梁属龙标县，陈属沅陵郡，隋属辰州，唐为叙州、龙标县。

汉文中关于这一地区的最早记载出自《疆域志·夜郎考》，"……唐以隋群舸郡之群舸县置播州，而县三夜郎之名。武德四年，析夷州之宁夷县置夜郎之名。贞观元年，州废县亦段。八年，析巫州之龙标县置夜郎。十六年，开山嗣置珍州，亦置夜郎县。长安四年，以龙标所析之便郎置舞州。天宝元年，更名为峨山。龙标之夜邸，当在今黎平、镇远之间……珍州之夜郎置之最后……"

宋朝太平兴国二年（977 年）置福禄永从长官司[1]。

元世祖至元二十年（1283 年）置古州十八万军民总管府。《黎平府志》与《开泰县志》文中记载：元英宗至治二年（1322 年）在今黎平县城西南郊的上黎平，设上黎平长官司，黎平从此得名，属湖广行省思州宣抚司[1]。

明清两朝，肇洞先后隶属福禄永从长官司和永从县管辖。

明朝洪武三年正月庚戌（正月二十）（1370 年 2 月 16 日）……既而，湖广省臣言："五寨系靖州地，与广西融州、思、播接壤，元时置五处长官司以辖洞民，乞仍其旧制。"诏从之。于是复立湖耳、潭溪、新化、欧阳、古州八万、亮寨六处蛮夷军民长官司，秩从五品，隶辰州卫，仍以秀荣等为长官[2]。

明朝洪武五年（1372 年），江西吉安府陆姓家族迁到广西梧州再迁到名为"高

---

①《侗族简史》编写组. 侗族简史[M]. 贵阳：贵州民族出版社. 1985：26-27.

② 明实录：太祖洪武实录[M]. 1335～1398：49.

里"之地居住，后又迁至今之洛香居住①。

明朝洪武六年（1373 年），由洛香迁至肇兴建寨居住至今①。

明朝洪武二十年九月乙巳（九月二十八）（1387 年 11 月 9 日），湖广都指挥使司言："前奉诏以靖州、五开及辰、沅等卫新军选精锐四万五千人于云南听征，今又令市牛二万往彼屯种，请令诸军分领以往，庶免劳民送发。"从之②。

明朝洪武二十一年九月己亥（九月二十八）（1388 年 10 月 28 日），是月，置中潮、铜鼓、新化、亮寨、黎平四守御千户所，隶五开卫③。

明朝永乐十一年二月辛亥（二月初二）（1413 年 3 月 3 日）设贵州等处乘宣布政使司……原吉等议以思州二十二长司分设思州、新化、黎平、石阡四府；思南十七长司，分设思南、镇远、铜仁、乌罗四府④。

明朝永乐十二年三月乙亥（三月初二）（1414 年 3 月 22 日），以贵州布政司所辖思南、思州两宣慰司地方，分隶八府……湖耳、亮寨、欧阳、新化、中林验洞、龙里六蛮夷长官司，赤溪南洞长官司隶新化府。潭溪、曹滴洞、古州、八舟、福禄永从、洪州泊里、西山阳洞七蛮夷长官司隶黎平府⑤。

明朝宣德九年十一月庚子（十一月二十七）（1434 年 12 月 7 日），并贵州新化府入黎平府。以新化、湖耳、亮寨、欧阳、中林验洞、龙里、赤溪楠洞七蛮夷长官司，隶属黎平府，以地狭民稀故也⑥。

清朝雍正五年三月丁未（三月二十一）（1727 年 5 月 11 日），吏部议复："……请将五开卫改为一县，兼管铜鼓卫地方，令黎平府统辖，奉旨允行。臣细加访察，必须五开、铜鼓分设二县，始于地方有益。请添设知县各一员，典史各一员。五开卫尚无学校，今请添设教谕、训导各一员；铜鼓卫向设教授一员、训导一员，今请将教授改为教谕……"从之⑦。

民国 2 年（1913 年），改黎平府为黎平县，肇洞隶属永从县；民国 29 年（1940年）以后，洒洞、云洞、独洞和贯洞隶属从江县，肇洞一直隶属黎平县管辖；民国 30 年（1941 年），原永从县驻地永从及长春、下皮林一带划入黎平县辖区，设肇洞乡；民国 33 年（1944 年），肇洞定名为肇兴，肇洞乡改为肇兴乡⑧。

中华人民共和国成立后，沿用肇兴乡的行政建制；1950 年 12 月，肇兴属独

① 《侗族文化资料》编辑组. 杨国仁手抄本：黎平肇兴纪堂寨陆氏族谱概述[M]. 芷江：湖南省芷江县印刷厂，1987：54.

② 明实录：太祖洪武实录[M]. 1335～1398：185.

③ 明实录：太祖洪武实录[M]. 1335～1398：193.

④ 明实录：太宗永乐实录[M]. 1402～1422：87.

⑤ 明实录：太宗永乐实录[M]. 1402～1422：91.

⑥ 明实录：宣宗宣德实录[M]. 1425～1435：114.

⑦ 清实录：世宗嘉靖实录[M]. 1521～1566：54.

⑧ 黎平县地方志编纂委员会. 黎平县志（1985～2005 年）[M]. 上册. 贵阳：贵州人民出版社，2009：7.

山专区，设肇兴乡；1952 年属都匀专区；1956 年划归黔东南苗族侗族自治州；1957年设为肇兴片；1958 年设为长风人民公社，后更名为肇兴人民公社；1984 年 5月，肇兴人民公社重新改为肇兴乡；1985 年，肇兴乡隶属黎平县水口区管辖；1992年 1 月，水口区的肇兴乡、新平乡和中潮区的皮林乡合并组成肇兴乡；1999 年，黎平撤乡建镇，形成了肇兴乡如今的行政格局。[①]

　　肇兴侗寨的行政区域经过了漫长的历史演化，封建王朝、国民政府、人民政权和地方民族势力长期在这片土地上彼此较量，明朝洪武年间，明太祖朱元璋出于战略考虑，开始在贵州兴办学校，传播儒学，充分体现了其"治国之要，教化为先"的教育思想；明成祖朱棣继位后，继续推行兴教设学政策；明朝永乐五年（1407 年），贵州又设立思州、思南宣慰司儒学，随着中央集权的推进、省级行政区域和各级政权机构的建立与完善，贵州与中原地区经济、政治、文化一体化的进程大大加快；但是直到明朝弘治十七年（1504 年）之前，肇兴侗寨名义上虽属于中国封建社会的领土及管辖区域，但实际上并未被纳入到有效的中央行政版图之内，还属于"化外之地"，当地还处于具有浓厚原始公社特色的社会发展阶段，侗族乡民通过房族和款组织实现自治。明末清初两个封建王朝继续推行文教政策，到了清朝雍正时期，由于贵州各地在武力"开辟苗疆"和"改土归流"过程中受到残酷镇压，肇兴侗族和其他民族一起奋起反抗，中央政权在这里被削弱，随后清政府为了巩固大一统的政治成果，实现文化上同化贵州少数民族的目标，又恢复了清初的办学思想，在贵州大力倡办社学、义学，国家权力伴随学校再次渗入到肇兴侗寨的乡野。清末民初以来，在国家政权的建设过程中，地方势力不断被削弱，最后在中国共产党的领导下，对这一地区的行政管理得以彻底实现。肇兴侗寨建制沿革的演化与国家力量的步步推进密切相关，是特定历史时期内经济、政治、文化格局的特定产物，肇兴侗寨教育受其影响亦随之发生变化，并成为国家政权建设的重要一环。

第三节　族群文化：民族身份的归属与认同

　　侗族是一个有着悠久历史的民族，源远流长。肇兴侗族自称"更"（gae）、"干"（gaml）、"金"（laeml）。我国历朝史籍对侗族的称谓都不一样，秦称"黔中蛮、武陵蛮"，隋称"南蛮"，唐称"僚"，宋称"仡伶"，宋后称"仡佬、仡缆、仡倭、峒、洞僚、洞蛮"，明称"峒人、洞僚、峒蛮、峒苗、蛮僚"，清称"洞苗、生苗"，中华人民共和国成立后确定称"侗"。

　　① 黎平县地方志编纂委员会. 黎平县志（1985～2005 年）[M]. 上册. 贵阳. 贵州人民出版社，2009：164.

一、族群、文字

关于肇兴侗族的族源有两大类观点：第一，世居民族，源于古越人的一支。侗族古歌传唱的"我们都是越王的子孙，没有贵贱之分"，印证了这种观点。宋、元、明时期的很多史料中都记载了黎平地区是侗族的世居之地。例如，宋朝《老学庵笔记》卷四记载："辰、沅、靖等州，有仡伶。"清朝道光年间的《黎平府志》载："曹滴、古州诸洞，往往掘地得之……洪州一带所在多有，开泰县亦有其一。"第二，迁入民族，从广西梧州或江西吉安府太和县迁居至肇兴地区。明朝时期，明王朝为了巩固在六洞地区的王朝统治，推行"拨军下屯，拨民下寨"的屯田政策，设卫、所、屯（堡），官兵长期定居在黎平境内。绝大多数人都是江西吉安人，这些汉人的后代为了生活便利，自改为侗族，与当地侗族融合，最终成为侗族。肇兴侗寨纪堂村的《陆氏家谱》[①]中亦记载："江西陆姓之'暖、闹'兄弟俩中的'闹'，最早定居并建设了肇兴，陆氏鼻祖于元朝由江西吉安府而来，明朝洪武五年（1372）间，由江西吉安府陆姓家族迁到广西梧州再迁到名为'高里'之地居住，后又迁至今之洛香居住，洪武六年（1373年）由洛香迁至肇兴建寨居住至今。"[②]

肇兴地区广泛流传的"迁徙歌"——《祖公落寨歌》[③]记载了最早定居肇兴的侗族来自江西，内容如下：

> 我们的祖先来自高岩坎，
> 十有九年遭荒灾；
> 住在白沙井内朱子街，
> 兵荒马乱住不下；
> 那里属于江西吉安府，
> 祖先爬坡走上来。

另外，古之肇洞，随着人口的发展和外姓氏落难者的不断迁入，为铭记陆氏祖先开疆之功德，均改为陆姓，但仍保留了袁、龙、满、嬴、孟、夏、鲍、马、邓、白等 12 个内姓（当地还流传着的另一种观点，认为现存的 12 个内姓并不是外地迁入人口原本姓氏之说，而是古时候肇兴乡民在实施"破姓开亲"政策后，为了防止近亲结婚而特别设立的，用 12 个不同的姓氏表示了彼此之间血缘关系的

① 王胜先. 侗族文化史料 1～10 卷[M]. 芷江：湖南省芷江县印刷厂，1987：54.

② 《侗族文化资料》编辑组. 杨国仁手抄本：黎平肇兴纪堂寨陆氏族谱概述[M]. 芷江：湖南省芷江县印刷厂，1987：54.

③ 杨国仁，吴定国. 侗族祖先哪里来[M]. 贵阳：贵州人民出版社，1981：156. 出版于 1981 年的《侗族祖先哪里来》一书中，共收集了 20 首关于侗族的迁徙歌，歌中记载的侗族族源有多种版本。本书基于在肇兴侗寨的实地调查和对口述资料的分析，在文中引用的是在当地侗族中流传比较广泛的一首迁徙歌，叙述其祖先来自江西省。

亲疏远近，在母姓上体现出来）①。

肇兴侗族有自己的语言，属汉藏语系壮侗语族侗水语支南部方言区。侗语有32 个声母，56 个韵母，15 个声调（其中 9 个舒声、6 个促声），使侗语听来如歌唱，是一种富有音乐性的语言。侗族人没有与自己语言相适应的文字，历史上一直使用汉字。1956 年，由中国社会科学院少数民族语言研究所带队，携相关高校及湘、黔、桂侗区有关部门，实施了大规模的侗语调查及研究工作。1957 年 9 月，该研究团队以贵州南部方言为基础，以贵州榕江县车江乡章鲁侗语为标准音，以拉丁字母为符号创造了侗文，并以方案（草案）的形式在大会上通过。1958 年 10月，根据自愿原则，国家批准并开始试验推行侗文方案，从那时起，侗族结束了没有文字的历史。同年，黔东南苗族侗族自治州培训了 90 人的侗文师资力量，随后在黎平县茅贡、榕江县、车江县等侗族聚居地进行侗文扫盲试点试验，在侗族学生占绝大多数的部分小学内进行汉语、侗文双语教学试验。为了配合侗文的试行，贵州人民出版社先后出版了课本《农民侗文识字课本》《干部侗文识字课本》，工具书《侗汉简明词典》和一些侗文读本②。侗文的发明使用对促进侗族社会文化等事业的发展，发挥了积极的作用。

二、生活习俗

肇兴侗寨的村民基本上都是侗族，在生活习俗方面比较一致，在婚丧嫁娶等仪式上形成了比较稳定的民族传统，体现出了村寨居民的民族心理文化特征。他们共有的民族传统节日是全寨所有人共参同享的盛事，已成为贵州乃至全国的一道美丽的人文风景。

（一）居住

侗族人认为有山有水之地是建立家园的最理想的地方。从建寨至今，肇兴侗寨一直建在肇兴河旁的船形山谷中，依山傍水，肇兴河穿越全寨，村寨两端是肥沃的河坝地，视野开阔。侗族古语"山是林生，水是稻长"的意思就是有山才能保证有林木，有林木才能保证建房造屋，有安居之所；有水才能进行农业活动，有正常的农业活动才能保证人们丰衣足食。因此，选择依山傍水之处为安身立命之所，体现了当地侗族人的自然观念与居住理想。

肇兴境内潮湿多雨，多山，林木茂盛，常年瘴气弥漫，多虫蛇兽禽。地理条件、气候特点、建筑材料特点决定了人们选择层巢而居，这样能有效避开那些不利生存、

---

① 这种说法在访谈中由不同的访谈者提出，但是没有外姓之说普遍。

② 龙连荣. 中国侗族教育史略论[J]. 黔东南民族师专学报（哲学社会科学版），1997，（6）：44-49.

危险的因素。干栏式建筑——吊脚楼（图 2-1）是侗族人认识、适应自然的必然选择，是侗族显著的居住传统，古代侗族的住所被称为"巢居、干栏"。肇兴侗族绝大多数家庭依然居住在全木结构的吊脚楼里，居住的吊脚楼一般呈"人"字形屋顶，四面坡度陡峭以便雨水流走，过去多覆盖木皮或茅草，现在一般覆盖青瓦。吊脚楼多为三层，楼内两侧建有楼梯供人上下；底层放置农具、圈养牲畜，第二层住人，前半部为敞廊，建有半腰栏杆和座位，可以小憩；第三层住宿或存放谷物。20 世纪80 年代初，肇兴侗寨开始出现砖木结构住房，但是为了发展当地旅游业，突出侗族干栏式民居特色，政府要求村民建造的砖木吊脚楼的外形须和传统的木吊脚楼完全一样，外部全部要用木板包住（图 2-2），只能从内部看出差别。

图 2-1　传统的全木吊脚楼　　　　图 2-2　现代内砖外木吊脚楼

　　肇兴侗寨建有 5 座鼓楼（图 2-3 和图 2-4），分置于 5 团之中，把整个侗寨点缀得庄严和谐，浑然一体。5 座鼓楼，仁团为 7 层，高 21.7 米；义团为 11 层，高15.8 米；礼团为 13 层，高 23.1 米；智团为 9 层，高 14.8 米；信团为 13 层，高28.9 米。其结构除智团鼓楼外，其余 4 座均仅在装饰彩绘及高度上有差异。鼓楼高于周围的民居，形成了民居环绕鼓楼、鼓楼俯瞰民居的村寨建筑格局，是村寨和房族的象征，是侗族社会政治、军事、文化活动的中心。

图 2-3　仁团鼓楼　　　　　　图 2-4　智团鼓楼和花桥

肇兴侗寨共 5 座风雨桥（图 2-5），横跨于河之上。风雨桥（花桥）源于侗族的地理与风水观念，是侗族人"聚气而不散，可使村寨太平、子孙兴旺"等传统观念在日常生活中的体现，人们认为必须对溪河谷口进行适当的"挡拦"，在河上要建造保证村寨能够"藏风聚气"的风雨桥，才能保证寨内人丁兴旺、寨子富足平安；该桥是多功能的民族建筑，不仅使通行便利，还具有供人们会友、休息、避雨等功能，是侗族建筑中的瑰宝。

图 2-5　肇兴侗寨 5 座风雨桥中的两座

（二）饮食

肇兴侗族人主食以稻米为主，小麦、玉米、小米、薯类数量较少。当地侗族人喜吃糯米，现在大部分人的日常主食改为粳米，糯米只在节日、重大事件和接待贵客时使用。副食有猪肉、牛肉、鱼肉、鸡肉、鸭肉等，瓜类、蔬菜品种繁多，以小白菜、韭菜、萝卜和各种瓜类最普遍。一般日进三餐皆食稻米，个别村寨早晚餐喜食"油茶"[1]，中餐、夜餐米饭。

肇兴侗族人饮食习惯可概括为：食不离糯，吃不离酸，喝不离茶，敬不离酒，佳肴不离血红、牛瘪、烧鱼[2]。酸食是肇兴侗族饮食的嗜好，以腌酸食为风味佳肴，当地人"喜将青菜、肉、鱼在瓦坛或木柄里腌制，名曰'骂胜'（Malsemt，酸菜）、'腑肚'（Nnnxsemt，肥肉）、'罢胜'（Balsemt，腌鱼），味道酸辣，醇鲜可

---

① 油茶：以茶油加茶叶、糯米同炒，将糯米炒至金黄焦糊后出锅备用。饮时将糯米粑、炒米花、黄豆、花生米、核桃仁、芝麻、蒜叶、肉末等物（添加食物的数量及种类，视家庭经济条件贫富而异，不一定齐全）置于碗中，然后再冲入用当地出产的茶叶熬制好的茶水。味道可甜可咸，随人所好。

② 血红：又名红肉、紫血肉，是以颜色同血色而得名，是将烹制熟的猪瘦肉、猪肝、猪肚与生的猪槽血及侗族特殊调料搅拌而成，色泽鲜红似血、入口味美，常食还能治疗某些肠胃疾病。牛瘪（羊瘪）：菜名源于侗语对牛、羊粉肠中未完全消化液物的称谓，人们制作时首先要把牛羊粉肠内的液汁装入碗盆中，用丝瓜囊或纱布等物进行多次过滤，去尽草渣后，放入油锅里煮沸成为油瘪汤汁，最后将五香、茱萸、薄荷、橘皮、花椒烤焙捣成粉，配上生姜、大蒜等调味品再合拌后就是牛（羊）瘪。烧鱼：当侗区水田里种植的禾谷进入收割期，稻田里的田鱼也到了肥大肉美的季节，人们一边摘禾一边放水捉鱼，午饭时间便在野外用稻田中养的鲤鱼做烧鱼下饭，烧鱼不用开膛、刮鱼鳞，直接把活鱼扔进火堆烧熟即可，鱼肉味道鲜甜可口，久而久之便成了一道名菜。

口，是款待宾客的上品"①，主要种类有腌鱼、腌肉、腌鹅、腌鸭、腌菜、腌酱等；喝不离茶主要指的是油茶；喜好饮酒，多为自家酿制的糯米酒，度数较低；血红（图 2-6）、牛瘪、烧鱼（图 2-7）是肇兴侗族的著名传统特色菜，制作方法别具一格且风味独特，是侗族人饮食的最爱，也是侗族人接待宾客的上等佳肴，凡是重要的宴席必须要有这三样菜肴方显主人家的诚意。

图 2-6　侗族美食：血红　　　　　图 2-7　侗族美食：烧鱼

（三）服饰

肇兴侗族传统服饰，多用自种棉花制作的侗布（图 2-8 和图 2-9）制成，侗布的制作工艺复杂、费时费力，需要将侗家自织的棉布进行多次染色、捶打、晾晒才能完成，与绸缎一起多用来制作节日盛装，多为青、紫、蓝、白、浅蓝等色。据史书记载："宋时'伶伶'男未娶者，以余鸡羽插窑，女以海螺数珠为饰。"②至近百年，始有改变，大部分地区，男穿对襟衣，装束与附近汉族相似；妇女装束大致可以分为穿裙和穿管裤两种，其中又各有殊异，喜佩银饰，银器种类繁多，有银冠、手镯、项圈、项链、戒指、耳环、银花、银扣等③。

图 2-8　制作中的侗布　　　　　图 2-9　制作完成的侗布

---

① 《侗族简史》编写组，《侗族简史》修订本编写组. 侗族简史[M]. 北京：民族出版社，2008：237-238.
② 陆游. 老学庵笔记[Z]. 卷 4. 据考证"仡伶"系侗族自称，故引此文.
③ 《侗族简史》编写组，《侗族简史》修订本编写组. 侗族简史[M]. 北京：民族出版社，2008：239-240.

改革开放后，肇兴侗寨同外界的交流日益增多，外部社会的经济、文化活动对人们的日常生活产生了深远的影响，特别是大量青壮劳动力外出打工，使越来越多的年轻人已改穿现代服装。在日常生活中，身着侗族传统服装者已渐稀少，只有寨内一些年逾古稀的老人还在坚守，绝大多数人只在盛大节日和一些民俗活动中才穿侗装。

（四）婚姻家庭

1. 婚姻形态

肇兴侗族的婚姻，长期以来都是一夫一妻制。绝大多数夫妻均为一次婚姻，并能互敬互爱、白头偕老。婚姻缔结相对自由，一般正常缔结的婚姻须通过说合、订婚、迎娶等步骤完成。

如果婚姻内出现了严重问题，男女双方均可提出离婚请求，经亲友劝解无效后方可真正离婚。先提出离婚的一方，必须退赔结婚时对方花费或馈赠的资金及财物；若原物还在需退还原物，否则双方议价后照价赔偿；所生子女双方协商后共同抚养[①]。

男子可以入赘，无需任何财物；若丧妻可以再娶新妻，女子丧夫可以再招郎入赘。入赘后若双方发生离异，男方不得携带任何财产离走。前妻子女，与后妻所生子女一同抚养。女方丧夫可改嫁或"转房"（即嫁给丈夫的弟弟），其子女可跟随母亲下堂，继父有抚养义务，并以亲生子女对待，且有财产继承权，长大后随生父姓或随继父姓，或回生父家立业，或在继父家立户，均由子女自由选择[②]。

2. 家庭结构类型

以家庭的人口再生产功能（自然功能）为依据，分析肇兴建寨至今出现的家庭结构类型，可以分为完整的核心家庭、不完整的核心家庭、完整的三代同堂传统家庭、不完整的三代同堂传统家庭、隔代家庭几种类型。

1）完整的核心家庭。在肇兴侗寨的侗族家庭中这样的家庭结构为主要形式，占最大比例。家庭成员包括处于家庭核心地位的夫妇二人和他们自己的子女。核心家庭不仅是人口再生产的最基本单位，而且也是社会经济生产和消费的最基本单位。

2）不完整的核心家庭。在肇兴侗族家庭类型中占有一定比例，主要有两种具体的形式，即由夫一方或妻一方与他们所生育的子女组成的小家庭，或者是夫妻二人还无子女的小家庭。两种不完整的核心家庭都是社会经济生产和消费的基本

---

① 《侗族简史》编写组，《侗族简史》修订本编写组. 侗族简史[M]. 北京：民族出版社，2008：241-243.
② 黎平县地方志编纂委员会. 黎平县志（1985～2005年）[M]. 下册. 贵阳：贵州人民出版社，2009：961.

单位。

3）完整的三代同堂传统家庭。如今的肇兴侗寨里，完整的三代同堂传统家庭的数量仅次于完整的核心家庭。按照构成成员的不同可以将完整的三代同堂传统家庭具体分为三类：第一类，父母亲是家庭的核心成员，构成家庭的第一代，一个儿子与儿媳或者一个女儿与女婿是家庭的第二代，孙辈为第三代；第二类，父母亲是家庭的核心成员，构成家庭的第一代，两个或更多儿子与各自的妻子一起作为家庭的第二代，孙辈是家庭的第三代；第三类，父母亲是家庭的核心成员，构成家庭的第一代，至少一个儿子及儿媳、儿子的未婚兄弟姐妹作为家庭的第二代，孙辈作为家庭的第三代，构成三代同堂的家庭。完整的三代同堂传统家庭类型中，第一类和第三类家庭占据多数。传统家庭也是经济生活单位及人口的再生产单位，具有人口再生产的功能。

4）不完整的三代同堂传统家庭。在肇兴侗寨里，不完整的三代同堂传统家庭的具体类型有五种：第一类，一位父亲或母亲作为家庭的第一代，儿子和儿媳或女儿和女婿为第二代，孙辈为第三代，作为第二代的儿子和儿媳或女儿和女婿是家庭的核心；第二类，父母亲是家庭的第一代，丧偶或离婚的儿子或儿媳、女儿或女婿是家庭的第二代，孙辈是家庭的第三代，第一代父母亲是家庭的核心；第三类，父母亲为家庭的第一代，丧偶或离婚的儿子或儿媳、家中尚未结婚的兄弟姐妹是家中的第二代，孙辈是家庭的第三代，第一代父母亲是家庭的核心；第四类，丧偶或单身的父亲或母亲是家庭的第一代，丧偶的儿子或儿媳、单身的儿子、未婚的兄弟姐妹是家庭的第二代，孙辈是家庭的第三代；第五类，以丧偶的父亲或母亲作为家庭的第一代，以丧偶的儿子、女儿或女婿为家庭的第二代，孙辈是家庭的第三代，第二代是家庭的核心。

5）隔代家庭。指父母亲死亡或因故不在家，由祖辈和孙辈相依为命而成的家庭。主要有四种类型：第一类，由祖父母两人或祖父母单人与孙辈组成的家庭，儿子和儿媳均已死亡；第二类，由外祖父母两人或外祖父母单人同外孙辈组成的家庭；第三类，由曾祖父母或曾外祖父母，同曾孙辈或曾外孙辈组成的家庭；第四类，由曾祖父母或祖父母同曾孙辈或孙辈组成的家庭。隔代家庭的主要特征就是家庭不具备人口再生产的能力，只是作为社会经济生活的基本单位发挥作用。

（五）丧葬

侗族"丧宁"（丧葬）主要有土葬、悬棺待葬、火葬三种，使用对象不同，葬俗也不同。肇兴侗寨侗族主要的丧葬方式为土葬，一般用于正常死亡的寨民。当濒死之人寿终正寝后，家人即刻为其鸣炮，有两方面的含义：一是通过三声响炮及燃放大量鞭炮，表示送别死者亡灵；二是通过鞭炮声向邻里亲人报丧；三是表明给死者洗澡、更衣、入棺的时刻到了。

鸣炮报丧的同时，丧家要派人戴孝向同一房族、宗族及亲族成员报丧，并由房族长老召集宗族长者到丧家商议死者后事的具体内容，若亡者是女性还须与娘舅家人一起商议。在棺木入土之前，要请道士或法师根据死者的生辰八字，运用八卦易理、阴阳六合等风水知识，确定死者确切的安葬时间和安葬方式。若生辰八字符合即时土葬，便依测定的吉日良辰安葬。不符合即时安葬者则入棺待葬（俗称"悬棺待葬"[①]），一直等到适合下葬的日子再举行葬礼。葬礼必须在鼓楼里举行，棺木（图 2-10）停放在鼓楼下，同一房族内的男性晚辈成员都要来祭拜（图2-11）。丧家须守孝一年左右，以示对亡者的哀悼。肇兴侗寨的村民，一直沿袭着这样的丧葬习俗[②]。

图 2-10　鼓楼里火塘正前的棺木

图 2-11　房族成员鼓楼祭拜死者

三、宗教和节日

肇兴侗族的传统文化历经社会政权和制度的更替，依然在侗族族群身份认同和村寨团结方面发挥着深刻的作用，集中体现了侗族传统文化的宗教和节日活动，通过形式多样、意蕴深刻的宗教仪式，热闹欢腾的各种节日和聚会，延绵不绝地维系着侗寨的团结。如今年轻人更乐于参加盛大的表演聚会活动，老人则对村寨中长久延续的传统情有所向，以虔诚的心境参与到宗教活动中。在日渐对外开放的背景下，村寨日渐被卷入市场经济的大潮之中，重视经济发展的观念不断被强

---

　　① 悬棺待葬主要用于死亡年月日不符合安葬时间的亡者，所谓"悬棺待葬"，即将亡者入棺，移至寨外或坟地上置放而不入土，等到符合土葬时间或丧家有了安葬能力之后才安葬的一种丧葬习俗。悬棺待葬习俗，过去侗族社区中比较普遍，除了亡人寿终的时间与其生辰八字相克不符合即葬而须待葬之外，还有丧家生活困难，一时难以操办丧事，以须等待同字辈人过世一起安葬等，均采取这种葬俗。

　　② 笔者在肇兴考察期间，曾目睹寨内三个不同的房族在同日同时举行的三场葬礼，去世的三位老人分属不同的鼓楼，各自去世的时间也不一致，但法师推算死者入葬的良辰吉日却是同日同时，于是死者的家属在同日同时各自举办葬礼并将棺木埋葬入土。

化，但肇兴侗寨仍然保留着传统的宗教习俗和鲜明的侗族文化气息。下面简要介绍该村寨中老而弥坚的传统宗教和节日文化。

（一）宗教

1. 自然崇拜

生活区域内的山川、河流、动植物、自然现象都是人们的崇拜对象，形式主要有以下三类。

1）土地崇拜。肇兴侗寨的每个团在建寨时都建有一个社坛（图 2-12），意在祭祀土地神，祈求村寨平安、生活富足。肇兴侗寨按照仁、义、礼、智、信五个团每团一座共有五座社坛，其中，礼团的社坛是最大的一个，也是整个肇兴侗寨的总坛。

图 2-12　平团社坛：土地崇拜

2）水崇拜。肇兴侗族以种植山地丘陵稻为主要生产方式，水稻的种植离不开水，因此，当地人认为水是财富的象征，村寨内的吊脚楼大都是畔水而建，村民普遍认为穿寨流淌的肇兴河水可以给人们带来财喜、消除灾害，也可以将人们的财喜带走，因此，每个村寨都会在村尾的河流上修建一座风雨桥，锁住寨子的财喜运气，所以风雨桥也被称为锁桥。

3）火崇拜。寨子的火神，居住在鼓楼中的火塘里；家中的火神，居住在各家的火塘里。一方面，火神是吉神，主兴旺、保平安，人们在鼓楼或新居建成之初，都要举行生火仪式，在重大的节日要在鼓楼中燃起大火，在一些人生重要仪式中要请火神庇佑；另一方面，火神是凶神（火殃神），人们若不敬畏将会降下灾难、发生大火。因此，"每至年终腊月，全寨集资买猪进行消除'火殃'的活动"[①]，

---

① 《侗族简史》编写组，《侗族简史》修订本编写组. 侗族简史[M]. 北京：民族出版社，2008：246.

以驱赶火殃神，这也是肇兴侗寨每年的重要活动之一。

2. 祖先崇拜

肇兴侗寨的祖先崇拜，包括集体萨崇拜和家庭的祖先崇拜。

萨崇拜，即萨岁崇拜或祖母崇拜。萨岁是至高无上的女神，是侗族历史中的女英雄，在贵州南部侗族地区广为流传。安设萨岁神时，要经午位再放入宫之中央位置，最后将其埋入地下，使萨岁神能够融天、地、神、人为一体，反映了侗族顺应自然、天人合一的思想。肇兴有五个团和五座鼓楼，每座鼓楼旁都供奉有一个萨坛，也称祖母坛，共有五个萨坛，五个寨子都祭祀同一位祖母。侗族除了祭萨岁神之外，还通过祭神的形式向人们传承侗族的相关历史内容，传播生命的意识、祖先观念、天文地理知识、族群文化等内容，以便达到保持民族内部较强凝聚力的目的。每年春节期间，全寨都要祭萨，具体的祭祀活动由寨老和巫师（俗称鬼师）负责，全寨人要身着民族盛装参加拜祭萨坛、喝萨茶、唱萨歌等活动；在寨内发生了重大事件，或者集体出寨做客，集体去其他寨子参加芦笙赛、大歌赛、演侗戏等活动时，也要举行祭萨仪式。

肇兴的家庭祖先崇拜有三种基本形式：第一种，坟前祭祀，肇兴侗族将农历年的每个三月二十八定为清明节，全家人在这一天会去祖坟前祭祖；第二种，火塘祭祀，每逢年节或家中婚丧喜庆之时，需在家中的火塘边摆放供品向祖先表示敬意，以祈求祖先赐福或保佑；第三种，神龛祭祀（图2-13），这种祖先崇拜形式多存在于被侗化了的汉族家庭里，他们在堂屋正墙上设立神龛，张贴先祖神榜。

图2-13　家庭祖先崇拜：神龛祭祀

3. 巫师与巫术

肇兴侗族一般把巫师称为鬼师。巫师能主持祭祀活动祈求庇佑，且熟悉本地方的历史与文化，故社会地位非常高，受寨民爱戴敬重。巫师为男性，他们承担的主要工作有：第一，主持祭祀，包括主持历年春节的祭萨仪式、其他重要活动中的祭萨仪式，以及祭水神、火神等活动；第二，驱除妖邪，主持扫寨仪式，为求助家庭或个人驱鬼退怪、消灾避难；第三，通灵预知，与祖先沟通，观察灾难发生前的征兆，并提醒当地寨民；第四，祈求庇佑，在婚丧嫁娶等重大的人生经历中，通过做法为当事人祈求福泽庇佑。

（二）节日

侗族是传统的农耕稻作民族，节日繁多且与农历的二十四节气及农业生产的整个过程密切联系。众多节日不但体现了天、地、人之间的和谐共处，还有利于增强民族成员之间、村寨内部的凝聚力。肇兴的传统节日全是以农历来推算的，不同年份个别节日的时间也不尽相同，主要有春节、耕稬节、开秧节、尝新节、清明节、斗牛节、八月十五。

1. 春节

春节是侗族最重要的节日。肇兴侗寨过春节，时间与其他民族基本相同，但形式与内容却有所不同。农历腊月二十七，人们会把全寨和自己住的吊脚楼都打扫得干干净净，准备迎接春节的到来。农历腊月二十八，各家各户的男人都忙着杀年猪、备年肉，杀猪过后要请外公来吃"泡汤"（即新鲜煮制的猪颈及内脏肉），饭前须请道士到家"斗莎"念经，敬供祖先，请祖先神灵一起过年。农历腊月二十九，妇女忙碌着蒸糯米饭、冲打年粑。从大年三十的下午起，人们都用篮子盛上美酒和香纸到桥头、土地祠、宗祠、庙宇、火塘边、神龛等处敬供桥神、土地公和祖先，祈求保佑。大年三十晚上，家家户户把纸钱串贴（插）在大门和猪牛圈的门枋上，再贴上春联和门神。古代侗族，堂屋不设神龛，门边也不贴春联，过年烧香化纸和敬供祖先都在木楼的火塘进行，在正月初三才正式过年。正如下面的侗族谚语中描述的春节内容一般：

> 二十七扫房角，
> 二十八扯猪脚，
> 二十九揉粑坨，
> 三十晚上全家乐，
> 大年初一"劳堂确"（多耶祭祖），
> 初三过后"月戏贺"（做戏客）①。
> ……

2. 稻作节日

侗族作为古老的稻作民族之一，形成的稻作节日丰富多彩，肇兴侗寨比较重

---

① 通过整理肇兴侗寨的四位寨老的访谈记录得出此谚语的具体内容。

视的稻作节日有耕耪节、开秧节、尝新节等。

1) 耕耪节——春耕播种前对神农的祭礼。既是对土地的崇拜，也是农耕技术的传承。人们在巫师择定的某天某时（吉日良辰），选一块适中的、向阳的良田供上神农之位，寨老、乡人在耕田两侧站立，将犁耙及牛鞭、供品设于神龛牌位，由寨老念唱款词、款歌，众人应合。款歌的主要内容如下：

> 神灵都来吃酒，世人祈求保佑。
> 保佑什么?保佑田中禾谷。
> 正月阳雀叫过，二月雷婆鸣天。
> 三月耙田动土，四月谷雨下秧。
> 五月扯秧插田，六月大薅小薅。
> 山上种旱谷，田里栽水稻。
> 山谷收成好，田谷收获多。
> 山谷茂盛如牛尾，田谷茂盛如马尾。
> 大丘田中谷成堆，山丘禾叶过田埂。
> 禾穗低头好采摘，禾叶散开好剪折。
> 男人灵巧塘边竖禾晾。
> 女人灵巧备剪去收割。
> 男人灵巧备办千担挑，白天挑不了，夜里挑不了。
> 大仓装满谷，禾晾挂满糯。
> 这禾穗一苑就够吃一餐，
> 一石就够过一年。
> 吃不完，留来买布。
> 吃一点，留下换银钱。
> 聚银像山林，布多像树叶。
> 女的耳戴金银，男的身穿绸布[①]。
> ……

叩拜神农之后，选出一个人首先驾耕牛下田开犁，开犁之后众人随即整地，寨老乡人提着谷种"青箱"往返播种。往返一次，称为一堆，九堆之后礼仪完毕。

2) 开秧节——栽秧时节所进行的祭礼。一般在芒种前后，选在全寨的"公田"或富裕人家的秧田进行。人们在田埂上摆放祭品、焚香化纸用来敬供秧神、田神等以求保佑。"活路头"要领众人唱《十二月种田歌》，唱完歌，拽下第一把秧苗表示栽秧季节到了。肇兴侗寨的人们在栽完秧苗之后，还有在水田中打泥巴仗

---

① 通过整理肇兴侗寨的四位寨老的访谈记录得出此款歌的具体内容。

以解除劳动疲劳的习俗。

3）尝新节——吃新节，肇兴侗寨在每年农历的六月初六过此节，为预祝丰收而过节。过节这天，各家各户都会开田捉鱼、杀鸡宰鸭，备办丰盛的佳肴美味，还要采摘新鲜的稻穗苞、瓜豆与熟米饭一起煮成稀饭，再烧香化纸祭祖，请历代祖宗"尝新"，保佑家人平安、五谷丰登；祭祖后，家人及亲朋好友开席一起尝新过节。

3. 清明节

每年农历的三月二十八，是肇兴侗寨的清明节。这一天，寨内的所有人都要去山上的祖坟扫墓、祭祖、祈福。肇兴侗寨的五大房族都有各自固定的坟地范围，清明节的扫墓活动是以房族为单位组织进行的，房族内的每个成员按照房族负责人的要求，会将香火与祭祀用的糯米饭、肉、酒等祭品准备好，统一献给自己的祖先，以请求祖先对后代的福泽庇佑。

4. 斗牛节

斗牛节，在每年的春耕前或秋收后举行，逢"亥"时举行。斗牛是侗族人最喜爱的娱乐活动之一，盛行于侗族聚居地区，距今至少已有 300 年的历史。既是著名的娱乐活动，也是集市贸易、村寨之间交流的重要社交活动之一；既可以是本村寨开展活动，也可以邀请周围侗寨参加活动。如果有其他村寨参加，一般由主办村寨向各寨事先发出通知，届时，参加的各个侗寨都把自己的斗牛（侗族俗称"打牛"）牵至主寨传统的斗牛场（俗称"斗牛堂"）里。参赛村寨的斗牛少则有六七头，多则达几十头。斗牛均是膘肥体壮的水牯牛，牛的两个角尖用铁皮包裹，由全寨各户集资购买，请专人饲养或各户轮流饲养，不事耕田劳作，专门用来"打牛"。

在斗牛开始之前，斗牛迷以"螺卜"①测胜负，或者要祭敬"萨岁"，祈求庇佑，以图斗牛旗开得胜、凯旋。各寨要给"打牛"盛装打扮，给牛戴绣球、悬响铃、身插五色小旗。斗牛双方各派代表现场检查牛角，并议定相关事宜。

斗牛正式开始时，各寨先各自给选定入场的斗牛喂数十斤米酒，使牛眼红、发威，在铁炮声中，众人赶牛入场让两牛打斗对碰，无论是胜负或平局，皆鸣锣击鼓，燃放鞭炮，牵牛绕场数周；散场后，主人邀请庆贺者进寨设酒肉款待，若牛被对方的斗牛打败或临阵逃跑，即宰而食之，并将其角束之鼓楼的高处以示纪念②。

---

① 螺卜：就是以两只田螺和一只银耳环为卜，将两只田螺分为"主螺"与"客螺"一同放置在盆内，而后念念有词，让两者相斗以观胜负，预测次日各只斗牛的胜负。

② 《侗族简史》编写组，《侗族简史》修订本编写组编. 侗族简史[M]. 北京：民族出版社，2008：250-251.

5. 八月十五

肇兴侗寨的八月十五不同于汉族地区的中秋节，隔年逢奇，每两年过一次。作为庆祝丰收的节日，当天各房族要宰牛，各家各户要准备美酒佳肴，款待远客以示庆贺，现已演变成各寨聚集交流的狂欢节日。具体时间为农历八月十五、十六两天，周边各侗族村寨的芦笙队在寨老的带领下，先在自己寨子内入坛祭萨，然后芦笙队与寨老一起前往肇兴侗寨参加活动，主要参加赛芦笙、赶歌坪等活动。赛芦笙以"淘汰赛"式进行，评委小组由吹笙经验丰富的数十人组成，每位评委都手持红、白两面小旗，主评委手持红、白两面大旗；比赛时，所有评委都远在离赛场至少一公里的山坡上，通过听到的声音评判输赢，评判比赛输赢的标准是各队吹奏声音的强弱；主评委负责收集和统计各评委手中举起的红、白小旗的数量，负责评判和宣布参赛队的参赛成绩。赶歌坪也叫踩歌堂，是指以肇兴大寨为主寨，周边附属侗寨的年轻人进入主寨歌坪进行对歌的活动，按照约定的时间，一般是以村寨为单位分别进入歌坪，各个寨子的年轻男女之间互相对歌，直到通宵，在此期间，主寨的男女青年会邀请客寨的朋友来本寨做客，并设宴款待。

总之，肇兴侗族的民族身份得到辨识，划定了该地侗族与其他民族的界限，使他们定位于国家空间之中成为可能，也为有效的行政管理做了铺垫。民族身份是国家界定的，是单一而又稳定的，族群身份则根据具体的历史情境，处于变动状态。肇兴侗族历史上外来的汉族人和外姓氏人口的后代为了生活便利，主动将姓氏改为陆姓，将民族改为侗族，与当地侗族融合的情况屡见不鲜。肇兴侗寨历史进程中资源的竞争、人口的流动、族别的划分、政治的界定及侗族传统文化等，直接影响着乡民的民族意识和身份的认同，村寨教育则深刻影响着他们民族身份的认同与归属。也就是说，在多重因素的影响下，肇兴侗寨乡民的民族归属与身份认同一直处于流变的状态之中。

第四节　经济活动：日渐卷入市场经济体系

肇兴侗寨所在地海拔 410 米，境内年均气温 16.3℃，无霜期 288 天，年均降水量 1200 毫米。土地肥沃、物产富饶，其中，矿产有磷、铁、铅、锌、银、锰、煤矿和石灰石等；农作物盛产水稻、糯禾、油菜；土特产品主要有茶油、大蒜、金银花、棉花、花生；森林树种繁多，主要为杉树与松树混交林，森林覆盖率极高，2011 年的统计数据为 68.5%。该村寨的经济发展受多方面因素的影响，在不同的历史时期，呈现出的状况是不一样的，主要通过村寨经济结构类型和经济发展水平两个方面的变迁体现出来。具体内容如下所示。

一、经济结构类型发生变迁

所谓经济结构，即一个由许多系统构成的多层次、多因素互相关联、互相结合的复合体。经济结构的各个组成部分之间都是有机联系在一起的，具有客观制约性，不是随意建立任何一种经济结构都是合理的。影响经济结构形成的因素很多，科学技术的进步和使用对经济结构的变化有非常重要的影响，而最主要的因素是社会对最终产品的需求。一个国家或地区的经济结构是在长期的经济活动中形成的，评价其是否合理的主要指标包括这几个方面：第一，是否符合本国或本地区的实际经济发展情况；第二，能否科学高效地利用人力、物力、财力和自然资源等一切有利因素；第三，能否协调国民经济各部门的发展，充分发挥一切经济优势；第四，能否推动科技进步和劳动生产率的提高；第五，能否既有利于近期经济增长又有利于长远经济发展；第六，能否取得最大经济效果和最大限度地满足人民需要。

古时，肇兴侗寨因远离中心城市的地理区位，以及丘陵坡地多、平地少的自然条件的限制，其资源优势未能有效地转化为地方的经济优势，当地经济总量的增长是在基数较小的情况下实现的，粗放式经济增长方式没有根本转变。例如，肇兴侗寨的农业生产技术和设备十分落后，还使用那些原始的农业生产工具，绝大多数村民仍旧依赖耕牛、锄头、人力来犁田耕作；受耕地多是山坡小块梯田的客观生产条件的限制，乡民只能使用原始的摘禾刀、镰刀收割庄稼，无法使用现代化的收割机。

直到 20 世纪 80 年代，肇兴侗寨社会经济文化等活动及与外界的交流才不断增多，其经济结构和形态有了一定的发展，但是主要形态依然是农业种植和少量的种养殖业，工业和第三产业还未受到人们的重视，旅游业也未走入人们的视线。

改革开放后，随着家庭联产承包责任制的推广，肇兴侗寨的外出打工人数持续增长，农业生产活动持续减少。与之对应，这里的旅游业在各级政府的支持下发展迅速，成绩显著，而且旅游业的良性发展又大大地促进了侗寨相关第二、第三产业的发展，景区内农产品加工厂、新的民居旅馆、旅游停车场、表演场等建设项目已建成并投入使用，成为乡民新的增收渠道。由此，农业在村寨经济活动总量中的比例不断下降，工业和第三产业的比例不断增高，村寨的经济结构逐步发生了变化。

进入 21 世纪，地方政府牵头发展肇兴侗寨的旅游业，还引进大量先进技术和人才促进传统种植业、养殖业的转型和农产品加工业的发展，第二、第三产业的比例在不断增长。

目前，肇兴侗寨的旅游业发展迅速，已初步形成了以旅游产业为主，以餐饮服务、建材、民族工艺品加工、珠宝加工等产业为辅的产业格局。种植、养殖为主的农业在村寨整个经济结构中仍占最大的比例，远远超过村寨第二、第三产业所占的比例，且村寨三大产业的生产技术普遍落后，生产方式依旧粗放，生产效率低下，使村寨经济的发展水平和层次都处于比较低的位置，经济运行质量低下。因此，该村寨的经济结构仍有待改进，总体上还属于经济欠发达的落后地区。

二、市场经济水平不断提升

肇兴侗寨自明朝洪武年间建寨后的很长一段时间内，由于肇兴自然地理环境及生产力发展水平低下的制约，虽然是古之"六洞"的中心地区，但是居住于此地的乡民与外界的交流十分有限，基本上局限在肇洞周边的区域内，和平原或者交通便利的地区相比，村寨比较封闭，也使这里长期处在"计口而耕"自给自足的自然经济状态之中，经济发展水平低下。

肇兴侗寨所在地区位于祖国西南，故沦为半殖民地半封建社会的时间要迟缓一段时间，大约于 19 世纪 70 年代的清朝末年，在"咸同"农民大起义之后，自给自足的自然经济仍然居于主要地位[①]。民国时期肇兴的产业结构依旧落后，经济形态以简单交换、自产自销为主，经济发展水平较低。

中华人民共和国成立后到改革开放之前，肇兴侗寨与外界社会在经济、文化等多方面的交流增多，当地的经济获得了一定的发展，但是主要经济形态依然是以种养殖为主的农业，工业、旅游业和其他第三产业尚未受到人们的重视，村寨经济发展水平有待提高。

改革开放以后，国家日益重视少数民族地区的社会经济发展。在改革开放和搞活经济方针的推动下，当地经济及人们生活水平有了很大的提高，实现了工业经济的持续发展，突破了封闭式的自然经济，商品经济得到了较快的发展，是中华人民共和国成立以来发展最好的时期[②]。

进入 21 世纪后，肇兴侗寨的旅游业在各级政府的支持下获得了快速的发展。例如，自黎平县开始实施"旅游兴县"战略后，肇兴日渐成为侗族风情旅游的主要目的地之一。到肇兴侗寨旅游的国内外游客人数逐年递增，肇兴旅游业发展迅速，收入不断提高：2005 年，肇兴侗寨接待游客 65 976 人，旅游收入达 329.88 万元，同时也带动了全县旅游业的发展；2006 年，贵州世纪风华投资公司等外资企业到肇兴侗寨投资开发旅游业；2012 年，黎平县收回肇兴侗寨的旅游开发管理权，由政府投入 8.29 亿元全力打造肇兴侗寨传统文化景区；2014 年，肇兴景区兴建民居旅馆、旅游停车场、表演场等项目并投入使用，同时围绕旅游业而衍生的第二、第三产业，给肇兴乡民开辟了新的增收渠道，大大带动了村寨经济发展，

---

① 《侗族简史》编写组，《侗族简史》修订本编写组编. 侗族简史[M]. 北京：民族出版社，2008：62.

② 《侗族简史》编写组，《侗族简史》修订本编写组编. 侗族简史[M]. 北京：民族出版社，2008：187.

乡民在个人经济收入、社会生活等多方面都有了明显的进步，物质文化生活水平不断提高，村寨经济发展水平也得到了很大的提高。

现如今，肇兴侗寨乡民经济收入的主要来源既包括传统的种养殖业，还包括大量农民工外出务工带回的财富，以及当地政府牵头发展的旅游业收入。主要管辖村寨经济发展基本情况及产业结构如下所示。

1）肇兴。辖肇兴、平更 2 个自然村寨，9 个村民组。住户 380 余户，区域面积 6.65 平方公里，耕地面积 1059 亩[①]，其中耕田面积 988 亩。森林覆盖率 59%。农业主产水稻、糯禾、油菜，特产大蒜、茶油。村民经济收入主要来源于种养殖业和旅游业等。全村有个体工商户 76 户，主要经营百货、旅社、饮食、电器、工艺品、服饰。

2）肇兴中寨。辖 1 个自然寨，5 个村民组。住户 158 户，区域面积 2.42 平方公里，耕地面积 369 亩，其中耕田面积 328 亩。森林覆盖率 72%。农业主产水稻、糯禾、油菜，特产大蒜、茶油。村民经济收入主要来源于种养殖业、旅游业等。全村有个体工商户 20 户，主要经营百货、旅社、饮食、电器、工艺品、服饰。

3）肇兴上寨。辖 1 个自然寨，8 个村民组。有住户 270 余户。区域面积 7.25 平方公里，耕地面积 598 亩，其中耕田面积 574 亩。森林覆盖率 72%。农业主产水稻、糯禾、油菜，特产大蒜、茶油。村民经济收入主要来源于种养殖业、旅游业等。全村有个体工商户 50 户，主要经营百货、旅社、饮食、电器、工艺品、服饰。

4）己伦。位于乡政府驻地西南 1.5 公里，地处麒麟山，海拔 530 米。东邻厦格村，南邻宰柳村，西靠纪堂村，北抵肇兴中寨村，辖 1 个自然寨，2 个村民组，有 80 余户村民。区域面积 3.02 平方公里，耕地面积 234 亩，其中耕田面积 204 亩。农业主产水稻、糯禾、油菜、大蒜。村民经济收入主要来源于种养殖业和劳务输出。

5）纪堂。位于乡政府驻地西南 1.5 公里，地处坡顶，海拔 670 米。东邻己伦村，南邻登江村，西与从江县洛香镇交界，北抵归柘村，辖 1 个自然寨，4 个村民组。有 150 余户村民，区域面积 4.23 平方公里，耕地面积 381 亩，其中耕田面积 359 亩。农业主产水稻、糯禾、油菜、大蒜、油茶。村民经济收入主要来源于种养殖业和劳务输出。

6）纪堂上寨。位于乡政府驻地西南 1.5 公里，与纪堂村为同一个自然寨。辖 2 个自然寨，7 个村民组。有住户 200 户，耕地面积 604 亩，其中耕田面积 574 亩。农业主产水稻、糯禾、油菜、大蒜、茶油。村民经济收入主要来源于种养殖业和劳务输出。

7）登江。位于乡政府驻地西南 2 公里，东邻纪堂村，南邻宰柳村，西与从江

---

① 1 亩≈666.67 平方米。

县洛香镇归随村交界，北抵归构村，辖登江、归随 2 个自然寨，8 个村民组，有 216 户。地处高山坡顶，海拔 690 米。区域面积 6.95 平方公里。耕地面积 671 亩，其中耕田面积 638 亩。农业主产水稻、糯禾、油菜、大蒜、洋芋、茶油。村民经济收入主要来源于种养殖业和劳务输出。

8）登杠。位于乡政府驻地东北 4.5 公里，东与水口镇光明村接壤，南邻堂安村，西靠肇兴村，北抵归公村，辖登杠、上平况、下平况、井兄 4 个自然寨，9 个村民组，有 280 余户。地处高山坡螃，海拔 1010 米。区域面积 9.06 平方公里。耕地面积 642 亩，其中耕田面积 594 亩。农业主产水稻、糯禾、油菜、大蒜、茶油，特产金银花。村民经济收入主要来源于种养职业和劳务输出。

9）厦格。位于乡政府驻地东 2.5 公里，东邻厦格上寨村，南与龙额乡岑梧村接壤，西靠肇兴村，北抵登杠村，辖厦格 1 个自然寨，4 个村民组，有 120 余户。地处山腰，海拔 710 米。区域面积 2.40 平方公里，耕地面积 250 亩，其中耕田面积 234 亩。农业主产水稻、糯禾、油菜、大蒜。村民经济收入主要来源于种养殖业和劳务输出。

10）厦格上寨。位于乡政府驻地东 2.5 公里，村连为一体，四邻界线与厦格政村相同。辖厦格、几归、归近、美门 4 个自然寨，6 个村民组，有 240 余户。地处山腰坡垮，海拔 710 米。区域面积 5.44 平方公里，耕地面积 544 亩，其中耕田面积 537 亩。农业主产水稻、糯禾、油菜、茶油、大蒜。村民经济收入主要来源于种养殖业和劳务输出。

11）堂安。位于乡政府驻地东 3.5 公里，东与水口镇平善村接壤，南与楷额乡上埠村交界，西、北靠厦格上寨村，辖登安 1 个自然寨，5 个村民组，有 180 户。地处高山坡螃，海拔 840 米。区域面积 4.84 平方公里，耕地面积 506 亩，其中耕田面积 462 亩。农业主产水稻、糯禾、油菜、茶油。村民经济收入主要来源于种养殖业和劳务输出。

12）宰柳。位于乡政府驻地北面 7.5 公里，东邻上地坪村，西南与从江转珠村交界，北抵己伦村，辖 2 个自然寨，3 个村民组，有 80 余户村民。地处深山峡谷，海拔 580 米。区域面积 3.63 平方公里。耕地面积 217 亩，其中耕田面积 193 亩。森林覆盖率 70%。农业主产水稻、油菜、茶油。村民经济收入主要来源于种养殖业和劳务输出。

13）堂华。位于乡政府驻地北 13 公里，东、北接高鸟村，南邻花腊村，西靠永从乡传洞村，辖堂华、登欲、响供、补鲁 4 个自然寨，14 个村民组，有 190 余户村民。1992 年"撤并建"前系水口区新平乡所辖，"撤并建"后隶肇兴乡。地处高坡，海拔 680 米。区域面积 7.86 平方公里。耕地面积 546 亩，其中耕田面积 487 亩。森林覆盖率 46%。农业主产水稻、糯禾、红苕。村民经济收入主要来源于种养殖业和劳务输出。

14）高鸟。位于乡政府驻地北面 15 公里，东与顺化乡高好村交界，南邻堂华村，西靠永从乡传洞村，北抵永从乡高贡村，辖 5 个自然寨，13 个村民组，有 210余户。1992 年"撤并建"前系水口区新平乡所辖，"撤并建"后隶肇兴乡。地处六背山腰，海拔 910 米。区域面积 9.07 平方公里，耕地面积 496 亩，其中耕田面积 436 亩。农业主产水稻、糯禾、红苕。村民经济收入主要来源于种养殖业和劳务输出。

15）皮林。位于乡政府驻地西 13 公里，东接新坪村，南邻岑所村，西同从江县洛香镇上皮林村交界，北与永从乡管团村接壤，辖 5 个自然寨，16 个村民组，有 660 户。1992 年"撤并建"前系中潮区皮林乡驻地，"撤并建"后隶肇兴乡。地处丘陵平坝地，海拔 310 米。区域面积 11.31 平方公里，耕地面积 3135 亩，其中耕田面积 2790 亩。森林覆盖率 50%。农业主产水稻、油菜，特产棉花、花生。石灰岩、水晶石资源丰富。村民经济收入主要来源于种养殖业和劳务输出。

信洞。位于乡政府驻地西 17 公里，东邻永从乡管团村，南与从江县上皮林村交界，西北靠平团村，辖信洞 1 个自然寨，4 个村民组，有 120 余户村民。地处山谷，海拔 340 米。1992 年"撤并建"前系中潮区皮林乡所辖，"撤并建"后隶肇兴乡。区域面积 4.64 平方公里，耕地面积 394 亩，其中耕田面积 361 亩。森林覆盖率75%。农业主产水稻、油菜。村民经济收入主要来源于种养殖业和劳务输出。

16）平团。位于乡政府驻地西 22 公里，东邻信洞村，南与从江县塘洞村交界，西与双江乡登界村接壤，北抵永从乡平脉村，撤区并乡前系中潮区皮林乡所辖，辖平团 1 个自然寨，4 个村民组，有 150 余户村民。地处高坡，海拔 830 米。区域面积 9.86 平方公里，耕地面积 337 亩，其中耕田面积 249 亩。农业主产水稻、红苕。村民经济收入主要来源于种养殖业和劳务输出。

笔者以近 30 年的经济统计资料为依据，从 1985 年开始以一定的年限间隔作为一个统计时间段，来统计肇兴侗寨农民近 30 年人均纯收入的变化趋势。统计结果显示：1985 年农民人均纯收入仅为 76 元，1995 年农民人均纯收入上升为 506元，2005 年农民人均纯收入为 1551 元，是十年前的 3 倍左右，2010 年农民人均纯收入达到了 2530 元。当地政府部门还制定了肇兴未来经济发展的目标预计，预计 2015 年农民的人均纯收入能够达到 4500 元。

随着市场经济的介入和不断搞活，肇兴侗寨自给自足的经济状态被彻底打破，越来越多的乡民外出打工，村寨的经济结构类型也不断得到改善，经济发展水平继续提升，该村寨日渐参与到外部更大的市场经济体系之中。

三、以市场需求为导向的经济发展及产业布局新规划

在国家及贵州省各项政策的扶持下，各级地方政府与肇兴侗寨的乡民一起，

在坚持以市场需求为导向的经济发展策略及产业布局新规划的基础上，提出了一系列以积极引导和调动农民积极性、加快当地旅游服务业和农业的发展、实现改善民生为最终目标的发展方针与政策，为肇兴侗寨未来的经济结构调整和经济发展水平的提升提供了政策方面的保障和支持。例如，肇兴侗寨根据党的历届人大会议、十七届五中全会精神和贵州省、黔东南苗族侗族自治州的要求及黎平县委、县政府的工作部署，以及《黎平县国民经济和社会发展第十二个五年规划纲要》《肇兴乡国民经济和社会发展第十二个五年规划纲要》的要求，结合肇兴侗寨的发展实际提出了《肇兴乡产业发展与布局第十二个五年发展规划》①，重点发展两个产业，即旅游及旅游工艺品加工产业，以及"两茶"种植、中药材、蔬菜基地、特色养殖业，并对肇兴侗寨未来的经济发展规划和产业布局提出了具体的要求，以期该村寨的经济结构更加科学、合理，经济发展水平获得巨大的飞跃。主要内容如下所示。

（一）旅游业

继续将肇兴侗寨作为一个完整的景区，保护开发侗族鼓楼建筑文化、稻作文化和萨文化；在肇兴建设四星级以上旅游酒店1～3座，游客服务中心、购物超市、旅游工艺品专业市场等集旅游服务、行政办公和居民疏散功能于一体的综合性功能服务区；加强污水和环境治理，营造景区良好的接待环境；以本地群众演员为主，编排体现侗族风情、互动较强的精品歌舞节目；完成"八寨一山"连接道路和环境整治工程，完善肇兴、堂安、纪堂及厦格侗寨的基础设施建设；2015年肇兴侗寨成为国家级4A级景区，接待旅客人数接近200万人次，旅游总收入达4000万元，旅游工艺品销售总额达2000万元。

（二）种养殖业

2015年，肇兴全乡油茶种植达到12 000亩，油茶总产值达10 000万元；全乡22个村全部是"两茶"种植基地，茶叶种植达到3000亩，茶叶总产值达300万元；建成对口供应珠三角绿色蔬菜基地5000亩，成为珠三角蔬菜供应的主要基地，其中，肇兴、肇兴中寨、肇兴上寨、皮林、新平、归枃、归公、岑所等村发展早熟蔬菜；高鸟、登杠、堂安、厦格、厦格上寨、宰柳、纪堂、纪堂上寨、登江、平团、花腊、堂华等村发展冷凉蔬菜；金银花种植面积达0.5万亩，产值达50万元，全乡中药材实现产值80万元，种植基地分布在肇兴、肇兴中寨、肇兴上寨、登杠、岑所、厦格、厦格、纪堂、纪堂上寨、新平等村；大力发展黎平黄

---

① 肇兴乡. 肇兴乡产业发展与布局第十二个五年规划纲要[EB/OL]. http://www. gzjcdj. gov. cn/wcqx/detailnew. jsp?id=17241. [2012-07-20].

牛、小香羊的养殖，所辖登杠、高鸟、堂安、厦格、厦格上寨、宰柳、纪堂、纪堂上寨、登江、平团、花腊、堂华等村发展小香羊养殖；肇兴、肇兴中寨、肇兴上寨、皮林、纪堂、纪堂上寨、新平、归杩、归公、岑所、厦格、厦格上寨等村发展村下养鸡业。

综上所述，从我国社会制度和政权更替的历程可以看到，随时空向前推移，国家权力逐渐渗入到基层乡村社会之中，后者逐渐被纳入到统一的行政版图和主流社会之中。肇兴侗族生活的寨子也是如此，不再是封闭和孤立的边缘地区，在漫长的历程进程中，国家、地方和市场三种力量相互影响、彼此交织在一起，共同推动了肇兴侗族社会的变迁。国家的目标，着眼于国家认同的建构、社会整合和共同文化的塑造，通过行政体系、学校教育和大众媒介，国家意志得以实施。市场的目标，是将所有地域和民族卷入到共同的市场体系之中，实现人力资源的流动、生产资料的流通和资本的增值，通过农业生产、外出务工、旅游业的发展等，侗寨乡民逐渐与外部社会相衔接。在这样的背景下，肇兴侗寨的社会变迁主要表现在以下几个方面。

第一，从地理区位方面来说，肇兴侗寨乡民的生活空间，从偏远的边疆地区逐步转变为通向外部世界的交汇地，成为国家政权向下延伸的前沿。特别是近年来，随着先进文化技术的传播，四通八达交通网络的建成大大缩短了肇兴与外部世界的距离，这里的空间格局被进一步改变。

第二，从历史沿革方面来说，由于肇兴乡民生活区域和范围的变化，国家在不同时期运用不同的方式推行政治统治，是村寨变迁的重要推动力量，通过儒化教育、改土归流、武力开拓、清末新政、土地改革运动、"文化大革命"、新农村建设等各种方式改变着肇兴侗寨的面貌。

第三，从族群文化方面来说，乡民在不同的时空情境中，根据现实情况和资源界定自己的身份，民族身份认同处于流动的状态之中。村寨人口流动日益频繁，信息日益多样，村寨学校教育的影响越来越无法忽视，民族文化在个体自我认同和国家认同过程中始终发挥着重要作用，在人们的生活中得以延续，也出现了弱化的趋势。

第四，从经济活动方面来说，肇兴侗寨彻底转变了自给自足的生产力发展状况，日益被卷入到外部的市场经济体系之中。就村寨经济而言，市场经济的影响体现在这几个方面：农业所占比例下降，以旅游业为主的第二、第三产业的比例不断增加；外出务工乡民持续增加，村寨劳动力缺乏问题日益明显；侗族文化成为地方经济发展的重要资源，服从于市场经济追求最大利益的目标，其中政府部门是最大的推动力量。

第三章　肇兴侗寨学校介入前的教育状况

　　肇兴侗寨历史上长期处于我国西南边陲地区，地理区位偏安一隅，交通落后，与外界的交流十分有限；经济上生产劳动技术落后，生产力水平低下；政治上长期游离在中央统治之外，土司制度尚未废除，被归为"化外之地"；文化上侗族传统文化自成一格，虽然不断受到汉文化的辐射和影响，但是外部世界对该村寨的了解很有限，这里的乡村生活长期保持封闭的状态。明太祖朱元璋出于军事安全的考虑，自洪武年间就开始在贵州人口聚居之地兴办各类学校，传播儒学文化。肇兴侗寨受地理边缘区位的影响，从明朝洪武六年（1373 年）建寨到明朝弘治十七年（1504 年）间，村寨内一直没有出现过正规的学校机构或者组织，相应的也没有正规的学校教育活动。居住于此的乡民与外界的交流十分有限，多局限在"肇洞"与周边村寨之间，村寨社会教育就是侗寨乡人所接受到的最重要教育形式，基本形式有家庭教育和村寨社区教育。人们在家庭和乡村社会活动中获得生活生产技能，进而熟悉侗族的民族历史文化传统并向后代传承下去。同其他的人类社会发展历程一样，肇兴侗寨的教育活动必然是在本民族特有的传统教育文化基础上运行的，同时又受汉族文化及其教育制度的影响，体现出汉族文化、侗族文化共同存在的教育特性，乡民通过生活生产活动将积累的知识、技能传授给寨内年轻一代，寨内的家庭教育和社区教育是一种自在发生的教育。

第一节　学校介入前肇兴侗寨社会发展状况及教育需求

　　社会形态是指在一定历史发展阶段下以一定生产关系为基础的社会，是上层建筑和经济基础的具体的历史的统一。按照历史唯物主义的观点，生产力和生产关系的统一就是生产方式，是社会形态的物质构成基础，因而社会形态又被称为社会经济形态。斯大林根据历史唯物主义的基本观点及原理，提出了人类社会的社会经济形态包括原始社会、奴隶社会、封建社会、资本主义社会及共产主义社会（社会主义社会是共产主义社会的初期阶段）等五类生产方式的学说。这几种社会形态，在中国众多少数民族村寨社会中都不同程度地存在着，是研究者认识和分析中国少数民族村寨社会发展及村寨各项社会活动变迁历程的重要参考依据和理论基础，也是研究者将村寨社会发展状况划分为具体的经济结构形态、类型和性质的认知基础。另外，恩格斯 1884 年的《家庭、私有制和国家的起源》对初民社会发展规律的科学分析，以及马克思关于亚细亚所有制形式的理论观点，同样是研究者认识或分析村寨社会发展状况的理论基础。

　　无论在什么时代或者社会里，物质资料生产是都该社会存在和发展的基础，而物质资料生产的发展变化，始终是从社会生产力的发展变化开始的。社会生活的各个领域，政治、经济、教育、科学、文化等，以及人们之间的各种社会关系，归根到底都取决于生产力的发展，社会生产力是社会发展的最终决定力量，都是以生产力为基础在交互发生作用。随着人类社会的发展，在所有影响教育系统的社会因素中，生产力是教育发展的决定性、主导性力量。如经典马克思主义作家所说，"整个伟大的发展过程是在相互作用的形式中进行的"[①]。换言之，对少数民族村寨而言，其在各个时期的社会形态或者社会基本状况，是村寨教育发生变迁和转型的基础性条件，是民族村寨教育产生、盛衰、消亡的限定性条件。村寨经济结构、经济体制和相关制度的变迁深刻地影响着教育结构的调整、教育资源的分配、教育内容的演化、教育价值观念等内容的变化。肇兴侗寨的教育变迁历程也蕴含、彰显着这一原理。侗寨教育会发生与社会经济发展水平相对应的变迁，社会经济发展状况与侗寨教育变迁之间存在密切关联，社会经济发展水平的变化是肇兴侗寨教育变迁的客观物质基础。

一、原始公社末期的社会发展状况

　　肇兴侗寨地处我国云贵高原东南边缘的低山峡谷地区，属中亚热带温暖湿润季风气候带，独特的天地系统决定了当地独特的社会生产实践活动。正是在这样的独特社会生产实践活动中，肇兴侗寨早期的乡民不断认识和了解各种客观的事物，逐步形成了与其天地系统相适应的乡土社会系统。自明朝洪武六年（1373 年）建寨至明朝弘治十八年（1505 年）的百余年内，因相对封闭的山地丘陵生活环境的制约，肇兴侗寨的乡民仍然依赖原始的刀耕火种生产方式，所谓"十月耕山先布火""出入无人不带刀"[②]，加上一些原始的采集和狩猎活动，所有生产活动依靠人力完成，科学技术含量较低，整个村寨的生产力水平与经济条件十分落后，还处于极低的层次。受丘壑遍布自然环境、基于血缘亲疏的房族和款组织及粗放式生产劳作方式的实际影响，当时的肇兴社会还处在封闭的原始公社末期，村寨及乡民的生产生活目标还停留在解决温饱的层次上，与外部社会基本没有沟通交流，尚被外部的封建中央政府视为生番之地，未被纳入到中央集权的行政管理版图之中。

---

① 毛泽东. 毛泽东选集 [M]. 第一卷. 2 版. 北京：人民出版社，1991：282-283.
② 佚名. 贵州图经新志[M]. 明弘治时期.

二、维系生存与温饱的低级教育需求

自肇兴建寨之日起，教育活动就已经存在，与人们的生活融合在同一个社会之中，还没有独立于生产劳动和社会生活之外成为一项独立、专门的社会活动。在肇兴侗寨建寨初期，受落后社会生产力发展水平的制约，肇兴乡民长期以满足基础性的、低层次的生存和温饱需求为首要任务，生存之外的社会生活、各类宗教活动和节庆活动也是围绕着以农业经济为主的生产生活方式而开展的。因而，彼时肇兴侗寨教育指向以解决村寨及乡民生存需要为主的生计教育，重视通过生产传授劳动知识与技能的传承，为村寨的发展提供必需的劳动力。乡民利用最原始的生产工具进行劳动，生产力水平相当低下，也没有严格的分工，村寨乡民的各种活动，包括宗教活动、艺术活动、求知活动等，均以一种朴素自然的形态与劳动生产活动融合在一起。村寨内还没有专门的教育场地、专业的教育者和系统的教育内容，学校教育还没有出现。低下的生产力水平决定了早期乡民必须要将大部分时间和精力用在获取维持基本生存的物质资料方面，人们的教育需求主要表现为希望获得提高生产效率的知识和技能，以便解决温饱问题。在村寨社会教育作为村寨主要教育形式的时期，肇兴的各种社会教育活动及内容的变迁始终是指向生产劳动的。社会教育活动在生产生活中以"自然"的方式展开，最基本的两种活动形式就是家庭教育和社区教育活动。乡民通过家庭和村寨里的集体活动，将积累的知识、技能传授给寨内年轻一代，使他们获得赖以生存、生活、生产的各种技能和知识经验，掌握侗族传统的民族历史文化内容，完成个人的社会化，并向后代传承下去。也就是，人们在日常化的家庭及乡村社会教育活动中习得生活生产技能，年幼者依靠与成人的交往，或者直接参与成人活动，以口耳相授、模仿等直接经验的学习方式，掌握村寨社会生活最基本的经验技术、行为规范，熟悉侗族的风俗信仰、民族历史文化传统并向后代传承下去。传承形式既可以是春天栽秧种田时以唱侗歌的形式，也可以是宗教活动中寨老、族长、家长向房族成员讲历史时传授农业生产知识。例如，开秧节众人所唱《十二月种田歌》[①]中的部分内容，就是这样得以传承的。

> 正月乐，正月不热好上坡。月月活路像推磨，一年农事脚跟脚。二月八，二月树木发嫩芽。干田未耕赶快犁，翻犁灌水细细耙。三月到，暮春三月百虫闹。瓜豆抽芽勤料理，三片嫩叶土要刨。四月到，农事催人没有空闲寨中聊。冲脚扯秧挑到坡顶插，沟渠漏水担心田要干……

如同《学会生存：教育世界的今天和明天》里所描绘的："在原始社会里，

---

① 由肇兴初级中学韦峰老师整理提供。

教育是复杂的和连续的。这时教育的目的在于形成一个人的性格、才能、技巧和道德品质，一个人是通过共同生活的过程来教育自己的，而不是被别人所教育的。家庭生活或氏族生活、工作或游戏、仪式或典礼等都是每天遇到的学习机会；从家里母亲的照管到狩猎父亲的教导，从观察一年四季的变化到照管家畜或聆听长者讲故事和氏族巫士唱赞美诗，到处都是学习的机会。"①由于教育还没有从生产生活中分化出来，成为一种专门的活动，对每个人而言，受教育并不是一种供以享受的特殊权利，因此也就无所谓教育的民生功能。

第二节　学校介入前肇兴侗寨教育基本状况

肇兴村寨的社会教育，是肇兴正规学校教育出现之前的民间传统教育活动的总称。在肇兴侗寨尚未有正规学校之前的漫长历史时期内，该地的教育基本上依赖于乡村的传统社会教育，主要形式包括侗族家庭教育和村寨社区教育两大类别，这两类教育活动是相辅相成、密切交叉的，共同构成了体现侗族社会历史及文化传统的校外社会教育体系。肇兴侗寨社会教育的内容所涉及的范围非常广泛，从人的思想道德伦理到民间的乡规民约，从日常生活知识到生产劳动中的技能与经验，从族源、语言、神话故事、民族传说到待人接物、称谓、衣食、礼仪，从歌谣、戏曲到谚语、格言、款词等，基本涉及了肇兴侗寨社会生活的所有领域和层次。因而，村寨社会教育作为侗族教育体系的一个重要组成部分，是当地侗族群体传承民族思想道德、发展文化科学技术，规范个人言行举止，维护侗族地区的社会稳定和经济繁荣，推动村寨社会进步与年轻人身心健康成长，促进侗族优秀民族文化与传统得以代代传承下去的重要手段和途径之一。其中，家庭教育始终是肇兴侗族社会教育的最主要形式。

一、村寨家庭教育

无论如何，家庭对于每个个体来说都是熟悉且必要的，家庭是人类社会中最普遍、最基础的组织单位或细胞，是社会得以持续发展的基础，也是个体成长历程中重要的、不可或缺的生活领域。纵观人类文明史，无论哪种社会制度或体系，家庭都是构成整个社会系统的最基本、最持续的普遍性社会组织。家庭教育作为一种基本的教育形式，自家庭从人类社会产生之日起它便随之产生了。家庭教育就是指在人们的家庭现实生活中，由父母或者其他监护人对家里未成年子女实施的教育与影

---

① 联合国教科文组织国际教育发展委员会. 学会生存: 教育世界的今天和明天[M]. 华东师范大学比较教育研究所译. 北京: 教育科学出版社, 1996: 26-27.

响的互动过程，父母是最主要的教育者，这一教育活动既包括家庭成员之间自觉的、有意识的、有形的影响，也包括家庭环境等因素对其成员产生的无形的、潜在的影响。也就是说，在家庭生活中，父母或者子女的其他监护人作为教育主体，按照一定的期望和目标，通过一定的教育方式或手段对子女实施教育或某种倾向性的影响，同时也作为受教育的客体，从孩子的言谈举止中受到相应的教育。

　　由于家庭教育是在家庭成员之间进行的，这就决定了施教者与受教者之间的亲密关系和初始、持久的特征，是故，家庭教育对人身心的影响之大是不言自明的。对处于家庭中的个体而言，其影响是深远的，具有相当的韧性与延续性，对个体会产生终其一生的影响。家庭对青少年个体而言，是其人生中的第一所学校，父母或其他监护人是他们的第一任教师，他们对社会的最初认识与理解，都是在家庭中完成的，在他们进入学校直至进入社会后，家庭仍然发挥着其独有的作用，具备无可替代的特殊性。家庭既是社会构成的细胞，亦是个体与社会发生联系的桥梁和纽带。之所以这样讲，是因为在一般情况下，家庭既是个体的出生地，同时也是其生活与成长的地方，每个个体都是从家庭走向社会，通过家庭的言传身教来了解社会，与社会发生各种联系，最早在家庭中开始完成个体的社会化，家庭成为个体与社会之间联系的纽带。因此，家庭教育对一个未成年的个体而言，所具有的非凡意义与重要性是不言自明的。家庭教育与社会教育、学校教育一起，共同构成了个体所接受到的全部教育。

　　家庭是人类社会的构成细胞，也是人类自身得以繁衍的最基本单位，还是民族历史文化得以传承的重要单位。"家庭，就其体现着集中的，有时也是广泛的人间关系而言，是一切文化的基础学校。"[①]由于肇兴侗寨自建寨之时就进入了一夫一妻制的社会发展阶段，其社会结构的特点是以家庭为核心的家族扩展的村寨组织，所以家庭教育既是家族、亲族内聚的重要条件，也是协调村寨社会关系、维持物质和精神文化再生产的重要环节。肇兴侗寨儿童出生之时，就已经置身于家庭教育之中了。这种家庭教育主要是通过整个家庭共同的生活和劳动，父母采取耳濡目染、言传身教、耳提面命的方式进行的，而子女也在这种润物无声的潜移默化中，不断地对这些生活生产的经验加以掌握。但是，在具体的过程中，家庭教育还依照不同性别的人成年后需要在社会上担当的责任的不同进行了分工，如礼团陆寨老所言[②]：

　　　　过去，肇兴侗寨的年幼群体在很早的时候便开始学习或从事简单的生产劳动了，按照村寨内年幼成员的性别差异来分工，男孩一般从五六岁开始学习简单的生产游戏和歌谣，通过做游戏习得最简单的生产生活知识技

　　① 许烺光. 宗族·种姓·俱乐部[M]. 薛刚译. 北京：华夏出版社，1990：87.
　　② 访谈时间：2014 年 10 月. 访谈对象：肇兴侗寨陆寨老.

能，到了七八岁，就在家庭长辈的指引下，逐渐学习上山放牧、田间栽种秧苗、扶黎耕地、野外采摘、狩猎等生产劳动的技巧；女童一般与母亲待在家里，在家中长辈的带领下，学习织布、染布、纺织、刺绣、洒扫煮饭、蔬菜种植、饲养家禽等劳动……通过家庭中长辈们口耳相传的民间传说、故事、神话的讲解，来进行民族信仰、历史禁忌、风俗、习惯等方面的教育，这些既是肇兴侗寨生产生活的实践活动，又是一种最有效、最直接的传承本民族传统文化的方式，深刻地影响着肇兴侗寨历代乡民们的价值取向和生活方式，塑造了肇兴侗寨乡民们勤劳、善良、好客、温柔、正直的民族性格。一代代的侗寨青少年正是在这样的教育中得到锻炼，获得成长，步入社会，然后在熟悉的、赖以生存的乡土世界里，继续吸取和积累着有用的知识和技能，在结婚育子后又自然而然地承担起教育后代的职责，周而复始，最终使得肇兴侗民们的民族文化和生存本领等知识技能世代传承下去。

二、村寨社区教育

社会教育是以家庭教育为核心，在家庭教育的基础上，通过家庭间的交往、村寨间的联系等集体性质的活动，对本民族的成员进行生产技术、道德规范等传统文化的教育。其形式也是多种多样的。例如，通过参加婚丧嫁娶、生产劳动、节日庆典等集体的社会活动和劳动，肇兴侗寨的年轻人通过亲身体验，可以从长辈那里学到本民族的生产技术、生活经验、伦理道德、礼仪规范、天文、地理、医学、文学艺术等方面的知识，并在这个过程中完成社会化，为其真正融入肇兴侗寨乡土社会提供条件。同时，肇兴侗寨人民在长期的社会交往中形成了具有共识的、非常稳定的民族群体文化，并以此来协调、维护人们的社会关系，通过对文化的整合，增强了村寨侗族成员之间的认同意识和内聚力。

在学校教育传入肇兴侗寨之前的这段时期，本书所强调的村寨社会教育活动主要是指村寨中的社区教育，特指肇兴侗寨内共同生活的人们，以房族、款组织或者其他传统民间组织为单位所进行的，在学校和家庭之外定期举行的、有组织的、丰富多样的，体现出鲜明的民族性、区域性和整体性等特点的教育活动，通过组织者灵活的组织与协调，将村寨的多种力量都纳入到寨民的日常生活、生产活动中，是提高侗寨成员综合素质，促进乡村社会、经济、文化及个体发展的教育活动的总称。

侗族村寨内的家庭、鼓楼、萨坛、萨庙、风雨桥、乡野田间等场所如图 3-1～图 3-3 所示，它们既是肇兴侗族乡民生活、交流的领域，亦是乡村社会教育发生的主要场所。特别是肇兴村寨内的五座鼓楼，不仅作为侗族村寨的标志性建筑和活动中心而存在，而且还是侗寨社会教育的主要场所之一，长期在乡民的日常生活中发挥着重要的教育作用，主要体现在以下两个方面。

图 3-1 肇兴侗寨入寨风雨桥

图 3-2 萨庙

图 3-3 寨民生活场所

一方面，鼓楼丰富的文化物语、多维的文化象征，对房族内部的成员长期起着不可替代的社会教育作用。鼓楼的四根主柱，既代表着春、夏、秋、冬四季，也代表了东、南、西、北四个方位，十二根边柱则代表了十二地支和十二个月份，楼层代表寨中人的支系，八面倒水屋面则象征了八卦的乾、兑、离、震、巽、坎、艮、坤基本卦象，是侗人对天地时空、四时节气等知识的生动掌握及领会形式。

另一方面，排解纠纷。当村民之间发生纠葛、排解不下时需聚众公议，便聚在鼓楼里集体裁决，有利于成员们掌握乡规民约、习惯法等内容；文化娱乐——在鼓楼中进行各种文艺活动，如赛歌、赛笙等活动，有利于成员学习、掌握侗族的历史文化、各种社会礼仪、风俗习惯等知识；示警报信——遇有要事、危急之事，登楼击鼓示警召众，众人闻声须至，对成员而言就是一种居安思危、强调集体的社会教育活动。而今，侗族鼓楼的军事功能已不复存在，其他功能虽在不断弱化，但还未完全消失。

肇兴侗寨作为侗族聚居的少数民族村寨，社区教育的对象是该地域内共同生活的人群，包括从幼儿到老年的寨内全体乡民。人人既是受教育者，又是教育者。寨内的社区教育活动不仅受到侗族传统文化历史等因素的影响，还受到不同历史时期下，村寨内外社会、政治、经济、文化、人口等各种因素及发展水平的制约。在当时的历史时期内，该村寨主要的社区教育组织及教育内容包含以下几种。

1. 款组织

在侗族社会历史发展进程中，没有建立或者形成过完备的权力机构或者组织，但是形成了以地缘为纽带，以盟誓与约法为保障，以区域行政与军事防御性质为目的的联盟组织，该组织将部落与部落、村寨与村寨、社区与社区有机联系起来形成一体，被称为款或款组织，由款首（由族众推出社会经验丰富、办事公正、有威望、熟悉规矩的长者为款首）、款脚（传号令者）、款众（普通侗族百姓）、款坪、款牌、款约、款判等构成。规模从小款到由数个小款（房族长老与村寨内部成员）和数个中款（由各房族长老、各村寨的寨老联合组成）构成了大款（中款款首联合组成），再到由数十个大款联合成几乎是全族性质的联合款，联合款是侗族款组织的最高形式，军事防御特色突出。历史上，肇兴及周边侗寨属于"六洞"款。

款组织是侗族古老的社会组织和社会制度，初始阶段是以家庭为细胞、以房族为基本单位的内部管理组织。房族是以血缘关系为纽带而形成的传统社会组织，包括同一血亲延续的几代人，房族有族长，由房族成员中年龄较长、辈分较大且处事公正、受全族成员推崇的长者来担任，不受财产的限制，也不脱离生产，主要职责是对内主持房族内的公共事务、协调成员间的矛盾、组织房族支持成员的家庭大事，对外代表房族与外部交涉，目前有以陆姓为主的稳定的五大房族，分别是仁、义、礼、智、信五族。

（1）款首职责

第一，以款众共同盟誓形成的款条款规（图3-4），规范房族内部、村寨内部的过激行为，排解内部纠纷，维护房族和村寨的秩序，确保族群的和谐相处；第二，依照盟誓的款条公断和调处款员、房族内部、村寨内部、村寨之间乃至更大区域的纠纷，召众聚会、议事、执规、交流，集体讨论确定问题；第三，款首一般没有报酬，没有任何特权，平时作为普通的款民之一，通过耕种自家的田地自食其力，如果款首违约行事或办事不公，款众可通过鼓楼众议免除或更换。当地人认为款组织通过商议制定的款约，基本满足并保护了侗家人的生存理想，于是也都共同参与和维护款组织。

图 3-4　曾经的起款立约

（2）款约类型与内容①

肇兴侗族的款约类型及内容十分丰富，形式多样，如族源款、款坪款、约法款、出征款、英雄款、创世款、习俗款、祭祀款等类型，是村寨社区教育内容的主要选择来源，目前保存比较完整的有以下几种。

第一，族源款，记述侗族族群历史的款词，如《族源款歌》《宗支款》《祖宗落寨款》等。《族源款歌》中唱道：

牛死留下角，

人死留下歌。

老代去，

换下代。

老竹朽，

换嫩笋。

……

---

① 由于肇兴地区的款组织现如今已不复存在，大量款词、款歌已是踪迹难觅，只是极少数年长者的记忆里还有遗存。因此，本书的款词、款歌内容主要由笔者根据已有文献材料记载内容，结合对侗族歌师、乡民的访谈记录，以及对数位寨老的口述回忆材料整理所得，在整理过程中，得到肇兴侗寨的上、中、下三寨寨老及肇兴中心小学罗文德老师、肇兴初级中学韦峰老师的大力帮助。

第二，款坪款，记述各个款组织的款区和村寨生活生产范围的款词，如《十二款坪十二款场》《款坪款》共同记述了分布于侗区的款坪、款场和款组织的地域区划范围，其中的部分款词如下：

......

上四洞、四头、杨柳坪合款是第一，

下四洞、陈横合款是第二，

芙蓉、江口、太阳坪合款是第三，

上所栗、下栗、上太阳坪合款是第四。

......

第三，约法款，记述各款组织制订的款章约法，以及用以维护款区的社会秩序的内容。虽然各地的款条、款词存在着不同的差异，但在主体内容上却是基本相同的，如《九十九公合款》的第二层规定中道：

耳边插鸡尾，拉手多耶，

墙后弹琵琶，相依唱歌，

倚身在门边，细语悄言，

不犯规矩，理所当然。

倘有哪个男人伸脚踩右，伸手摸左，

狗用脚爬，猫用爪抓，

摸脚掐手，强摘黄花，

这类事，事轻罚酒饭，

事重罚金银，罚他一百又四两。

......

第四，出征款，记述款组织集结款众抗御外来强暴，出征前在寨中鼓楼里发布，在鼓楼里起款盟誓的款词。内容主要是鼓舞士气，号召款众团结互助，保护村寨，英勇抗敌，如《起众出征》中道：

今日有妖怪过河，

今日有妖婆进村。

今日有老鹰抓小鸡，

今日有鸱鸮捉小鸟。

一伙寨老，

一伙头人。

才是发起联村联合，

才是领头联寨团款。

青年人拿刀,

壮年人拿枪。

勇猛地杀过哪路,

哪路敌人就纷逃。

眼明人射箭,

心亮人举旗。

好日好时,

旗开得胜,

让我们起款出征吧!

第五,英雄款,缅怀或者颂扬侗族历史英雄人物的款词,记述了英雄功绩和战斗历程。著名的有《吴勉王款》《萨岁款》等,如《吴勉王款》中曰:

兰洞出个林朝素,

五开出了个吴勉王。

他们带领人马,

一支进肇洞,

三支进坑洞,

七支进潭洞,

路路旗开得胜。

……

第六,创世款,指叙述世间万物和侗族起源的款词,如《天地、山河的来历》《牛的来由》《猪的来由》《芦笙的来由》等。

第七,习俗款,主要介绍民族各种风俗习惯来历的款词,如《破姓开亲》《行年根由款》《恢复祖先俗规》等。

第八,祭祀款,这类款词包含:悼念词,即防组成员及长者举行丧葬仪式时念颂的款词;神祭款词,是神祭活动结束时请各位神灵自回到自己的神位上去,请求永远保护村寨,同时也哀告救众牢记祖先规章约法、道德风尚,以求和谐和繁荣昌盛的款词。

（3）款社交际活动

肇兴侗寨款组织发展的鼎盛时期,也是侗族款社交往活动最频繁的时期。所谓款社交际,就是在款组织发起的,在款社内部组织的"讲款"活动,款首之间的聚会,以及村寨与村寨之间群体性的"走亲"活动等,都属于款社交际的范围。集体"走亲"是款组织活动的遗留,至今依然在肇兴侗寨及周边侗族村寨社会中流行，是侗族民众的独特民俗，呈现出浓浓的乡情。这种社交活动，侗语称之为"月也"①，汉语译作"吃相思"，其形式主要有"月也老""月也楼""月也鼎""月也戏"和"月堆瓦"等。

因此，在这一历史阶段，款组织及其活动在侗族青少年人的成长方面发挥了不可替代的教育作用，促进了侗族村寨与村寨之间的睦邻友好，团结凝聚了民族情感和文化认同，具有重要的社会价值与教育意义。

2. "补拉"

在肇兴侗寨，除了曾有过的款组织和现代的乡、村、组行政编制组织之外，从古至今，还一直普遍存在着一种侗语称之为"晰拉"（"父子"之意，汉语译为"补拉"）的民间组织，一般该组织以二三十户至百余户人家为单元，是侗族民间基层社会结构的基础组织，正所谓先有"补拉"才成村寨，无"补拉"就没村寨。"补拉"具有家族组织的性质，但又不等同于以纯粹的血缘支系关系确认的家族。"补拉"成员的确定，既可以以血缘关系为依据，也可以包含非血缘关系的成员；成员既可以是同一姓氏，也含有异姓成员；既是成员之间的地缘关系的体现，也可以超出已有的地缘范围。也就是说，"补拉"可以接受没有血缘关系的外人成为自己的成员，通常以接受某一个宗族集体加入"补拉"组织的居多。"补拉"内部严禁通婚，不论远近、同姓异姓，同辈分的男女都视为兄妹，上辈和下辈男女都分别视为父母、子女；"补拉"内的婚礼、丧葬、祭祖等重大活动，均以"补拉"为单元组织操持，互助合作；内部纠纷自行解决，"补拉"以外的人不得插手；处理"补拉"与外人的关系时，必须符合整个氏族的伦理道德等。总之，侗族"补拉"组织具有相当强的向心力和凝聚力，是村寨内社区教育的重要组织之一。

① "月也"一般是一个侗族主寨与一个客寨或数个客寨之间的联谊活动。参与活动的寨子的全寨人员都参加活动，人数一般都超过1000人，是侗族村寨之间大型的社交活动。活动一般在农历的正月举行，首先，由主寨发出众帖（请帖），派专人送往客寨，客寨接到邀请后，即组织歌队、戏班、芦笙队等排练侗族大歌、侗戏，以及制作芦笙等准备活动，并按约定的时间奔赴主寨；随后，当客人到达主寨时，主人要鸣放三声铁炮和大量鞭炮，敲锣打鼓、吹奏芦笙并拦路迎宾，唱拦路歌，敬拦路酒等，表示对客人的热烈欢迎；然后，主寨将引导客人到萨坛前举行一系列的祭祀仪式，再引客人进入到寨中的鼓楼里，进行多耶、踩堂活动，宾主各唱三支耶歌以请萨神护佑，毕后，主寨人等纷纷拉客人入各户做客居住，迎宾仪式宣告结束；之后，主客寨全体成员在白天赛芦笙、演侗戏，晚上由主寨与客寨或客寨与客寨之间男女青年举行踩堂、多耶、对歌等活动，加深彼此之间的交流。在此期间，客人一般会在主寨住三天或五天（均需单数）后，主人方才放行返回自己寨子。送行时，主寨家家户户会用禾秆草打包糯米饭团或捆吊糍粑，并吊上一串三个或五个（奇数）彩蛋送客，特别盛情的人家还会捆鸡缚鸭送给寄宿的客人，村寨集体另送猪或羊或牛一头；主寨未婚姑娘要给客寨未婚后生每人赠送一条绣花巾或毛巾，所赠之物称为"尾巴"，总之要让客人挑挑提提无一空手才可。送客这天，主寨老少人等要倾寨而出，要放铁炮、鸣鞭炮，敲锣打鼓、吹奏芦笙送客出村，场面热烈而壮观。一般在活动结束后的次年或几年后，再由客寨发出请帖，做东邀请主寨或其他客寨，表示还客和谢意，最终保证了世世代代沿袭着"月也"的社交传统，实现了侗族村寨与村寨之间的不断交流。

3. 侗族歌班（歌队）

在中国 56 个民族中，侗族被称为"善于歌唱的民族"，因为侗族不仅是中国各民族中唯一拥有民间多声部复调音乐（侗族大歌）的民族，而且也是拥有丰富诗歌的民族之一，侗族事事都有对应的歌曲表达，侗族聚居的地区被誉为"诗的家乡、歌的海洋"。肇兴村寨也是如此，乡民认为人人都应该会唱侗歌，他们坚信"饭养身、歌养心"的生活原则。因此，侗族儿童自小就要学唱各类侗歌，父母在家教歌，歌师走村串寨，在歌班里传歌，众人聚集在鼓楼下唱歌。每个侗寨都有自己的歌班以保证人人会唱歌，歌班按照寨子大小、成员性别和年龄阶段来组织成立。

肇兴歌班按照性别分别组成男女歌班，如图 3-5 所示，这种划分从成员很小的时候就开始了。女童在能够说话的时候，她们的母亲就帮她们组成了歌班，而男童一般是在能够自由地跑跳的时候才组建歌班。歌班按照年龄相近的原则来组建，根据同龄人数的多寡，往往是人多时，就由同一年出生的孩子共同组成歌班，而同一年出生的儿童人数较少时，就由两年内出生的孩子共同组成歌班。男性歌班一旦成立，就是终生不变的，而女性歌班由于受到女子成年出嫁的影响，会解散原来的歌班，到夫家后与夫家寨子的已婚妇女组成新的歌班。

（a）女性歌班　　　　　　　　　　（b）男性歌班

图 3-5　占里侗寨[①]女性歌班成员与男性歌班成员练习侗歌

通常情况下，一个歌班的成员均来自同一个寨子，而肇兴侗寨是由肇兴上寨、中寨、下寨三个寨子自然连成一片共同组成的一个大寨，因此现存歌班的成员，基本都共同来自三个寨子。

在肇兴侗寨，歌班曾经是伴随着每一个人的一生存在的，先后由儿童歌班进入青年歌班，再由青年歌班进入老年歌班，歌班如影随形、伴随终生。歌班有一种专门的仪式，当地人称为"果卜岗"，一般在农历二月即农忙之前举行，要请鬼师主持，还要请全寨成员吃饭。几乎所有的歌班正式成立的时候都要举行这个

---

① 贵州从江县高增乡占里侗寨，被称为"中国计划生育第一村"，全部为吴姓侗族，侗族传统歌班文化目前尚保存完好。

仪式，以后根据歌班的实际情况也会举行。例如，女子歌班在十一二岁时开始与男性同龄歌班对歌之前，或者是歌班内部出现矛盾时举行。

歌班对加入其中的每位成员而言，不仅仅是一个学歌、练歌、对歌的娱乐组织，还是生活中的一个互助学习的教育组织。一方面，歌班作为一个自组织的教育形式，歌班成员在共同学习、演练侗歌的过程中，完成了传承民族文化、形成社会公德与良好习惯、建立人际关系等方面的社会化过程，包含了个体从幼儿教育到成人教育的全过程；另一方面，在日常的生产、生活、节日、游戏等活动中，歌班的大量活动需要许多人甚至全体成员的参与或配合，如插秧、收割时节成员之间的互助活动，在相互帮助与支持中，有利于实现歌班成员间的协调，最终在相互帮助的过程中个体收获了知识和技能。

侗族儿童一般从咿呀学语时起就开始模仿父母学歌，为满足人们学歌的需要，侗族人编出了种类繁多的歌谣，素材内容大多表达了侗人的生活场景，趣味性强、通俗易懂、易学易唱、传播广泛。例如，流传至今的著名传统童歌就有《长大要当好歌手》《盼妈妈》《我们幸福妈辛苦》《看田水》《迷迷摸》《吹笛吹笙真好听》《采蕨菜》《蚂蚁歌》《小山羊》《筑鱼塘》《布谷、布谷高声叫》《鸭嘀嘀》等。《鸭嘀嘀》①中的部分歌词如下：

> 鸭嘀嘀，
> 在平田。
> 自己回来不用赶，
> 砍鸭捧腿来下饭。
> ……

第三节　学校介入前肇兴侗寨教育的特点

学校出现之前肇兴侗寨教育的特点具体表现在以下几个方面。

一、天人合一的教育价值取向

当正规的传统学校尚未在肇兴侗寨出现之前，村寨乡民深受侗族传统文化的影响，在民族原始的生产生活、行为习惯、宗教教义及心理认知等方面，都秉持着万物有灵的自然观和价值观。他们在内心里崇尚人与自然、人与万物的和谐共处，在日常生产劳作中广种树木、不乱砍滥伐，爱护水源、避免捕猎那些年幼的

---

① 由肇兴侗寨、纪堂、美门的三位歌师口述提供的歌曲名称及歌词。

动植物等，故彼时的村寨社会教育活动所表现的价值取向就是天人合一的思想倾向，崇尚人与自身所依赖的自然环境要和谐相处，人与人之间也要互相帮助、和平共处，人们知足常乐、好礼有节。

二、偏重伦理的内容选择

肇兴村寨处于原始公社性质的社会发展阶段时期，这里的乡民深受传统血亲宗法等级制度的影响，整个村寨社会都披上了亲情血缘的面纱，村寨社会教育作为传统道德的载体、乡民社会化的重要途径，其教育内容自然就是那些统治阶层所宣扬的传统伦理道德知识，为规范村寨乡土社会的阶层伦常服务；同时，由于生产力低下，社会发展水平也处于较低的水平，人们在生产生活中唯有互相扶持才能获得尽可能多的资源，没有更多的精力和资源关注教育的发展。因此，在那个时期，乡民在日常生活、生产中慢慢积累而成的经验总结、科学技术、宗教知识和行为习惯等还相互杂糅在一起，还没有专门的教育者从中提取出专门的教育内容，也没有专门的教育形式，多是以口耳相传的方式在侗寨乡民之间自发地向下一代传承。

三、经验化的社会教育原则

一方面，在村寨初建的 100 多年间，受刀耕火种粗放式生计方式的制约，村寨的生产力水平非常低下，肇兴侗寨社会发展状况长期处于落后的经济社会发展阶段；另一方面，肇兴偏僻的地理位置限制了乡民与外界的交流，无论是日常生活、重要节日多限于村寨内礼、义、仁、智、信五大房族之间进行，还是肇兴侗寨与周边村寨的交流仅仅与附近的皮林、美门、厦格、堂安几个侗寨有交流活动。这时期肇兴村寨教育的内容都来自年长者的经验积累，教育基本原则亦体现出浓重的经验化特征。无论是肇兴大寨的活动，还是村寨内哪一个房族内部，或者是任何一个年龄阶段的侗歌班里，社会活动的组织者基本都是由德高望重的寨老、房族内作为族长的老者，或是村寨内经验丰富的歌师担任。他们在活动中向年幼者传授的内容，都是以这些年长者为代表的历代村寨乡民的经验积累，包括多年生产、生活经验、技能、知识等多方面的综合。

四、封闭型的社会教育形式

受丘壑遍布的客观自然环境的影响，肇兴村寨自明朝建寨后的 130 多年（1372～1504 年）间，直到明朝弘治年间，这里的社会形态和自成一体的文化形态基本没有什么变化，形成了封闭的社会生存体系，与周边其他民族之间的沟通和交流非常有限，也缺少与外部汉族封建社会的有效沟通，村寨教育唯有自发地通过村寨日常生活、生产劳作和宗教活动培养幼辈，具有明显的封闭特点。

五、约定俗成的社会教育制度

肇兴侗寨位处侗族聚居区的核心区域，这里的社会秩序的维护依赖于乡民主体在封闭环境中形成的约定俗成的道德观念和道德自觉，在正规学校教育出现之前，教育活动是没有制度可循的，基本遵循"尽其所知、求其所用"这一约定俗成的习惯而进行，通过长辈或长者对年轻人进行民族历史、传统生产技艺、生活常识及伦理道德观念等方面的教育。

总之，村寨教育与村寨社会发展状况有密切的联系，上述内容生动地反映了早期民族村寨乡民的教育需求，体现出民族村寨教育的时代特点。不过，由于社会教育主要是内涵于家庭、生产生活或宗教活动中进行的，教育的对象和场所经常发生变动，教育的内容和实施计划也都没有严密的目的性、计划性，多处于一种无序的状态。

第四节　学校介入前肇兴侗寨教育变迁的外部制约因素

实践是检验真理的唯一标准。实践出真知。毛泽东同志的《实践论》中有言："马克思主义者认为人类的生产活动是最基本的实践活动，是决定其他一切活动的东西。人的认识，主要地依赖于物质生产活动，逐渐地了解自然的现象、自然的性质、自然的规律性、人和自然的关系；而且经过生产活动，也在各种不同程度上逐渐地认识了人和人的一定的相互关系。一切这些知识，离开生产活动是得不到的。"[1]也就是说，生产实践活动是一种合目的性的活动，即在生产实践活动中作为主体而存在的人，总是根据自我的目的或者需要，对客观存在的世界有意识、有目的地施加各种影响以实现对其的改造。因为主体的各种观念、需要、取向及能力并非生而有之、与生俱来，而是一定历史条件下人们现实的社会实践的产物，是在实践基础上产生或形成的。

一、刀耕火种式的生产实践水平制约肇兴侗寨教育变迁

人作为自然与社会生命的有机统一体，个体的物质与精神需要都要从实践活动中获得满足。作为社会客观存在的实践活动，必然影响当时社会物质与精神文

---

① 毛泽东. 毛泽东选集（第一卷）[M]. 2 版. 北京：人民出版社，1991：282-283.

明的变化。同样，作为每一个社会个体所接受到的教育实践，也必然随着一定历史时期内生产实践的变化而发生相应的变化。为了促进当时社会物质和精神文明的发展，实现个体的社会价值，现实中的主体就必然会根据当时社会的生产实践的实际水平来调整自身的教育需要以适应和促进社会进步。

肇兴侗寨生产实践的实际水平直接制约着同时期的教育活动，这是肇兴侗寨教育变迁的基础。正如马克思所说："人们在自己生活的社会生产中发生一定的、必然的、不以他们的意志为转移的关系，即同他们的物质生产力的一定发展阶段相适合的生产关系……物质生活的生产方式制约着整个社会生活、政治生活和精神生活的过程。不是人们的意识决定人们的存在，相反，是人们的社会存在决定人们的意识……随着经济基础的变更，全部庞大的上层建筑也或慢或快地发生变革。"①肇兴侗寨教育变迁就是在这独特的乡土社会系统中发生的，与侗寨生产实践之间是紧密相连、统一协调、互相促进的关系。

自明朝洪武六年（1373年）建寨至明朝弘治年间（1488~1505年），肇兴侗寨属于建寨初期，还处在刀耕火种生活世界内，生产劳动完全依靠原始的刀耕火种方式，没有其他产业，这里的社会发展程度和生产实践活动长期处于原始落后的水平。虽然资源丰富，但良好的资源优势并未能有效地转化为村寨社会的发展优势，当地粗放式经济增长方式长期得不到转变，经济结构不合理，经济运行质量低，乡民完全没有通过教育改善生活的意识，对社会教育的需求也很低，还停留在经验总结和口耳相传的阶段，直接影响到了他们的教育需要和选择，直接限制了肇兴侗寨的教育变迁，使其长期处于封闭、停滞、经验化的状态中。

二、边缘、封闭的自然地理环境制约肇兴侗寨教育变迁

人类历史的行程受到自然地理环境的深刻影响。什么是自然地理环境？就是指与人所处地理位置相关的一切自然条件的总和，具体包括了地质地貌、气候、土壤矿藏、水文及生物等多方面的因素。自然地理环境是人类得以生存和发展的基本的、天然的、客观的物质条件，与人类文明的产生、发展及衰亡都有着密切的联系。在某种程度上，"一方水土养一方人"就是自然地理环境与人类生存发展之间密切联系的体现。教育作为一项社会活动，它的发展变化必然也受到自然地理环境的制约，特定区域内自然地理环境的差异影响着区域内的教育变迁，因此，考量我国广大民族地区村寨教育变迁的状况，需要以该村寨所处的特定自然地理环境为依托进行考察。自然地理环境对肇兴侗寨教育变迁的影响，主要通过影响村寨乡民的教育需要、教育内容与形式等方面体现出来。

---

① 转引自：石中英. 知识转型与教育改革[M]. 北京：教育科学出版社，2001：8.

1. 自然地理环境制约个体教育需要的变迁

特定的自然地理环境影响着特定村寨的教育需要，差异化的自然地理环境使教育主体需要存在差异，主要通过影响区域内村寨教育主体的生产方式与生活方式影响着村寨教育主体的需要，最终影响村寨教育的变迁。

肇兴侗寨处于低纬度高海拔区域内的低山峡谷地区，属中亚热带温暖湿润季风气候带，由西北向东南倾斜，具有热量丰富、雨水充沛、雨热同季、无霜期长等气候特点，形成了多山、潮湿多雨、林木茂盛的自然地理特点和生活环境。特定的自然地理环境使该村寨的生产方式自建寨以来，以原始粗放的生产方式就能完成耕种，受到耕地多是山坡小块梯田（图3-6）的客观限制，村寨乡民对科学文化技术的需求较低，在生产生活中积累的劳动经验就足以应付生产中遇到的问题。因此，在学校教育出现之前的这段历史时期内，该村寨教育的目标、内容、形式等内容都无甚变化，长期保持着自给自足、满足温饱的偏低需要层次上。反过来说，因远离中心城市，多雨潮湿的丘陵环境与落后的刀耕火种生产方式，又成为历史上肇兴侗民封闭、自足生活方式产生的土壤，进而降低了教育主体的需要层次。

图 3-6　分布在群山丘壑间的梯田

2. 自然地理环境制约村寨教育内容与形式的变迁

无论时代如何变迁，肇兴侗寨的教育变迁都必然要受本地自然地理环境的影响和制约。在村寨教育内容的选择方面体现为：在正式学校教育出现之前，肇兴村寨教育活动受该地封闭、偏远、多山、少地等自然条件的限制，原始的生活及生产劳动经验足以应付日常中遇到的问题，因此村寨教育内容和形式长期得不到更新，反映出的问题就是自然地理环境阻碍了村寨教育发生改变。过去久远的历史虽已不可考，但自然地理环境影响村寨教育的发展、制约其教育内容及形式选择的现象，即使到了现代社会也依然存在。以肇兴侗寨的农民农业技术培训学校为例，该培训学校教学内容的选择，一直受现实自然环境的限制，要根据肇兴本地的自然条件来开设各种培训课程。2013 年 1 月，肇兴隶属村寨高鸟村的村长就对笔者讲道[①]：

> 两千年初的时候，我们村就组织村民参加由乡里组织的农业技术培训班，这么多年给我们讲过的课程有金银花种植、茶叶种植、绿色蔬菜种植、茶树栽培、山羊和黑白花牛养殖、果树栽培、鸡鸭养殖等生产技术。不过我们这里的海拔太高了，是肇兴海拔最高的村寨，有 900 米，路程太远，交通不便利，山羊、黑白花牛的养殖在我们这里不合适，牛羊养一段时间就死了，根本养不大，后来就没有人去参加这个技术培训班了，但是金银花种植、茶叶栽培就比较适合我们这里，有些人家就靠学技术后种植作物脱贫致富了，后来我们这里的农业技术培训学校就常年开设了这两类技术培训班，不再开设果蔬种植和牛羊养殖培训课程了。所以，我觉得教育或者培训在农村要教什么、怎么教，还是要考虑农村所在地的自然环境和气候条件，要有现实的自然条件才行……

由此可见，自然地理环境作为人类生存和发展的客观物质基础，直接或间接地影响着人们的生产生活各方面，影响着人类教育事业的发展。肇兴侗寨特定的自然地理环境，在村寨初建时期，对村寨社会教育活动的影响是不容忽视的，制约着肇兴村寨社会教育的变迁或发展趋势。

总之，在学校介入之前，肇兴侗寨的家庭教育和村寨的社区教育活动是随人们的需要而生，随人们文化观念的变化而发展，与侗族人彼时的日常生活并没有距离。可以这样说，肇兴乡民的家庭教育和村寨社区教育共同构造了村寨生活的共同体，侗族的宗教信仰、观念、价值观、生活经验、劳动技能等内容的传递，都深深扎根于乡民的日常生活当中。从时间上看，年轻人学习或掌握所需知识的时间贯穿其整个人生，人们在日常的、前行的生活历程中，不断地感受到学习的效用和必要性；从空间上看，家庭、鼓楼、歌班、款等组织就在身旁，个体在不同组织之间来回穿梭，不断感受着传统文化、思想、心灵之间的交流。因此，在学校尚未介入肇兴侗寨之前，村寨中的家庭教育和社区教育对村寨个体具有非凡的意义和价值，个体通过家庭与社区中的各种教育活动满足自己的需要，完成自身的社会化，使自己能融入到村寨社会生活之中。

随着明清封建王朝强调少数民族地区对于整个国家的重要性，中央政府出于国家的教育目的或要求，不断强化民族地区儒化教育文教政策，明封建王朝在侗

---

① 访谈时间：2013 年。访谈对象：高鸟村村长。

区推行"教育以教化为本，教化以学校为本"的传统学校教育发展政策，封建文化教育制度在侗族地区得到了巨大发展和真正意义上的巩固；同时，随着中央集权在贵州的推进以及各级政权机构的建立和完善，肇兴侗寨与外界的交流逐步增多，人们的教育需求发生了显著的变化，多种类、多层次的传统学校不断建立起来并延伸到基层农村，家庭教育和村寨社区教育已不能满足时代变化和侗寨乡民新的教育需要。这两个方面促使村寨教育发生了相应的改变，学校教育成为村寨最重要教育形式，肇兴侗寨教育进入新的历史时期。

第四章 肇兴侗寨传统学校延伸时期的教育状况

　　明朝政府出于军事目的，日益重视少数民族地区对整个国家的重要性，不断加强对民族地区的儒化教育，汉族的封建文化教育制度在侗族地区得到了巨大发展和真正意义上的巩固。首先，明朝弘治十七年（1504 年），明朝政府令全国各地的府、州、县都要建立社学，由官府或者地方乡绅、知名士人等选择名师，规定民间幼童 15 岁以下者须送入社学读书。自此，肇兴侗寨被纳入到国家统一的教育体系之内，但是受到自然环境和空间地理位置的制约，这里的传统学校教育发展非常有限。随着时代更替，清朝取代明朝统治后，同样出于巩固西南边疆的军事需要和国家发展的需要，在贵州继续推行儒化教育政策。在整个贵州的教育史上，清朝都是一个重要的承前启后的转折时期，随着战乱的结束，社会发展回到正轨后，清朝康熙四十四年（1705 年）朝廷准奏村寨设立义学，传统学校教育机构如府学、书院、社学、义学等较之前朝，都获得了显著的发展。不过，虽明清两朝都一再强调基层乡村社学、义学和私塾的重要性，但受财力不足所限，这些传统的学校教育机构在肇兴侗寨没有得以设立。到了 1905 年，晚清政府在内忧外患的历史背景下废除了科举制，随之全国的传统学校机构也全部停办或转型，肇兴受到当时社会时局的影响，村寨里的义学、私塾停办，至此，传统学校教育走下了历史舞台。从明朝弘治年间到清末光绪"废科举、兴学堂"新政实施之前的这段时期，是学校教育在肇兴侗寨内的延伸时期，虽然过程曲折，几经立废，但是最终还是游离在村寨生活的外部，并未嵌入到现实的乡土社会里，为了后文叙述的便利，本书特将这个时期简称为延伸时期。

第一节 延伸时期肇兴侗寨社会发展状况及教育需求

　　在明、清封建社会中，中国少数民族地区的社会经济发展受到外部政治因素的直接影响，代表封建地主阶级利益的明清封建王朝沿袭着前朝的政治手腕，通过武力征服、羁縻统治、出使招抚及土司制度等多种多样的手段维持对少数民族聚居地区的统治，通过经济贸易、设立学校、传播儒汉文化等方式加强边疆少数民族聚居地区与中原王朝之间的交流，促使社会发展及经济滞后的少数民族村寨发生改变，村寨的社会发展状况及其经济结构、要素、形态等随社会和个体需求的改变而做出调整，随之村寨教育也发生相应的变化或调整。以肇兴侗寨为例，自明朝弘治年间村寨教育被纳入到封建国家教育体系之后，直到清末光绪三十一年（1905 年）传统学校教育走向消亡的数百年历史时空里，村寨社会发展状况一直都是村寨教育变迁的基础和条件。

一、自给自足小农经济的封建私有制社会

　　纵观我国漫长的古代史可以发现，古代的城市是王朝皇权统治的节点，市镇是自发形成的经济社会中心，两者与乡村之间都有着密切的有机联系。肇兴侗寨作为少数民族聚居村寨，其社会经济发展状况从整体上与古代中国社会的众多城乡村镇之间并没有太大的差别。随着封建王朝的统治在少数民族地区不断向下延伸，该民族村寨内设立了相应的行政管理机构，村寨与外部世界的各种交流日益增多，先进观念、技术和知识不断冲击着乡民的认知，建寨初期那种封闭的自给自足的、带有原始社会特点的社会经济系统也渐渐发生了转变。该民族村寨的社会经济状况的变迁基本遵循着一定的逻辑，表现在两个方面。一方面，村寨的社会经济继续保持着一定的自治性、独立性与狭隘性。例如，肇兴的侗族在历史中长期保留着比较完整的、带有原始公社形态的社会组织和制度，虽然已步入了封建地主阶级社会之中，但是该村寨的政治、经济、军事因自古就是融为一体的，在这一历史时期内村寨的社会经济结构与制度的变化，仍然保持并体现出显著的民主协商性质，以及公共资源全寨成员平均分配的特点，典型的组织如寨子里的款组织。另一方面，随着土地私有制的逐步确立，肇兴乡民之间的社会关系也发生了改变，渐渐产生了阶级和剥削关系，并依附于房族成员之间的血缘关系、姻缘关系牢固地保持着，亲情与熟人社区所表达的社会资本成为民族村寨社会发展的重要因素，各种资源的流动与村寨教育发展所需的市场主要局限于村寨所管辖的区域范围之内。一言以蔽之，从明朝中后期到清朝末年，封建中央政府通过各种途径在有意识地开发民族地区，肇兴侗寨与外界的交流不断增多，先进的生产技术和工具得以传入，原始的刀耕火种、采集捕猎生产方式消失，大面积的丘陵水稻种植已成为侗寨社会生产、生活的基本内容；肇兴侗寨分布在杉木生长区域之内，以杉木贸易为主的林业也渐渐成为村寨经济的重要内容，此外还有传统的家禽养殖等，村寨经济社会发展的状况与建寨初期相比已有显著的改善，乡民的物质文化生活条件等各方面都得到了发展。然而，受到村寨内外部政治、经济、文化差异等多种因素的影响，肇兴村寨的社会发展状况在这一时期内，依然呈现出封闭、狭隘和区域化的特点，生产力发展水平维持在较低的水平。

　　随着清朝末年鸦片战争的爆发，古老的中华民族被卷入了世界经济体系的

漩涡之中，国家安全和民族存亡的政治要求日益成为中国城市和众多村寨社会经济变迁的根本动力和立足点，变革的方向则是以西方先进的社会经济发展现实为参照物和模板的工业化、商业化与现代化道路。伴随着西方列强的坚船利炮强行打破了中国闭关锁国的历史现实，中国遭受着入侵者的肆意凌辱，不过，也就是在这个时期，中国社会步入了现代化的历史轨道，无论大城市还是少数民族聚居村寨，其社会经济结构都进入了调适与转型时期。然而，由西方社会制定的现代化与城市化规则，完全脱离了彼时中国少数民族地区村寨社会的发展现实状况，严重地冲击甚至摧毁了少数民族村寨传统的社会经济基础，城、乡之间的物质差距不断加剧，整个社会的优势资源不断地向城市倾斜。此外，在清朝末年，随着乡村精英人士流入城市后不再回流的现象愈演愈烈，少数民族村寨逐渐丧失了优质人力资源的支撑，还要遭受西方列强的入侵与掠夺，以及不公平贸易的打击，以肇兴侗寨为例，该村寨的经济发展水平停滞、退化，社会发展呈现出日益边缘化的状况。

二、国家、社会本位教育需求的转向

少数民族村寨的社会发展与变化，必然是在一定的社会经济结构基础上实现的，村寨的教育必然要回应少数民族村寨社会经济发展的需要，在教育结构方面必然要与村寨社会的就业结构和经济结构相适应、相协调。可以说，在村寨教育变迁的曲折历史进程中，村寨社会经济发展的实际状况决定了村寨教育变迁的物质基础和需求导向。村寨教育总是在一定的社会经济基础之上获得发展，并沿着社会经济运动所推进的方向不断调整与完善。

肇兴侗寨自明朝弘治年间就加强了文化的统治，随着传统学校教育出现一直到清末学制改革之前的这一段时期，肇兴侗寨与建寨初期时原始的自给自足经济社会相比，已步入了土地私有制的封建社会，肇兴侗寨的社会生产力水平有了长足的进步，村寨社会和家庭有了较多的剩余产品，成为贵州著名的产粮区，社会分工也日趋扩大，侗寨乡民的教育需求也发生了相应的转变，主要包括两个方面的内容。一方面，随着生产力的发展，交通日益便利，肇兴侗寨与外部世界的交流不断增多，侗族群体日益重视加强与汉族及其他民族在经济、文化、教育等多方面的交流，并逐渐接受了以汉民族为代表的先进民族的文化、习俗的影响[1]。尤其是在改土归流后，在以土地私有为特征的封建社会里，村寨社会的各项事业都获得了发展，乡民不再仅仅满足于学习原始的生产技术以解决温饱，他们还希望通过接受正规的学校教育来学习先进的文化、思想、生产

---

① 孙若穷. 中国少数民族教育学概论[M]. 北京：中国劳动出版社，1990：178-184.

技术与知识等，能够从多方面与外部世界发生联系、交流，人们的教育需求是学习先进的外来文化和思想。另一方面，由于传统家国同构政治模式及血缘家族宗法观念的影响，出于维护国家和王朝利益、维护政治统治的需要，统治者极重文治之功，采取了多种措施促进民族村寨传统学校教育的发展，传统学校的教育目的一直体现出鲜明的社会本位、国家本位的倾向，个人接受教育更多是基于家族、社会、国家利益或角度的考虑，更多考虑的是国家的需要，社会本位、国家本位的特征十分明显。因此，在这一段时期，肇兴村寨社会教育目的方面具有明显的社会本位倾向。当以儒家文化为核心内容的儒化教育在侗区不断得到推广，以儒家思想为代表的汉文化随之在肇兴等侗寨传播开来，乡民的教育观念和教育需求也发生了转变，儒家文化提倡的"学而优则仕"思想成为侗族读书人追求的终极目标。村寨内开始不断有侗人在接受传统学校教育之后走出村寨，并带动了村寨逐步融入外部世界，最终使侗寨封闭的社会被打破，村寨教育和村寨一起发生变化。

第二节　肇兴侗寨传统学校教育介入后的基本状况

肇兴侗寨，作为古之"六洞"的中心区域，自明朝弘治十七年（1504 年）村寨教育被纳入到封建国家教育体系之后，直到清末光绪三十一年（1905 年）传统学校教育消亡之前的 400 余年历史内，这里的乡民曾经接受过的学校教育形式有府学、社学、书院、义学、私塾几种形式。这类正规的学校教育活动与侗寨的社会教育和家庭教育相比较，在教学内容、教学时间、教学方法、教学体制等多方面，均由国家教育主管部门统一规定，体现国家意志与主流文化的教育要求；按照不同时期的各类学校教育活动在培养目标、具体教育内容、教学时间安排和管理考核模式等方面的特点及存在的差异，又可将其分为校内基础教育和业余学校教育。

一、肇兴侗寨传统学校教育的主要形式与内容

肇兴自建寨至今一直隶属于黎平县境。自明清两朝，黎平位列黔东南大府管辖，在此期间府学、书院、塾馆承继不衰，境内侗、汉、苗、瑶各民族的教育都获得了发展。古之肇兴地处"六洞"中心地区，属黎平管辖，人杰地灵，受此学风熏陶，在封建社会中后期，一些传统学校延伸到村寨，也有寨中学子外出到黎平、贵阳等地求学，传统学校教育曾出现过短暂的兴盛时期，当时村寨的侗族乡民能够接受的传统学校教育有以下几种类型[①]。

---

① 参见贵州人民出版社 1984 年出版的《黎平县志》第 31～39 页部分，根据写作需要对内容进行了删减和调整。

1. 黎平府学

黎平府学，始建于明朝永乐十一年（1413 年），位于府城东之毓贤街（今黎平城关左所坡），改征虏将军周骥故宅（今城关第一小学）建造，置先师庙（图4-1）。正统十一年（1446 年），贵州按察司副使李睿增修，后被毁。成化二年（1466年），知府杨纬重建，置明伦堂和居仁、游艺斋舍。弘治八年（1495 年），知府张纲增建，于明伦堂左右置崇志、广业、进德、游艺斋舍。万历十二年（1584 年），知府再增建书舍 24 间。万历十八年（1590 年），袁表以尚书郎出任黎平知府，捐资增修戟门、棂星门、启圣祠、乡贤祠。明末毁于兵。清朝顺治十八年（1661年），知府张思防、推官王文绅、教授李如鼎呈请贵州巡抚捐资重修，后历经修葺直到清末。

（a）先师庙内景复原　　　　　　　　　　（b）先师庙遗址

图4-1　黎平府学遗址（今城关第一小学）[①]

黎平府学面向黎平全境及周边地区招生，府内设有学官，称为教授、训导，各 1 员。课程为礼、乐、射、御、书、数 6 科。学生专修 1 科，实行单科分教，培养专一人才。明朝洪武二十五年（1392 年）课程调整为礼、射、书、数 4 科，学生全科修业。礼，学习经史、律令、诏诰、礼仪等书；射，农历每月初一、十五进行演习；书，临摹名人法帖；数，学习《九章算术》。考试分为"月考""岁考""和考"。各学学额都有规定，府学为 40 人，以后有所增加。正式学额，称为廪膳生员，有一定的钱粮补助；增加的学额，称为增广生员；额外录取的学额，称为附学生员；习惯称之为廪生、增生、附生。黎平府学学额，岁试为文生 23人、武生 19 人；科试为文生 23 人；廪生、增生学额各为 40 人。

清朝，学官由官府委派，府学设教授 1 员，掌管学校行政；另设训导数名，员额不定。课程主要为经史、性理、时文等，主要攻读《五经》《性理大全》《四子书》《大学衍义》《朱子全书》《御制诗、书、春秋三经传说类纂》等书；应修之

___

① 照片由笔者于 2014 年拍摄。

书有《文章正宗》《古文渊鉴》《御制律学渊源》《资治通鉴纲目》《名臣秦汉》《钦定四书要义》等。课试"八股"。府学学规要求，每月初一、十五两日，府学主管均须演讲。清朝顺治颁行的《卧碑文》、康熙的《圣谕十六条》、雍正颁行的《圣谕广训》等，都明令读书人不得干预朝廷政治，违者治罪。

2. 书院

书院有官办、民办两种。官办书院由官府投资，规模较大并且体制完备，管理体制完善；民办书院多为私人出资或者募捐而建，管理及称谓各不相同。黎平开办书院始于明朝中期，至清末，官办、民办书院共计21所。书院一般都有书院田，收取租谷作书院经费。生徒就学和经费开支等，均须经官府批准。

官办书院设山长，主持全院工作，由州府任命，担任者必须是拔贡、举人或者进士，另设课士1人，协助山长处理院务；民办书院山长或者主讲均由开办人担任，另聘师资。在讲授内容方面，书院主授理学、儒学，其中，公办书院讲读四书五经，习作律诗、词、赋、序、论和八股文，注重师传与个人研读结合，重视集中讲课或问难答辩等形式，培养实际运用能力；民办书院分大舍、精舍，规模较小，教学多口授，教材多是启蒙读物，多系蒙学性质。

官办、民办书院均自主制定教学条规。例如，道光二十二年（1842年），黎平府的黎阳书院所制定的教学条规就明确规定：每年农历二月初二开课，至十一月十六封课。平日功课安排，清晨背诵诗文，接着讲论《四书》《五经》精义；下午讲解诗法。每年开课10个月，定清明为城乡童生、生员回家祭祀、扫墓时间，八月为参加收割时间。其余时间，官课定在每月初二和十六两日举行月课（月考）。由府县告示公布主考，封闭考场，安排考生早饭。各考生于黎明时齐集书院，听候点名入堂。每次课考，作文1篇、诗1首。限酉时（下午七时）交卷出场，戌时（晚九时）送卷到府衙。山长堂课，定于每月初八和二十三两日考试。官课、堂课每次考试都评定名次并张榜公布。为勉励诸生精进，每次课考进入名次的优秀生员、童生都供给伙食费和灯火费。

3. 社学

明朝将110户家庭设为一社，每社设立一所学校，被称为社学。每年农闲时间令农村民间15岁以下的子弟入学就读，选择通晓经书人等为教师，除了教授《三字经》《孝经》《小学》《大学》《论语》《孟子》《古文观止》等书目外，也教授朝廷君臣之礼，冠、婚、丧、祭之礼及经史历算，并加授《御制大诰》《本朝律令》等书目。清朝沿袭明制，在各省的州、府、县都设立社学，每乡一所，社学教师需要从"文义通晓、行谊谨厚"的人群中选择补充。由于社学属于地方性质的蒙学学校教育，在执行和开展方面与府学、县学相比，要更加方便和宽广，因此在肇兴村寨传统学校教育的发展历程中，社学也是一种重要的正规教育模式。

4. 义学

所谓义学，又称义塾，指办学经费以捐资方式筹集的传统学校，学生主要是贫困人家的子弟。贵州义学多办在少数民族聚居区，如光绪年间《黎平府志》中记载："朝廷为彝洞设立之学及府州县为彝洞捐立之学，则曰义学。盖取革旧之意，引于一道同风耳。如古州新辟，即设车寨义学、月寨义学是也。"[①]最早的义学始于清朝康熙四十四年（1705 年），清廷议准贵州各州、府、县设立义学，将土司承袭子弟送学肄业，苗民子弟愿入学者亦令入学，科考仕进；乾隆十二年（1747 年），黎平府开泰县捐银于府城文星楼下首设"文星义学"，使贫穷家庭年幼子弟得以免费入学。自此，黎平县辖区境内乡村先后开办了多所义学。

5. 私塾

私塾，是由私人设馆办学的民间教学机构，主要有家馆、众馆、义馆三种形式。家馆，由巨富人家聘请塾师住家教授自己的子弟，少数家庭兼收至亲子弟附读；众馆，由村寨民众推选人员担任学东，召集有子弟需读书的家长共同议定学馆规制，然后按照启蒙和开讲的不同要求集资办学，学东负责管理，塾师负责教学，提倡尊师重教之道；义馆，由族长、会馆举办，专供家族和会馆子弟上学，办学经费来自宗族田产、会馆田租收入或者集资放贷的利息收入，具有慈善性质，入学者多是贫寒家庭子弟。私塾先生的酬薪，既可以付银两也可以付"学米"，按启蒙、开讲的不同要求，提前议定不同的酬薪。

私塾教材分为蒙童读物和蒙学书籍，蒙童需读《三字经》《百家姓》《千字文》《千家诗》《增广贤文》；私塾教学重视学生毛笔字的练习，习字程序从中楷到小楷，有了一定的功底后，再开始教习隶草等字体；重视写作练习，启蒙之后，练习写日记、写乡党应酬（应用文）等，在此基础上再习作律诗、八股文。每月习作 2 篇，短文和诗不限。学生读完四书五经及诸子百家范文，再经开讲、习作后，可参加州县的童试，取得童生资格后，方可参加院试，或进入书院、或进入府县儒学深造。

明朝弘治时期至民国初期，肇兴侗寨的私塾主要有众馆和义馆两种形式，塾师的薪酬一般多用"学米"支付，或者是由学生家庭轮流供给先生膳食住宿代替。1935 年初建第一所现代学制的小学，该地的私塾消失。

二、肇兴侗寨传统学校教育的曲折变迁历程

明朝封建政府在侗区推行"教育以教化为本，教化以学校为本"的传统学校

---

① 黎平县志编纂委员会. 黎平县志 [M]. 贵阳：贵州人民出版社，1984：37.

教育发展政策。

1. 传统学校教育萌芽时期（1504～1705 年）

1）明朝弘治十七年（1504 年），明朝政府令全国各地的府、州、县都要建立社学，由官府或者地方乡绅、名士人等选择名师，规定民间幼童 15 岁以下者须送入社学读书。是故，除侗族地区的州、县所在地如黎平府建立了书院、学宫等传统学校之外，又在侗族人口比较集中的聚居集镇、乡村等地，建立了大批的社学、义学和私塾。特别是私塾发展迅速，由于学校小且办学灵活，基本上一位教师就可以负责一所私塾全部学生的教学，侗民既能承受塾师的报酬，又方便了村寨侗族儿童就近入学，故在明清时期，私塾几乎遍及侗乡的大小村寨。

清朝是贵州教育史上一个承先启后的重要转折时期。入清以来，官学、书院、社学、义学较之明朝有所发展。社学、义学大抵属于启蒙教育的范围，构成了贵州少数民族聚居区教育史上的一大特色。社学在明朝已经兴起，清朝又一再强调，但由于财力所限，在贵州并不发达。义学又称义塾，经费以捐资方式筹集，主要对象是贫困人家的子弟。贵州义学多办在少数民族聚居区。

清政府颁布多项政令为侗族地区的学校发展提供政策保障。为了实现通过"国家设立学校，原以兴行教化、作育人才"的教育目的，促使个人将忠君、泽民、治国、平天下思想内化为自己的人生信条，最终维护王朝在民族地区的统治，清政府曾数次颁发关于民族地区兴办学校的谕示。同时，为了巩固统治，清政府还对我国各少数民族在教育上实行了一些对应的优惠政策，在贵州的侗族地区，采取免学费、发补贴等措施，还放宽了科举考试的录取标准等。如《黎平府志·典礼志》中记载：

清顺治九年（1652 年）所颁布的"卧碑"第八条规定"朝廷建立学校、选取生员、免其丁粮、厚以廪膳"，并明令"各省所有学田银粮，原为散给各学廪生贫士之用"；顺治十七年（1660 年）又颁布《题准苗教育实施办法》以促乡村传统学校教育的发展[①]。

2）清朝康熙四十四年（1705 年），朝廷议准先后在贵州各府、县、州设立了义学，这是肇兴乡民所能接受到的最早的义学。

2. 传统学校教育繁盛时期（1747～1904 年）

清朝是侗族地区的传统学校教育有所发展的重要时期。清政府为了巩固王朝利益和政治统治的需要，极重文治之功，采取了多种措施促进民族地区学校教育

---

① 黎平县志编纂委员会. 黎平府志·典礼志[A]//黎平县志（1985～2005 年）[M]. 下册. 贵阳：贵州人民出版社，2009：1287.

的发展。肇兴侗寨受到这些政策的影响，从清乾隆年间到清末学制改革、颁布新学制之前的这段时间，肇兴与外部社会的交流变得频繁、普遍，受到汉文化及主流意识的影响，村寨教育活动及发展规划也逐步被纳入到国家教育体系当中，进入了短暂的繁盛时期，主要可以概括为以下几方面的内容。

1) 清朝乾隆十二年（1747 年），黎平府开泰县捐银于府城文星楼首设"文星义学"，使贫穷家庭年幼子弟得以免费入学，肇兴侗寨等村寨随之开办了多所义学。

2) 清朝道光二十二年（1842 年），清政府在侗族地区面向侗族群体开科取士。据史料记载，清朝早期的科举制度先是排斥侗族子弟的，后经有识之士的不断奏请，才终于获得了参试权，使一批刻苦攻读、熟悉汉文化的侗族子弟脱颖而出，成为清政府认可的知识分子并到外地、京城出仕为官，为侗族与全国各地的交流及教育的发展打开了新的局面。自清政府面向侗族地区开科取士后，整个侗族地区的传统学校教育得到了快速的发展。李宗畤所撰《黔记》曾载有"六洞夷人……女则纺织勤劳，男亦多读书识字者"；纪堂寨陆锡琏（贡生）于清朝光绪三十四年（1898 年）所修的《宗族谱》中也记载"大清道光二十二年（1842 年）壬寅开科入学以来，一脉子弟渐多读监"[①]。有陆达廷、陆锡逢、陆锡琏、陆学斌、陆永成（均肇兴侗乡子弟）等被选拔为廪生、贡生，还涌现了陆本耸、陆大用两位知书达理的著名侗族歌师、戏师兼律师。

肇兴侗寨长期受到黎平府尊师重教、重视办学兴学风潮的熏染，村寨的传统学校教育获得了初步的发展，进入了一个短暂的繁盛时期，形式以义学、私塾为主，肇兴的五个鼓楼各有自己的私塾，为侗寨培养了大量人才。

与之对应的，侗寨社会教育自身会随着时代的变迁而发生相应的变迁，根据不同时代教育的现实需求不同，会增加一些新的教育内容，或者删减掉某些已经脱离侗族乡民实际教育需求的、不利于人们身心健康发展的过时内容。不过，无论如何，在传统学校教育出现以后的相当长的时间内，肇兴侗寨的整个乡土社会、传统生活及生产方式、文化交流并没有被外部世界破坏，传统村寨社会教育生存发展的土壤依旧悄无声息地传承着，显示出了传统民族文化的强大韧性。例如，清朝"六洞"（肇兴地区）侗人陆大汉领导侗族农民起义，反抗清政府重税共坚持了 21 年，在他的治理下，当地人钱粮国课分文不缴，"六洞"侗族人民得以休养生息，村寨社会教育活动仍正常举行，地方经济和侗族文化得到发展。

3. 传统学校教育衰亡时期（1904～1935 年）

1) 清朝光绪三十年（1904 年），清政府颁布并实施了由张百熙、张之洞、

---

① 陆锡琏. 宗族谱[Z]. 清光绪二十四年（1898 年）；侗族文化资料编辑组. 杨国仁手抄本：黎平肇兴纪堂寨陆氏族谱概述[M]. 芷江：湖南省芷江县印刷厂，1987：11.

荣庆会同拟定的一系列各级学堂章程，即《奏定学堂章程》，因为公布于癸卯年，因此又被称为"癸卯学制"。这是近代中国由中央政府颁布并首次得到实施的一个从学前到高等教育体制完备的、具有近代意义的全国性法定学制系统，学校教育纵向被分为学前教育 4 年、小学教育 9 年、中学教育 5 年、高等教育 6~7 年三段七级，横向被分为普通教育、师范教育和职业教育。新学制的颁布，解决了清王朝晚期各地兴学无章可依的矛盾，结束了教育改革无序混乱的状态，为新式学堂的发展奠定了基础，促进了 20 世纪初全国新式教育的迅速发展。

2）清朝光绪三十一年（1905 年），慈禧颁布诏书，宣布自光绪三十二年（1906年）开始废除科举。受"废科举、兴学堂"政策的影响，肇兴侗寨的义学、私塾全部停办，传统学校教育在该侗寨全部消亡①。

3）清朝光绪三十一年至民国 22 年（1905~1935 年），传统学校教育在这里停办，而按照现代学制教学的新式学堂在肇兴侗寨一直未建立起来。因此，在这个阶段内，该侗寨的传统学校教育无从谈起，村寨教育陷入停滞状态。

总之，对肇兴侗寨而言，虽然外部社会经历了从封建王朝结束到中华民国建立的巨大转变，给人们旧有的教育观念带来了巨大冲击，教育自身也随着社会政治、经济、文化等因素的变迁而变迁，但是因为该民族村寨位处边疆偏远山区，又是少数民族地区，乡民熟悉的传统社会、生产生活方式、传统观念及社会组织并未被外部世界的洪流所破坏，村寨社会教育的生存发展空间、组织形式、观念等基本被完整地保留下来，并在乡民的生产生活中继续传承。是故，肇兴村寨社会教育再次成为村寨教育的主要形式，在传统学校教育消亡后，在现代学校教育停滞不动时，还在继续发挥着传承文化、教化人心的作用与功能。

第三节　肇兴侗寨传统学校教育的特点

少数民族聚居村寨的教育由村寨社会教育和村寨学校教育共同构成，这两者的关系密切但也有着显著区别，随着社会的更替呈现出不同的变化特点，由此对民族村寨的发展变化产生不一样的影响。因此，有必要对民族村寨社会教育变迁历程与学校教育变迁历史分别进行分析，以期对民族村寨教育的变迁有全面的把握。

一、强调伦理教育

肇兴侗寨的传统学校教育是统治者教化人性、维护统治的重要手段之一。

---

① 贵州省黎平县教育志编纂委员会. 黎平县教育志 [M]. 怀化：黔阳彩色印刷有限责任公司，2007：39.

明清政府对社学、义学的控制十分严格，把文化教育与政治相结合并为统治服务。

> 雍正八年（1730 年），张广泗等人于"苗疆新辟"之时，即上疏雍正皇帝，称"于抚导绥辑之余，必当诱植彼之秀异者，教以服习礼义，庶几循次陶淑，而后可渐臻一道同风之效"[①]，提出兴办义学的主张。并认定这一措施"实为振励苗疆之要务"[①]。

村寨学校内均要悬挂康熙所书"文教遐宣"匾额，学校的名称多具有封建正统文化意义，如"端蒙""养正""崇正""端本"等。学校教育的内容被严格限制在讲授儒家典籍及圣谕广训的范围之内。除此之外，对执教教师的挑选也有明确规定。要求多在学校附近的生员中挑选老成谨慎、文行兼优者充任，并要求地方官员时常稽查。封建政府采取这些措施的目的，是保证执教教师是接受儒家文化并严格遵守封建伦理道德规范的人，通过这些教师再来培养同样遵守封建伦理道德规范的学生，以最终达到巩固封建王朝统治地位的目的。肇兴侗寨的社学、义学等传统学校，正是实现这一目的的有效途径，故徐宏（《义学记》）说："凡以葆天真、端本性、崇正术、渝灵源，举于蒙养，是赖义学。"即村寨传统学校教育的核心思想，就是要使村寨乡民接受统治阶层的正统伦理道德和处事之道，并形成一种有利于统治的稳定的教育理念。那些与人的生活直接紧密联系着的生产劳动及知识是被排斥在传统学校教育之外的，甚至受到贬斥，如孔樊迟因"请学稼"而遭孔子讽刺一样，彼时的村寨学校教育只是少数统治阶级和富裕侗家的特权。

二、重文轻技的内容

教育内容是教育活动得以实现的载体，是人类积累起来的各种丰富的经验，也是教育理念的体现并随之改变而发生变迁。一方面，在社会历史变迁进程中的肇兴乡土社会里，该村寨的学校教育是作为传统封建伦理道德载体而存在的，也是学生完成社会化的重要场所。其教育内容为封建统治阶层及社会道德伦理服务，所学内容以经、史、子、集等文科知识为主，主要教材有《五经》《性理大全》《四子书》《大学衍义》《朱子全书》《御制诗、书、春秋三经传说类纂》《文章正宗》《古文渊鉴》《御制律学渊源》《资治通鉴纲目》《名臣秦汉》《钦定四书要义》《卧碑文》《圣谕十六条》《圣谕广训》等，明令读书人不得干预朝廷政治，违者治罪[②]。与之对应，在民族村寨学校教育有限的教育内容中，传统科学

---

① 贵州省文史研究馆点校. 贵州通志·前事卷·卷三[M]. 贵阳：贵州人民出版社，1985: 228-229.

② 整理自：贵州省黎平县志编纂委员会. 黎平县志（内部资料）[M]. 贵阳：贵州人民出版社，1984.

技术知识则被视为下九流的内容，被正统学校教育抛弃，也因此体现出重文轻技的特点。

三、培养封建官吏为目标

教育的功能包括教育的个体功能和教育的社会功能。无论是古代社会、近代社会还是现代社会，肇兴侗寨学校教育的社会功能没有大的变化，一直都是以服务社会、促进社会发展为根本目标；而学校教育的育人功能则随时代的不断变迁而有明显的改变。

清政府为了巩固王朝利益和政治统治的需要，极重文治之功，采取了多种措施促进民族地区学校教育的发展。受这些政策的影响，从清朝道光年间到清末学制改革、颁布新学制之前的这段时间，肇兴侗寨的传统学校教育曾有过短暂的繁荣时期，一批熟悉汉文化的侗族子弟刻苦学习，通过科举脱颖而出，成为清政府认可的知识分子并到外地、京城出仕为官，为侗族与全国各地的交流及教育的发展打开了新的局面。但因肇兴侗寨偏远的地理位置、落后的交通状况、发展低下的生产力水平等因素的消极影响，能够接受传统学校教育的大多数学生都是官家子弟或者富裕人家子弟，即"学而优则仕"的培养目标仅面向统治阶层及其后代，而对村寨中那些普通的侗民子弟而言，接受高质量的传统学校教育是难以企及的梦想。是故，彼时民族村寨学校教育以培养代表统治阶级的官吏和代言人为显著的特点。

四、师道尊严的师生关系

良好的师生关系是提高学校教育质量的保证，也是社会精神文明的重要方面。学校教育活动中教师与学生的关系就是师生关系，"是指教师和学生在教育、教学过程中结成的相互关系，包括彼此所处的地位、作用和相互对待的态度等，是师生双方共同的活动，是在一定的师生关系维系下进行的，既受教育活动规律的制约，又是一定历史阶段社会关系的反映"①。

在肇兴侗寨处于封建社会时期，村寨的传统文化以自给自足的农业经济为基础，以血亲宗法家族为依托，以封建伦理纲常和道德准则为核心内容。受这样的传统文化影响，民族村寨的乡民个体不具有独立的身份，其所有的活动不仅需要依附于村寨乡土社会，还需依附于血亲家族，传统文化中的伦理道德对人有着无法忽视的重要影响，将独立的个体变成村寨社会的附属物。正因如此，民族村寨学校教育中占主导地位的师生关系，也受等级制文化及统治阶级教育

---

① 韩冰清，林永希主编. 教育学[M]. 武汉：华中科技大学出版社，2015：127.

目的的制约，教师位列"天、地、君、亲、师"之末，地位超然，学生不能反问质疑教师。依靠伦理纲常来维持"师道尊严"人身依附关系，压抑学生身心自由发展，是古代村寨学校教育中师生关系的基本特点。在过去的村寨学校教育中，教师对学生具有绝对的道德权威，强调"一日为师，终身为父"的基本准则，强调奴性道德规范和伦理纲常的灌输，忽视个体的教育权利和自主性，凸显出显著的等级性。

五、学在官府的贵族倾向

从学校教育布局的变迁来看，私塾是封建中国传统乡村社会中最常见的正规教育机构，对以文字为中心的传统学校教育在农村地区的推行，有着十分重要的作用。到了明朝，明王朝的统治者为了实现"驱除胡虏，恢复中华"目标，积极采用儒学教化政治策略，力图通过正规的学校教育统一思想，赢得天下人对新政体的认同。在这样的背景下，明朝洪武年间（1368～1398 年），明政府开始提倡在乡村开办"社学"，企图把乡民改造成为有教养的民众[①]。 以文字教育为主要内容的传统学校开始走向乡村。清政府在乡村延续了这一政策，不过，这种传统的学校教育在内容、形式及管理上，都具有较强的私人性，人们也没有树立起要普及教育的意识；在教育对象上，农村学校基本被极少数乡绅、贵族或者富裕人家所垄断，能够接受正规学校教育的个体非富即贵，绝大多数贫苦家庭的农民子弟是没有机会接受正规学校教育的，受教育者的人数一直比较少，阶级性是显而易见的，以私塾为传统正规学校教育，在空间布局方面，表现出"学在官府"的浓重贵族主义倾向。

第四节　没有学校转向传统学校教育延伸百年的原因

明清时期是肇兴侗寨村寨社会经济政治发展的重要时期，也是以传统学校教育为主的村寨教育发展的一个重要时期。明清时期的历代统治者出于整个国家发展战略的需要，出于巩固西南边境的政治需要，在肇兴所在的贵州省建立了贵州布政使司。为了加快中原地区与贵州经济政治一体化的进程，进一步巩固封建中央王朝在西南少数民族地区的统治，明清政府奉行儒家"建国君民，教学为先""化民成俗，其必由学"的统治思想，在大力推进少数民族地区经济政治改革的同

---

① 《明史·选举志》记载"社学自洪武八年（1375 年），延师以教民间子弟兼读《御制大语》及本朝律令"；又全祖望《明初学校贡举事宜记》记载"乡里凡三十五家皆置一学，愿读书者尽得预焉。又谓之社学，盖即党庠、术序之遗也"（转引自孟宪承等编，1961：242）。

时，将教育的发展放在所有工作的首位。以肇兴侗寨为例，和无学校时期相比，该村寨传统学校教育因以下几方面因素的显著影响而不断调整。

一、明清军事政治需要促使肇兴传统学校教育发生变迁

肇兴侗寨教育变迁和整个社会的教育系统变迁一样，深受不同历史时期下社会政治需要的影响。到了明清时期，尤其是清朝中后期，清政府为了巩固王朝利益和统治的需要，极重文治之功，采取了多种措施促进民族地区学校教育的发展。在肇兴侗寨，从明朝弘治时期直到清末光绪年间，封建王朝为加强在侗族地区的统治，推行了巩固政权统治、带有鲜明政治目的的文教制度，设立社学，倡办义学，以汉文化为基本内容的儒化教育将肇兴侗寨的教育纳入到封建文化教育体系之中。明清政府在肇兴侗寨和类似少数民族聚居地区的乡村设立社学、义学，其最主要目的就是力图通过学校儒化教育的方式，满足思想上同化少数民族的政治需求。

当时朝廷官员上书所言"查贵州苗疆设立社学，原其化其犷野，渐知礼义，以昭圣朝声教之盛"。康熙四十四年（1705 年），贵州巡抚于准上书《苗民久入版图请开上进之途疏》，在其中他认为明代贵州虽已建省，但"亦郡县少而卫所多"，"迄数百年习俗仍未变化"。因此，为了从思想上达到统治者"无远不至"的"王化"目的，他建议"令各府、州、县置立宽敞公所一处为义学，将土司承袭子弟送学肄业，习晓礼义发侯袭替。其余族属人等并苗民之俊秀子弟愿入学得令入学肄业"，其目的在于"行之既久，苗民可变为汉，苗俗渐可化为淳，边末遐荒之地尽变为中原文物之邦矣"。于准的这一构想立即得到清政府的认可并在贵州逐步实施①。

当时的明清政府还对国内的各少数民族在教育上实行了一些对应的优惠政策。例如，在贵州的侗族地区，贵州各级政府采取了一系列措施推动社学、义学的发展。在肇兴侗寨，村寨内传统学校的办学经费主要来自各级政府的拨款；还采取减免学生学费，发放补贴，放宽科举考试录取标准等措施促进学校的发展，这一系列政策都有力地促进了侗寨学校教育发生相应的变化。

> 乾隆二年（1737 年），清政府下令在贵州各地兴办社学，"至量加糜悦，动何钱粮，令该督随地酌办"。五年（1740 年），又规定"其社师每年各给修脯二十两，统于公费银内动支"。至于义学，其经费来源主要筹自私人，或由地方官员自捐"养廉银"置买田土，或捐银发商生息，或由地方士绅捐置田产，也有由官府没收"绝产"作为办学经费，情况比较复杂。②

---

① 蒋立松. 清前期贵州少数民族地区社学、义学发展述略[J]. 贵州民族研究, 1998, （4）: 137-141.
② 本部分内容由笔者将《苗民久入版图请开上进之途疏》和《贵州通志·学校志》中的内容综合整理而成。

另外，当统治者的政治需要反映在边境安全方面，即统治阶层的军事需要，这方面的变化也是肇兴侗寨传统学校教育发生变迁的重要原因。例如，有的研究者就认为，真正促使清政府在贵州肇兴侗寨及其他少数民族聚居村寨广兴社学、义学的原因，是嘉庆初年贵州政局变化的直接后果。"嘉庆初年，清政府以重兵镇压了乾嘉苗民大起义和南笼起义之后，义学所能（或清政府所希望）发挥的'化导'作用重又引起了清政府的重视。'是义学之设，文教所关，风化所系，实力举行，在黔省尤急。'"①

总之，肇兴侗寨以义学为主的传统学校教育的变迁进程，反映了明清政府对少数民族地区村寨社会的控制，是从中央到地方，从府州县流官统治区、土司统治区向新附苗疆地区逐步渗入的过程，同时这些传统学校所发挥的教化功能，在一定程度上巩固了明清封建政权对少数民族地区的统治。

二、个人生计需求转向国家本位促使肇兴教育变迁

从明朝弘治年间直到民国时期，肇兴侗寨的社会、文化、教育都经历了曲折漫长的历史动荡，村寨社会、文化及教育自身都发生了巨大的变迁。其中，侗寨社会实践活动的变化是村寨教育变迁的物质基础，文化变迁是侗寨教育变迁的深层因素。不过，这些变化的发生都不能离开肇兴侗寨教育主体自身在教育需要与价值观念方面变化的影响，村寨教育主体的需要与观念的变化，是促使村寨乡土社会变迁、民族文化发生变迁的内在根源。在这一相对漫长的百年变迁历程中，为了适应新的社会实践活动、新的社会文化、新的教育活动，肇兴侗寨教育主体一直在不断调适和重新定位自身的教育价值取向。这个不断调适、重新定位村寨教育价值取向的过程，体现出肇兴侗寨教育主体对社会变迁、文化变迁和教育变迁规律的自觉把握，是能动实践这些规律的结果。

自建寨之日起到清朝末年，肇兴侗寨作为一个相对完整、封闭的乡土社会系统，这里侗族文化保存与传承相对完整，村寨教育的变化不仅深受民族文化的影响，还受到外来汉文化的影响，一般可以分为两个阶段：第一阶段，村寨尚无传统的学校教育之前，各种社会活动就是这里的基本教育形式，乡民通过多样的社会教育活动不断实践和传承着天人合一、知足常乐、吃亏是福、爱好和平的民族性格；第二阶段，明清时期在民族村寨内各类义学的推行，虽最初目的在于"化导"乡民，但客观上同样促进了少数民族地区文化的交流与发展，为满足少数民族成员学习汉文化知识的需求提供了现实条件。在汉文化影响下，少数民族中读书习礼者日益增多。在传统学校教育进驻村寨之后，汉文化在肇兴等侗寨随之传播开来，传统文化提倡

---

① 蒋立松. 清前期贵州少数民族地区社学、义学发展述略[J]贵州民族研究, 1998,（4）: 137-141.

的教育思想和汉文化提倡的"学而优则仕"思想并存，村寨内极少数的侗人开始接受汉式教育并走出村寨，但也带动了该村寨逐步融入外部世界。

　　黎平府侗族"男子耕凿读诵，与汉民无异"，苗族"近亦多集发，读书应试"①，都匀府"苗民于务农纺织之外，亦间有读书应试者"②，黔西"虽属边鄙，渐摩教化已久，户诵家弦，咸知读书为贵"①。

　　以儒家文化为核心内容的儒化教育在侗区不断得到发展，人们的教育观念发生变化，最终使侗寨封闭的社会被打破，村寨教育和村寨一起发生变化。考察历史可知，明清时期的历代统治者都曾力图控制少数民族与汉族之间的交往。然而实际情况是，各民族之间的交往在明清时期日益变得广泛、密切。以贵州为例，到了清朝嘉庆道光时期，贵州汉苗杂居的情况变得十分普遍，汉族与各少数民族之间在社会、经济、文化、教育等各方面的相互影响变得更加广泛。汉族社会与少数民族村寨社会之间的深入交流，促进了村寨少数民族群体对汉文化的认同，少数民族成员学习汉文化的需要就变得日益迫切起来。可见，明清时期在少数民族地区设学兴教已成为历史发展的客观要求。

三、村寨人口分布格局制约肇兴传统学校教育的延伸

　　人口因素对肇兴侗寨教育变迁的影响是直接且明显的。少数民族村寨人口与学校教育之间的关系必然落实到具体的空间形式上。作为村寨教育活动的参与者和受益者，肇兴侗寨在其独特的自然地理环境以及物质资料生产方式的基础上，使这里的人口因素具有某些特殊性，这些特殊性影响着肇兴侗寨教育变迁，并发挥积极或者消极的作用。物质资料生产方式通过生产力与生产关系两方面共同作用于人口因素而发挥作用，其中，生产力发展水平的高低优劣对人口分布起着决定性作用。一个村寨是否设立学校的最重要依据，就是村寨人口的数量和分布格局这个客观条件，这一点是学校教育空间分布格局构成的基础。

　　肇兴侗寨自建寨之日起，就位于肇洞的中心位置，一直是历代地方政府的驻地，寨民 100%为少数民族，其中侗族人口占 90%。侗寨的人口分布格局具有比较稳定的小聚居特点，制约着村寨传统学校教育的变迁，体现在侗寨传统学校教育的规模、参加人数、辐射村寨及教学点分布等多方面的变化。明、清两朝的封建政府在推行儒化教育时，就是根据这里的人口分布状况，将寨内每 110 户家庭设为一社，每社设立一所学校，称为社学；与之对应，那些地理位置偏远的侗寨，因人口户数达不到设立学校的要求，一般都没有学校。

---

　　① 爱必达. 黔南识略·黎平府[M]. 乾隆十四年（1749 年）. 卷 21.

　　② 爱必达. 黔南识略·都匀府[M]. 乾隆十四年（1749 年）. 卷 8.

第五章　肇兴侗寨现代学校嵌入后的教育状况

1905 年，晚清政府在内忧外患的时局下，废除了科举制，实行了"癸卯学制"，随之全国的传统学校机构也全部停办或转型，肇兴村寨里的义学、私塾停办，传统学校教育消逝。因该村寨地处西南一隅，又是少数民族地区，无论是教育还是其他方面的新政落实，都滞后于外部世界，在村寨内新学制的现代学校尚未建立之前，村寨教育进入了停滞期。直到民国 24 年（1935 年），在建立了第一所现代学制的小学后，肇兴村寨教育方才再次向前迈步。不过，代表了肇兴侗寨教育最高水平的现代学校自建成之日起，就一直处在时局动荡、战乱频繁和政权更替的历史洪流之中，在中华人民共和国成立后又遭受到一系列政治运动的刺激，历经波折，走了很多弯路，直到改革开放后才重新回归，走向兴盛之路。

第一节　现代学校嵌入后肇兴社会发展状况及教育需求

从清朝末年新政颁布至今百余年时间里，作为少数民族聚居村寨之一的肇兴侗寨，经历了多种社会制度及政权的更替，经历了生产力和生产关系的不断进步，人们的教育需求随村寨社会的不断发展变化做出相应的调整与改变，不同的历史时期内的教育需求是不一样的。

一、逐步进入开放的半耕社会（农工社会）

20 世纪初，封建清王朝被推翻，但是中国半殖民地半封建社会形态并没有改变，究其原因是社会经济主体并没有发生根本性的变革，以土地私有制为特征的农耕经济依然维持原来的形态，拥有大量土地的地主或封建领主依然是整个社会的主流，传统的农耕生产依然是整个国家最主要的生产方式。1949 年，中华人民共和国成立，政府实施了对三大产业的社会主义改造，至 20 世纪 50 年代中期，社会主义改造基本完成，我国最终确立了以生产资料公有制为基础的社会主义制度，社会各项事业也随之发生了变革，工业体系初具规模。但是中国农村地区的社会经济形态依然没有改变。肇兴侗寨作为少数民族聚居农村更是如此，大量物美价廉的商品被源源不断地输入村寨，使其同外部世界的联系进一步加深，但是受动荡时局和频繁战乱的影响，该村寨的社会发展形态并没有发生显著变化，还是处在比较封闭的、传统的农耕经济社会里。

1979年后，随着家庭联产承包责任制的实施，以公有制为主体、以市场导向为中心经济体制的建立与搞活，历经30多年的时间，如今肇兴侗寨的社会经济、政治制度、文化卫生等方面都取得了巨大成就，村寨社会已发生了显著的转型和变迁。村寨已经从传统的全耕社会演进为半耕社会，或者说由传统的农耕社会演进为农工社会。

半耕社会（农工社会），就是指农民的生产和生活呈现出半耕半工、农工结合、耕工交替、亦农亦工等特点的一种农村社会经济形态。这一社会形态既不同于传统中国建立在自然经济基础之上的男耕女织、自给自足、小农宗法式的农村社会，也有别于发达国家高度工业化、市场化、城乡一体化、大农场式的现代乡村社会。从宏观视野看，由全耕社会（农耕社会）到半耕社会（农工社会）的转变是中国经济社会转型的必经阶段，它是中国农村从农业社会向工业社会、从乡村文明向城市文明演进的过渡时期。

对和肇兴侗寨同类的众多中西部少数民族聚居村寨而言，半耕社会形态还将延续很长一段历史时间，村寨社会的发展正在发生着深刻的结构性变化，主要表现在两个方面：第一，村寨社会生产结构发生变化，这是一个基础性变化，它既是工业化、市场化和社会生产力水平发展到一定阶段的结果，也是导致农村经济社会结构发生变迁的最重要因素，体现为农村主要劳力非农化、次要劳力农业化、主业副业化、副业主业化，非农收入成为农民增收的主要来源，农业收入的份额比例逐步下降，但农业在整个国民经济中的基础性地位没有改变；第二，村寨社会基本单元发生变化，人口和家庭作为社会存在的基本单元，其结构变化是社会转型的重要特征之一，随着村寨人口总量继续增加、劳动适龄人口供给率下降、人口老龄化速度加快、家庭人口规模小型化等，村寨将面临人口总量造成的就业压力，以及人口结构变化造成社会负担加重的双重挑战。

二、逐步确立个体全面发展的教育需求

清末新学制的制定及后来我国义务教育的普及，极大地提升了现代学校教育的地位和价值，反也映了社会对教育的需求。民国24年（1935年），当时的国民政府在肇兴侗寨的井锅处建立了第一所现代学制学校——肇兴小学，开创了肇兴侗寨现代学校教育的历史。但是在随后的几十年间，肇兴侗寨虽然经历了多种社会制度及政权的更替，村寨的社会生产力和生产关系在不断进步，但是总体而言，其社会经济水平及村寨乡民的受教育程度仍然长期处于较低的水平，他们的第一生活要义是如何解决温饱这个基本的生存问题，所以此时村寨学校教育的指向即是生存教育。换句话说，从教育与生活的关系来看，在这段时间里，对民族村寨里的大多数人而言，他们希望学校应该把他们培养成社会需要的劳动者，以解决温饱问题。

　　当社会或生产力发展到一定水平时，教育需求转化为推动社会和人的共同发展的教育需求。自改革开放后，整个国家的政治环境日渐开明、生产力水平得到巨大的提升，国家从整体上全面部署了教育事业的发展方向和步伐，不断加大对民族地区农村教育的普及和质量提升。以肇兴侗寨为例，少数民族聚居村寨的乡民随着经济条件的改善，也日益享受到了丰富充裕的物质资料，基本的生存需要得到满足。由于生产力水平的提高，村寨已无需担忧温饱问题，不再需要那么多的劳动力，村寨教育开始关注村民个体全面发展的问题。随之，受村寨社会不断开放和多元文化之间交流增多的影响，民族村寨乡民开始将需求的目光投向了精神层次的满足。也就是说，村寨社会的变迁对村寨乡民也提出了新的教育需求，过去建立在市场经济体制上的教育价值观念发生变迁，村寨教育的目的取向随之也发生了较大的变化，日渐加强对个人利益与价值的关注，表现为既要兼顾国家、集体的利益与需要，同时又要兼顾个人利益与发展需要，个人本位的教育价值观越来越突出。反映在现实的村寨教育生活中，就是村寨教育在重视为社会发展服务的前提下，日益注重个体的全面发展与幸福感的提升，致力于通过教育使个体成长为具有独立个性、健全人格和健康心态，有益于民族村寨社会的合格主体，能够有主动改善生活的愿望和能力。例如，进入 21 世纪后，随着肇兴侗寨的"两基"（基本普及九年义务教育和基本扫除青壮年文盲）任务顺利完成，村寨乡民的教育需求从渴望普及九年义务教育跨越到了渴望人的全面发展和生命质量提升的教育，认为教育需要符合人的全面发展需要的转变。

第二节　肇兴侗寨现代学校嵌入后的教育基本状况

　　自民国至今，肇兴侗寨的乡民曾经接受过的现代学校教育对肇兴侗寨的社会发展、个人进步发挥了积极的作用，在不同的历史时期内有多种类型，主要有现代化普通小学、民众学校、初级中学、夜校农中、扫盲学校、职业学校、成人技术学校等学校。

一、肇兴侗寨现代学校教育的主要形式

　　在肇兴侗寨正规的现代化学校内所开展的教育活动和传统学校教育活动相比较，在教学内容、教学时间、教学方法、教学体制等多方面，均由国家教育主管部门统一规定，体现国家意志与主流文化的教育要求。按照现代学制建立的各类学校，在教育培养目标、具体教育内容、教学时间安排和管理考核模式等方面各有特点，存在显著的差异，一般可将这些学校分为正规学校和业余学校两类。例如，肇兴侗寨现存的肇兴中心小学、肇兴初级中学为正规学校，中华人民共和国

成立初期面向村寨乡民和积极分子开办的扫盲班、夜校农中等属于业余学校。从民国 24 年（1935 年）肇兴建立第一所现代学制学校之始，在该侗寨出现过的主要的现代学校各有不同，具体有以下几所。

1. 嵌入村寨的国家：肇兴中心小学、肇兴初级中学

1）肇兴中心小学。也被称作肇兴乡民族小学(简称肇兴民小)，是肇兴乡的乡级中心小学，位于黎平县肇兴乡政府驻地——肇兴侗寨。该学校始建于民国 24 年（1935 年），是肇兴侗乡第一所按照现代学制创建的短期学校，生源多来自本寨，少数来自邻近乡镇，开设修身、国文、算术、手工、图画、唱歌、体操课程，校址在厦贯洞，一间校舍，第一任校长田景祯，有教员陆树弯、陆文高两人，学生 50 多人，不分班级，分组教学。民国 27 年（1938 年）学校迁至肇兴乡公所附近的井锅。1953 年学校发展成为一所完全小学，按照"四二制"设置小学课程，开设语文、算术（四年级起包括算术）、体育、音乐、美工（图画、劳作）、自然、历史、地理课程。2011 年 3 月从侗寨的中心位置——井锅迁到位于寨外东南方向的山坡处，现全称为肇兴侗乡中心小学，按照 2005 年《贵州省基础教育课程改革义务教育课程实施意见》及 1984 年《九年义务教育新课程方案"六·三"学制全日制小学课程安排表》（表5-1）开设课程，组织教学活动。截止到 2014 年 12 月，该校占地面积 9333 平方米，校舍建筑面积 4633 平方米。截止到 2014 年 9 月该校有 12 个教学班，在校生 412 人，其中女生有 188 人，侗族学生比例为 99.5%；专任教师 25 人[①]。

表 5-1　贵州省教育厅《九年义务教育新课程方案"六·三"学制全日制小学课程安排表》[②]

年级	品德		语文	数学	外语	科学	体育与健康	艺术		劳动	信息技术	社会实践社会服务	地方学校选择课	周总课时	晨曦会	眼保健操广播体操
	品德与生活	品德与社会						音乐	美术							
一年级	3		8	4			3	2	2					4	26	每天20分钟	每天上下午一次各5分钟，每天总计10分钟
二年级	3		8	4			3	2	2					4	26		
三年级		3	7	4	2	2	2	2	2	1	1	1	2		30		
四年级		3	7	5	2	2	2	2	2	1	1	1	2		30		
五年级		3	6	5	2	2	2	2	2				2		30		
六年级		3	6	5	2	2	2	2	2				2		30		
总课时	210	420	1425	935	280	280	659	420	420	140	140	140		490		

注：本表中"总课时"一项数据与前列、行数据无关，是每个年级的总课程，用来与上面的数据对照，并非总计关系

[①] 最新数据由肇兴中心小学提供。

[②] 贵州省黎平县志编纂委员会. 黎平县志[M]. 贵阳：贵州人民出版社，1984：107.

2）肇兴初级中学。位于黎平县肇兴乡政府驻地，前身为肇兴民族小学，在20世纪60年代末创办附中班（"带帽"初中班），当时有初中学生50多人。2002年3月，"带帽"初中班分开独立办学，2002年9月，经黎平县人民政府批准成立乡级初级中学，于2003年4月29日正式挂牌独立办学。学校总面积约为5600平方米，校舍面积为1522平方米，有2栋教学楼、18间教室，1个篮球场、1个计算机教室、1个多媒体教室、1个简易学生食堂、1栋砖木结构的学生宿舍。学校将2间教室隔成4小间，分别为行政办公室、财务室、图书室和仪器保管室，教师尚没有专用办公室。自2005年，肇兴初级中学按照教育部颁发的《义务教育课程设置实验方案》组织教学活动，开设各类课程并组织教学。肇兴初级中学服务区域辐射肇兴镇（人口为22 000人左右）及周边乡镇部分村寨的学生。截止到2014年12月，在校学生总人数781人（女357人），其中初一215人，女102人；初二263人，女110人；初三303人，女145人。寄宿生639人，少数民族学生为100%，教学班级14个。在编教职工38人，其中本科学历18人；专任教师37人，女2人；特岗教师10人，女7人；支教教师2人。教师学历合格率为100%。在专任教师中，持高级职称8人，中级职称21人，初级职称8人[①]。

2. 时代呼声的回应：国民政府时期的民众学校

民众学校，指国民政府时期，由联保在1937年主办的，以广大民众为教育对象的学校，分学校式民众学校和社会式民众学校。学校式民众学校主要开设识字扫盲班和高小补习班，由小学教员或区乡公务人员担任教师和教学工作，教材使用省编教材《民众学校课本》，学制三个月；社会式民众学校主要从各保甲壮丁中征集学员，采取大队、中队、分队、班的军队编制，分别由乡长、联保主任、保长任大队、中队、分队长负责，班长由学员担任，设置精神训话、识字、唱歌、操练、战时常识等课程，进行公民、国防、民族意识教育，以"策励民气、提高民智、共纾国难"为目标，学制两个月。

3. 面向生产的教育：农民夜校、农民中学

农民夜校，是指广大农村里农民利用晚上时间上课学习的学校。20世纪50年代中期，肇兴侗寨响应国家扫盲的号召，在黎平县政府的大力支持下，在肇兴中心小学内开办了农民夜校，当地寨民白天生产劳作，晚上到夜校里识字学文化，同时也学习当时的各项政策和农业生产技术，对肇兴侗寨的发展、个人文化素质的提高、农业新技术的推广，以及各类政策的传达实施，都发挥了重要的作用。

农业中学，简称农中，一般指以农民为教育对象，以农业书本介绍的理论知识为学习内容，以当地的学校或者某个固定的场所为学习场地，结合当地的农业

---

① 由肇兴初级中学教务处提供。

生产劳动，在农民或者村寨的公共耕地、林山、竹山、牧场、草地里组织教学实践活动的学校类型。肇兴侗寨曾经开办过的农业中学根据当地自然条件及农村生产需要而定，采用的学制分别有一年、两年、三年或短期培训几种形式。该校的学习者主要包括肇兴侗寨及周边附属村寨高小毕业（或相当高小文化程度）的农村基层干部、民兵及广大村民；学校的办学经费及学生生活、学习费用由全体学员共同筹措，再加上村寨生产队提供的一些补贴组成；教学活动与生产劳动的安排比较灵活，在农闲时节每周上课 4～5 天，小忙时期上课 3～4 天，大忙时期一周上课 1 天或整周安排生产劳动；教学工作参照 1963 年《贵州省农业中学教学计划（修订试行草案）》安排，设置三类课程：政治课、文化课和专业课。其中，政治课选用普通中学课本中道德品质教育章节，节选《中国革命和中国共产党》中有关内容为教材，同时讲授国民经济、农村工作的方针政策等；文化课教授语文、实用数学和珠算知识；专业课由农业科学技术、农业机械、会计常识等内容构成。"文化大革命"结束后，此类学校相继停办[①]。

二、肇兴侗寨现代学校教育的曲折变迁历程

民国 11 年（1922 年），国民政府以大总统令的形式公布了《学校系统改革案》，即 1922 年"新学制"或称为"壬戌学制"，采用的是美国式的六三三分段教学，也被称为"六三三学制"。该学制在各个教育阶段内，基本依据学生个体身心发展的阶段性特征进行划分，这在中国现代学校教育的发展史上是一次巨大的转变，是辛亥革命以来新文化运动在教育领域的一个积极成果，是中国近代教育史上的一座里程碑。该学制公布后，除进行个别调整外，在我国各地基本都一直沿用到了中华人民共和国成立前夕，整个侗族地区的学校教育变迁也受到该学制的影响，当时在黎平县及周边附属的侗族地区，受学生人数有限的影响，基本上是一保有一所现代学制的完备国民小学，乡政府所在的农村设立一所现代学制的中心小学，数县总计设立一所形制完备的中学，在大量偏僻的侗乡农村里尚无现代小学，个别乡村甚至还是旧式私塾在担负学校教育任务。

虽然国民政府颁布了《国民学校法》和《强迫入学条例》等法令政策，在客观上也对侗族地区教育的逐步恢复和发展起过一定的作用，但是进程极为缓慢，收效也不显著。肇兴侗寨直到民国 24 年（1935 年）才建立了第一所现代学校。

1. 现代学校初步发展时期（1935～1958 年）

民国 24 年（1935 年），国民政府教育部颁布了《实施义务教育暂行办法大

---

① 本段内容根据肇兴侗寨数位老人的口述回忆记录，结合 2009 年版《黎平县志》相关记载，由笔者综合整理而成。

纲》，黎平县政府随即成立了义务教育委员会，负责黎平县及附属乡镇、各村的义务教育实施工作。随后全县的国民学校增至 24 所，教员 73 人；乡属高等小学增至 6 所，教员 33 人。

（1）肇兴现代小学的确立

民国 24 年（1935 年），黎平县义务教育委员会根据国民政府的《实施义务教育暂行办法大纲》，在肇兴乡政府所在地肇兴侗寨按照现代学制创建了第一所短期新式小学——肇洞小学（今肇兴中心小学）。该小学最早的校址在厦贯洞，校舍是一间民房；校长田景祯，教员有陆树鸾、陆文高，全校学生共 50 多人，不分班级，分组教学；生源来自本寨，少数来自邻近乡镇。

民国 27 年（1938 年），肇洞小学迁至乡公所（今谓乡政府）附近的井锅（今肇兴乡乡政府所在地背后）处。校长石丕清，教员先后有田景祯、陆文高、陆文基、陆成瑞、陆树鸾几位先生。

民国 33 年（1944 年），黎平县政府将辖区内的永从镇、肇洞乡改名为永从乡、肇兴乡。自此，古之肇洞就被改称为肇兴一直沿用至今，肇洞小学则更名为肇兴乡中心学校。

民国 35 年（1946 年），学校办学规模逐渐扩大，学生增至 180 余人，田景祯再任校长。学生以肇兴侗寨的乡民子女为主，邻近附属村寨及龙额、从江的学生也来此校就读。

抗日战争结束后，国民党又发动了内战，在国统区推行"戡乱"的反动政策，加强对学校和学生思想教育活动的钳制，强调学生要效忠党国、领袖，向学生灌输"四维八德"等内容，不断迫害进步师生，压缩教育经费。当退守西南之后，国民政府的财政状况更加拮据，教育经费严重不足，侗族地区的学校教育再次陷入了低谷，整个黎平地区无论县城还是乡村，曾经繁荣的现代学校皆呈一派萎缩景象。肇兴小学莫不如此，受社会动荡的影响，学生人数持续减少。

民国 38 年（1949 年 10 月 1 日前），因黎平社会动乱严重，肇兴小学办学规模萎缩严重，在校学生总人数减至 50 余人，时任校长为唐长群，教员有闻立德、闻崇智。

1949 年 10 月 1 日，中华人民共和国成立。接着，湘、黔、桂的广大侗族地区相继获得了解放，从此，侗族人民当家做了主人，侗族地区的教育事业也进入了一个新的时期。

1950 年冬，黎平县获得彻底解放。黎平县各级政府忙于接管旧机构及工作人员，在乡村开展建党、建政工作，紧接着又进行了抓清匪反霸、肃清反革命和土地改革等工作，对学校教育的重视有限，基本只是负责恢复已建学校的教学工作。当时主要是按照《中国人民政治协商会议共同纲领》的规定，对县乡各级各类学校进行接管，采取"维持现状、立即开学、逐步改造"的原则，实施"中华人民共和国的文化教育为新民主主义的即民族的、科学的、大众的文化教育。人民政府的文化教育工作，应以提高人民的文化水平，培养国家建设人才，肃清封建的、买办的、法西斯的思想，发展为人民服务的思想为主要任务"①。同时，人民政府还从各个单位抽调了一批德才兼备的共产党干部担任各学校的校领导，组织教师学习社会主义政治理论，改造广大教师的思想观念，改进教学方法，以适应新形势的需要。同年，黎平县人民政府对县内已有的学校布局进行了调整，肇兴小学是被保留下来的 20 所公办小学之一。翻了身的侗乡农民都迫切要求子女入学读书，学生人数激增，现有的学校教室严重不足，上课非常拥挤。然而，由于乡级人民政权初建，肇兴侗寨的各种事务纷杂，百废待兴，乡政府无暇顾及学校事宜；新政权下的第一任校长袁维义，教师陆恒德、谢树恒、吴国荣等，对学校的拥挤现象也束手无策、无力解决。于是，为了让自己的子女能够进入学校学习，当时肇兴的家长都自愿献料投工，免费为小学建起了一幢两层共八个教室的木结构教学楼，解决了上课教室严重不足的问题。

1953 年，国家公布了第一个五年计划，在全国范围内要求教育贯彻执行"加速发展、提高质量、全面规划、加强领导"的公办、民办并举的"两条腿走路"的办学方针，侗族地区的学校教育有了新的发展②。同年，肇兴小学的办学规模增大，发展成为一所完全小学，办学条件也逐步得到了较大的改善（图 5-1 为 1954年学校的主楼），基本能够满足当地侗寨乡民的教育需求。

图 5-1　1954 年肇兴侗寨小学教学主楼③

① 贵州省黎平县教育志编纂委员会. 黎平县教育志[M]. 怀化：黔阳彩色印刷有限责任公司，2007.
② 贵州省黎平县教育志编纂委员会. 黎平县教育志[M]. 怀化：黔阳彩色印刷有限责任公司，2007：813.
③ 照片由肇兴中心校资料室提供。

（2）民众学校教育的短暂历程

民国 26 年（1937 年），黎平国民政府遵照省府令，开办了学校式民众学校和社会式民众学校（详细内容见本节前文）。

一方面，学校式民众学校教育联保主办负责，最初校内仅仅设立了识字扫盲班，由小学教员或区乡公务人员承担教师一职负责教学事宜，每期扫盲班为期三个月，学生需读完省编教材《民众学校课本》。当时的黎平县共有 37 个联保，其中的 21 个联保创办了民众学校及识字扫盲班，共计有 28 个班级，先后培训学员 1400 余人，学习效果显著。随后，黎平县政府召开扩大会议后决定，要求各联保必须办民众学校至少一所，校内不仅要开设识字扫盲班，还必须开设高小补习班，学制有一年或者半年两种，招收未读完高小的青少年，补习高小课程，以期促进乡村侗寨教育的发展。

另一方面，在抗日战争时期，黎平县各乡镇普遍开办了社会式民众学校。在每年的秋收前后，乡公所直接从各保甲壮丁中征集人丁充当学校的学生，学制为两个月。丰富了侗寨乡民的知识观念，提升了他们的爱国意识。

民国 28 年（1939 年）起，在黎平全境内推行"新县制"，实行"政教合一"。各地民众学校由政府直接管理，各级政府官员担任校长一职。这时的肇兴侗寨也是由乡长、保长兼任社会民众学校的校长职务，以"管、教、养、卫"为办学方针，增设妇女班。

民国 36 年（1947 年），县国民政府下达了"贵州省教育厅训令 训字第 877号"，提出三条强制措施以促民众学校发展，具体内容包括：第一，各乡镇、保甲对流失之民众实行强迫入学。第二，未办民众班的学校，一律限于下学期开办；凡强迫不遵令入学或入学后又辍学者，处以 500 元以上 1000 元以下罚金。第三，乡镇、保甲办事不力，给予处分。但是受到当时社会局势的影响，民众学校的入学人数锐减，学校形同虚设。

（3）农民夜校教育：耕读学校的初步发展

1951 年，黎平县农民业余教育委员会成立，确定了包括肇兴乡在内的六个乡镇为办学重点乡镇，要求在其乡镇政府所在村寨开办农民成人识字班。随后，以肇兴侗寨等六个乡镇作为表率，带领黎平境内各乡村的农民协会一起，先后组织农民读报组、开办农民夜校达到 85 所，为提高基层村寨乡民文化素质做出了应有的贡献。

1952 年，黎平县文教科颁发了《关于冬学民校的指示》一文，其中明确提出"农民业余教育为政治服务，为生产服务，为农民经济利益服务的原则"[①]，要求全县的农民夜校要紧跟政治形势开展教学活动，肇兴农民夜校的教育内容也随形

---

① 黎平县地方志编纂委员会.黎平县志（1985～2005 年）[M]. 下册. 贵阳：贵州人民出版社，2009：811.

势做出调整。

　　1953年，肇兴农民夜校响应黎平县政府及教育部门的要求，努力培养乡村干部、村里的积极分子为学员骨干，通过他们来带动全寨男女青年参加学习文化活动的热情和积极性，提高村寨农民科学文化素质。县教委为该夜校配置了两位专职干部帮助学校顺利开展教学工作。夜校教师按照学生自身文化程度的优劣水平，分组组织教学活动。当时开设有"政治""文化"两门课程，政治课使用的教材为贵州省委宣传部编制印刷的《农村宣传提纲》，文化课使用的教材为人民教育出版社在1950年出版的《农民识字课本》[①]，共计四册，为繁体竖版文本（图5-2）。

图5-2　　人民教育出版社在1950年出版的《农民识字课本》一、二册合订本[②]

　　1954年，国家给黎平县下达了3万人进入农民夜校学习的任务。肇兴农民夜校和其他乡镇的农民夜校一起，遵照中央人民政府颁布的《扫盲标准和毕业考试暂行办法》和黎平县文教科制定的"农村文盲脱盲标准"，要求夜校学员通过学习能够认识常用的汉字1300个，能够读通普通的书籍报刊，能够用汉字或者拼音写便条。每期学员的考试都由县文教局命题，并派专员和夜校教师一起监考评卷。

　　1955年，肇兴农民夜校开办冬季班，招收冬学学员数百人。

　　1956年，以村为单位在肇兴侗寨及附属村寨内，组建了青年扫盲突击队，每个村寨至少有一支扫盲突击队，面向村寨青年农民全面开展业余教育。入学人员既有广大的侗族青年，还包括乡村干部及社队干部等，通过考试测试是否脱盲。

　　1957年，黎平县人民委员会制定了《黎平县1957年扫盲工作计划》，计划全县乡镇农民入学人数达到2万人，每期脱盲毕业人数达到3000人，具体的任务

---

　　① 20世纪50年代前半期，正是中华人民共和国成立的初期，国家对扫除文盲的工作很重视，《农民识字课本》就是为适应当时的需要而编写的。这套《农民识字课本》共四册，由徐勉一、张星五等人编制，一共包含了1600多个生字，由人民教育出版社编，在1950年8月出版了第一版，随后又刊印多次。文盲学员学完这套课本，即可达到当时规定的农民扫盲标准，能够阅读通俗的书报，能写简单的应用文，成为农村中有文化的人了。

　　② 照片由肇兴中心校资料室提供。

分别分到包括肇兴侗寨在内的各个乡镇夜校。但是因当时肇兴乡政府及农民夜校的各项政治任务和工作非常繁重，最终夜校未能完成制定的扫盲工作计划。

2. 现代学校教育曲折前行时期（1958～1978 年）

1958～1978 年，我国经历了一系列政治运动，涉及人们的思想、生活、劳动等各个领域。肇兴侗寨也是如此。1958 年按照国家的要求成立人民公社后，村寨侗民的日常生活和自古沿袭的生产劳作模式就被打破了，村寨的农民们被要求积极参加当时各种政治活动，在生产劳动中还要搞好人民公社及劳动生产活动，致使劳动生产率降低。

人们在基本的温饱都没有解决的情况下，还要参与各种政治运动，根本不可能有精力和心情来组织社会活动。因此，在此时期，肇兴侗寨传统社会教育活动基本停滞，仅仅存在于家庭之中。与此同时，该地的现代学校教育也陷入了曲折生存的泥淖，教育质量严重下滑。

（1）肇兴小学教育停滞：政治干涉教育的结果

1958 年肇兴先是组建人民公社，紧接着又开展了"大跃进"运动，持续了两年。在此期间，肇兴小学采取半耕半读的教学模式，要求学生参加农业生产劳动，学校正常的教学活动、学校教育与管理、教师的工作热情和积极性受到了影响，肇兴小学的教学质量降低，学校教育受挫。

1959 年后，极端"左倾"思想的恶劣影响大面积显现出来，全国都处于三年困难时期，举国上下都在过"粮食关"，人们无粮可食。在这样的形势下，肇兴小学师生的吃饭问题也没有得到解决，学校有些教师因饥饿弃职返家，学生也大量流失，学校教育基本处于瘫痪状态。之后，肇兴县教育局下文号召所有离职的教师返校复课，但是最终返校教师寥寥无几。

1965 年春，肇兴小学恢复办学，师生人数依然比较少。

1966～1976 年，在"文化大革命"中，侗族地区的教育事业遭到空前的浩劫，时任肇兴小学校长的潘德辉及其他教师被批斗，严重地破坏了学校的教学秩序。不过，潘德辉校长依然坚持学校的教育工作，常年动员教师和学生返校教学、上课。

1977 年，肇兴小学恢复正常教学秩序，学生人数开始回升，大部分教师返回学校，开始正常上课。

（2）夜校农中成绩斐然：满足民众现实的教育需求

1958 年，"大跃进"使各地的教育出现了浮夸冒进、虚肿之态。同年，黎平县人民委员会提出了全县 13.3 万多文盲半文盲须在一年内全部入学，其中的 7.7 万青壮年文盲须在同年 9 月底前全部实现脱盲的教育目标；同年还计划在县、乡镇、村内规划建立 7497 所红专学校[①]，收授学生 73 546 名，还在洪州召开了全县

---

① 顾明远. 教育大词典[M]. 乌鲁木齐：新疆人民出版社. 2002：370.

扫盲工作誓师大会。肇兴侗寨也派人参加了誓师大会，保证要完成建立多所红专学校的任务。但是，因该计划严重脱离当时的社会现实情况，无论是人力、物力、财力哪一方面，肇兴都不具备建立红专学校、完成任务的条件，结果是只闻雷声不见雨点，红专学校徒留虚名。

1960～1962 年，肇兴侗寨无力办学，农民夜校停办，夜校的专职干部、教师被转到肇兴小学任教，但是当时的肇兴小学已是名存实亡，所以这些教师基本上都回到农村务农，参加生产劳动维持生计。

1965 年，肇兴小学校坚持"开门办学"的原则，再次开办了农民夜校，面向黎平全境招生，肇兴侗寨的学生最多，年龄集中在 16～20 岁，学制两年，开设语文、数学、图画、音乐、体育课程，采取半工半读的教学模式，夜校的教师由肇兴小学的教师兼任（图5-3）。

（a）收稻谷　　　　　　　　　　（b）编竹篓

图 5-3　开门办学图片①

当时的一位老教师回忆道：

> 我们白天给普通小学的学生上课，晚上给夜校的学生上课，我和其他一位教师都是一人上几门课。那几年小学人数很少，所以小学的教学活动很少，但是夜校的人数很多，第一届有四五十人，人数最多的有一百多人。当时，我们白天带领夜校的学生一起搞运输（往黎平运输木材）挣钱，晚上在夜校上课，开设了语文课、数学课、农业种植课，学生学习的热情很高②。

在"文化大革命"期间，按照黎平县委的要求，肇兴农民夜校改称为"毛泽东思想政治夜校"，夜校的教育目的、任务及内容必须一律以阶级斗争为纲，以

---

① 照片由肇兴中心校资料室提供。
② 本段内容是在参考已有文献的基础上，综合肇兴小学两位退休校长的口述史材料得出的结论。

《毛主席语录》和被统称"老三篇"的《为人民服务》《纪念白求恩》《愚公移山》三文为课程教材。在肇兴侗寨的社会教育和小学教育遭遇困难、陷入办学困境之时，夜校农中却在校长潘德辉带领下，在陆华英、陆成忠、陆恒德等任授课教师的努力下，取得了引人注目的辉煌成绩[1]。1966年、1974年《人民日报》的记者两次到校采访，以"夜校农中好"[2]、"坚持办好业余夜中学"[3]为题，肯定了肇兴侗寨夜校农中所取得的成绩。

1968年，肇兴农民夜校停办。随后又在肇兴小学内开办了肇兴农业中学，一直到改革开放前夕停办，招生对象为小学毕业生和农民夜校的部分优秀毕业生，开设语文、算数、音乐、体育、图画、农业技术课程，学生来自全县各级乡镇。

> 我们学校在1965～1968年办的是农民夜校，1968年以后，我们小学的农民夜校就改成了肇兴农业中学，上的课程基本上是一样的，开设了语文、数学、音乐、农业课程。农业中学的学生要求是小学毕业学生，文化程度要比夜校的学生高，当时农村学生还比较多，差不多占到学生总数的1/3。课程比较注重农业技术传播，我当时还给学生上过水稻种植、稻田养鱼等课程，我和其他两位教师负责讲的内容多是农业生产常用名称和日常生活中的各种名称，如"农业机械、种植、收音机"之类的汉字学习内容[4]。

1975年，《贵州日报》大篇幅报道了肇兴夜校农中（图5-4）的先进教育事迹和取得的成绩。同年，肇兴夜校农中被评为州级先进单位。夜校农中自1965年办学至改革开放前，办学共计13年，为肇兴侗寨培养了6届毕业生，共计177人，为肇兴侗寨的社会进步、地方经济发展做出了巨大贡献。

（a）夜校课堂　　　　　　　　　　（b）农中农技课

图5-4　肇兴夜校农中课堂教学[5]

---

① 贵州省黎平县教育志编纂委员会. 黎平县教育志[M]. 怀化：黔阳彩色印刷有限责任公司，2007：177.

② 张传根. 夜校农中好[N]. 人民日报，1966-9-10，2.

③ 佚名. 坚持办好业余夜中学[N]. 人民日报，1974-5-29，3.

④ 本段内容是在参考已有文献的基础上，综合肇兴小学两位退休校长的口述史材料得出的结论。

⑤ 照片由肇兴中心校资料室提供。

3. 机遇和挑战并存的新时期（1979 年以后）

1978 年，党的十一届三中全会召开明确提出把工作重点转移到社会主义现代化建设上来的战略决策，为国家的发展指明了方向，各项事业百废待兴，全国各地迎来发展的春天。侗族地区的各级城市、县乡村野也都加入到发展市场经济的大潮之中，对肇兴侗寨而言，因村寨内外多方面的、主客观因素的影响，这里的教育变迁呈现出两种完全不同的势态。

（1）肇兴现代学校教育：步入正轨、发展迅速

A. 肇兴镇中心小学

在党的十一届三中全会精神的指引下，肇兴乡政府在县委的领导下，大力提倡尊师重教，积极贯彻和落实党的教育方针和一系列有关政策，努力提高肇兴小学教师的政治地位和经济待遇，改变了轻视知识、侮辱教师的不正常状况。教师的工作积极性和热情恢复，开始重视提高村寨学生的入学率、巩固率和合格率，重视提高学校的教育、教学质量，同时学校的办学条件、师资队伍等软硬件设施水平逐年提高，小学教育步入正轨，走上了良性发展道路，具体内容如下。

1983 年，肇兴小学在县乡各级政府的领导下，积极响应邓小平同志提出的"教育要面向现代化、面向世界、面向未来"的号召，组织全体教师学习领悟这一号召的思想精髓，调整教学计划和内容，更加重视实践中教育教学工作，学校教育呈现出欣欣向荣、富有生命力的新局面。

1984 年，肇兴小学覆盖率上升到每 4.5 平方公里一所，肇兴侗乡的小学生入学率达到 84.4%，巩固率达到 92%左右。

1994 年 6 月 15 日，黔东南布依族苗族自治州以《州府通字（94）48 号》文，批准肇兴小学更名为肇兴民族小学。此后，该学校的教师和学生持续增加，教师增至 40 多人，学生增至 700 余人。校舍面积也在不断增加，相继任校长的有杨昌贵、陆海安、林国朝，学校发展速度加快。

2002 年起，该学校的校领导更换频繁，相继任校长的有陆卫光、黄仕勇、陆仕文、林利锋。学校的教育教学管理、硬件环境建设等都稳步地发展。学校积极推行素质教育，全面实行量化管理，按照"多劳多得、不劳不得"的分配原则，极大地调动了教师的工作积极性。学生人数稳定在 500 人左右，教学质量逐年提高。

2002 年 3 月，带帽初中班分开独立办学，初中从小学分离，成立肇兴中学，肇兴民族小学重新制定了适合小学教育的教学管理规章制度，使全校工作制度化、规范化、正常化。

2003 年，肇兴民族小学办学硬件水平得到大幅度的改善，学校实现封闭式管理。

2004 年，肇兴民族小学建设自然实验室、图书阅览室、体育器材室、工会活动室及"红领巾"广播站等，极大地改善了学校办学条件。同年 10 月，经过贵州省"两基"验收合格。

2004 年"两基"工作开始时，学校根据"两基"验收的要求，积极筹措资金，加强校园基础设施及软件建设，力争达到"两基"验收标准。学校遵循上级的安排在校内长期开设了扫盲班，教师兼任扫盲教师，深入贯彻《义务教育法》，积极参与到扫除侗寨青壮年文盲等工作中。肇兴民族小学在"两基"攻坚中，将任务化整为零，分解到个人，签订"保学控辍"责任状。利用儿童节、中秋节，开展声势浩大的"两基"宣传活动，营造浓厚的"两基"攻坚氛围。全校教师以拼搏精神，投入大量人力、物力，搞好"两基"攻坚工作，使适龄儿童入学率、巩固率、升学率都达 100%；文盲、半文盲率锐减为零。

2005 年，肇兴民族小学通过"两基"工作验收，"国检"合格。

2006 年，肇兴民族小学毕业班统考的生均分上升到全县的前五名，在全州远程教育应用经验交流现场会上，肇兴民族小学的经验被作为典型推广。

进入 21 世纪后，肇兴民族小学日益重视师资队伍建设，加强教师培训，不断改进教学方法，提高教学质量。采取"走出去、请进来"的方式，积极开展教研联谊活动。

2006 年，学校以"六课"——优秀教师示范课、青年教师自荐课、领导公开课、老教师转型课、外出学习汇报课、送教下乡联谊课为载体，全面推进素质教育，不断提高教师教育教学水平。同时还利用远程教育设备，改变传统教学模式，加快新课改进程，受到社会好评，被上级评为"德育管理先进学校"。

2007 年 6 月，肇兴小学与龙额民族小学开展教研活动，教师运用现代化多媒体制作课件讲课，效果良好，学生学习兴趣浓厚，获得好评。同时，该校坚持"推行素质教育、弘扬民族文化"，开展民族文化进课堂，影响面宽，成效较大。

2007 年 10 月，贵州省教育厅、贵州省民族宗教事务委员会将该校列为"贵州省首批民族民间文化教育项目学校"。

在巩固"两基"成果的基础上，肇兴民族小学又积极开展普及实验教学（"普实"）工作。2007~2008 年，县、乡、学校投入大量资金，完成学校普及实验教学硬件建设，整理近几年内实验室的实验教学资料。2008 年，顺利通过省"普实"验收。

随着在校师生人数的不断增加，原有的学校面积太过拥挤，不能满足学校教育活动的需要，因此在各级政府的大力扶持下，在 2011 年 3 月，肇兴民族小学从寨内井锅处迁至肇兴大寨东南面的山脚下发展至今，并更名为肇兴镇中心小学。

截止到 2014 年 12 月，肇兴镇中心小学的总面积已增至 9333 平方米，其中校舍面积 4633 平方米，共有 412 名学生，教学班 12 个，专任教师 25 人，两栋教学楼，12 个班级，教学设施（图 5-5）已能满足肇兴侗寨的教育需要。

（a）教学楼

（b）塑胶操场

（c）教室

（d）教师队伍简介

图 5-5　肇兴小学基础设施

B. 肇兴初级中学

服务区域辐射肇兴镇（人口为 22 000 人左右）及周边乡镇、部分村寨的学生，前身是 1965 年在肇兴小学内开办的带帽初中班，由于当时创办初中的条件不成熟，就一直以这种形式办班授课到 2002 年，建校时间较短。

2002 年 3 月，"带帽"初中班从小学分离，初中独立办学。当时搬入新校址时，有初一至初三共 9 个教学班级，共计 500 多名学生，教职工 23 人（女 2 人）；学校办学硬件设施还在建设中，当时有 2 栋砖混结构共 18 个教室的教学楼、1 个篮球场、1 栋 1 层简易的木质学生食堂；没有学生宿舍，用 2 间教室作为学生宿舍（男女各 1 间）；教学活动场地狭窄，除篮球场外，再没有其他的活动场所。

2002 年 9 月，经黎平县人民政府批准建立肇兴初级中学，2003 年 4 月 29 日正式挂牌成立。

为了逐步完善办学条件，尽可能缩小与上级要求的差距，学校积极争取，得到了教育主管部门和乡党委政府的大力支持，相继修建了砖木结构的学生宿舍、教师宿舍、食堂等设施。

2004 年"两基"工作开始后，黎平县教育局相继拨款 13 万元新建了两栋 2 层木质结构的学生宿舍，用以解决学校学生无宿舍的问题，但还是满足不了学生住宿的需要，住宿条件较差。

2007 年、2008 年，学校新建了 2 栋两层共 6 间的木质结构学生宿舍。

2008 年，被黔东南州民族宗教委员会和黔东南州教育局共同授予"黔东南州民族民间文化教育项目学校"，现已成为贵州省省级"民族民间文化教育项目学校"。

2009 年 4 月 7 日，黎平县发展和改革局下发关于肇兴中学食堂和宿舍等建设项目备案的通知《黎发改备案[2009]13 号》，8 月底，1 栋砖混结构约 210 平方米的单层食堂、2 栋木质结构宿舍共计 480 平方米全部竣工，投入使用，在很大程度上改善了学校当时的办学条件。

2013 年 10 月，肇兴初级中学占地面积已达 5600 平方米，校舍面积 3441 平方米。有教学楼 2 栋，共 18 个教室；共有学生宿舍 4 栋，共 32 间，床位 496 铺；共有 664 名学生，寄宿生为 664 人，生均占地面积为 8 平方米，教师 37 人。

截止到 2014 年 12 月底，该校面积 5600 平方米，校舍面积 3441 平方米。在校学生总数 781 人，其中女生 357 人。

根据初级中学各类用房基本标准《农村普通中小学建设标准》（建标 109—2008），无论是生均占地面积、建筑面积、学生活动面积，还是教学及辅助用房等，肇兴初级中学目前的状况等仍远未达标，离要求还有很大的差距。搬迁至今，学校仍无行政专用办公室、教师办公室、多媒体教室、财务室、图书室、阅览室、标准实验室和仪器保管室、体育器材室、音体美活动室、团支部办公室、医务室、围墙、校门等基本的硬件设施。因为办学条件简陋、基础设施严重不足，潜存着许多安全隐患，不仅影响了学校教育教学的发展，而且给学校管理带来了极大的不便，已成为该校目前存在的最大问题和困难。

（2）夜校、农民文化技术学校的发展：地方对业余教育的回应

1980 年，肇兴侗寨分管教育的书记、主管干部参加黎平县政府召开农民教育工作会议，与会者对肇兴农民业余教育工作进行了总结，并参与全县夜校农中办学经费、专职人员配置、工作方法、学习内容、考核等具体管理措施的制定工作，为学校的发展提供了政策方面的保障。

1981 年，贵州省及凯里州组织人员检查了以肇兴夜校农中为办学翘楚的 26 个农民夜校，抽考学员 306 人，其中 266 人达脱盲标准，占参考人数的 86.9%。

1982 年，肇兴夜校农中开办扫盲班，由黎平民族师范学校连续三届毕业生担任教师一职，在完成县教委下达到乡里的扫盲任务后，再分配工作。

1992 年，黔东南苗族侗族自治州政府组织"基本扫除文盲单位验收团"对黎平县、肇兴等乡镇夜校农中的扫盲班进行验收。验收结果显示，黎平县人口的非文盲率为 89.5%，适龄儿童入学率为 96.4%，在校生巩固率为 97.2%，达到了贵州省规定的"基本无文盲单位"的标准，确认黎平县为基本无文盲单位。

1995 年 12 月，亚太地区办事处在中国贵州贵阳召开亚太地区实施"促进青年和成人扫盲地方实验项目计划"[1]经验交流会。1996 年，黎平县政府连续三年投入扫盲经费数百万元，在包括肇兴在内的 25 个乡镇 403 个村，建立农民文化技术学校，购置图书资料，为每所学校农民文化技术学校配设成人教育专干、扫盲专干、兼职扫盲干部，兼职教师 1056 人。

1996～1999 年，农民文化技术学校为当地农民购置大量实用技术丛书，数目达到上百册之多，连续举办多届各类农业实用技术培训班，为肇兴农业技术的进步发展培养了大量人才。

2000～2005 年，农民文化技术学校根据黎平县政府的要求，采取"乡镇干部督学、村组干部陪学、教师认真教学"的教学管理措施，运用远程教育设备开展远程教学活动，加强对侗乡农民的扫盲和科学技术普及与培训活动，提高了扫除文盲的效率，截止到 2001 年，肇兴侗寨再无新增文盲（表 5-2），2004 年完成了扫盲任务（图 5-6）。

表 5-2　肇兴侗寨 2001～2005 年扫盲和农村成人教育基本情况统计[1]

年份	总人数			1949 年 10 月 1 日以后出生年满 15 周岁以上人口文化状况											
				非文盲人口情况							现有文盲、半文盲人口情况				
	总人数/人	侗族人数/人	妇女人数/人	总人数/人	妇女人数/人	侗族人数/人	历年脱盲人数/人	妇女人数/人	侗族人数/人	非文盲率/%	总人数/人	侗族人数/人	妇女人数/人	剩余文盲/人	新增文盲/人	文盲率/%
2001	3302	3302	1610	1778	819	1778	121	90	121	93.38	126	124	123	124	0	6.62
2002	3587	3587	1670	1933	876	1933	175	140	175	96.55	69	69	68	69	0	3.45
2003	3638	3638	1691	2001	914	2001	224	187	224	98.09	39	39	39	39	0	1.91
2004	3419	3419	1658	1969	954	1969	253	215	253	100	0	0	0	0	0	0.00
2005	3648	3648	1680	2094	962	2094	277	243	277	100	0	0	0	0	0	0.00

---

① 贵州省黎平县教育志编纂委员会. 贵州省黎平县教育志[M]. 怀化：黔阳彩色印刷有限公司，2007：197.

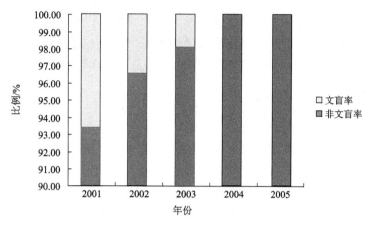

图 5-6　肇兴侗寨 2001～2005 年文盲率变化示意图

　　2004 年，黎平县委财政对农民技术学校每期人数在 40 人以上的班级，额外增补 200 元办班费用，加强对肇兴侗寨等全县各村寨农民的科技培训工作。农民经过技术学校的培训工作，多数人都能掌握 2～3 项农业生产实用技术，为个人和家庭的脱贫致富打下了基础。

　　到了 2014 年，在乡政府的支持下，肇兴侗寨的农民文化技术学校在肇兴乡所辖区域内，先后创办了 23 所农民文化技术学校，并在同一年内制定了《肇兴乡成人教育和实用技术培训方案》，利用农闲和暑假时间，组织广大侗乡农民参加成人教育，向他们传播先进的科学文化知识，传授最新的农业种养殖技术，目前采用的职业教育模式如图 5-7 所示。

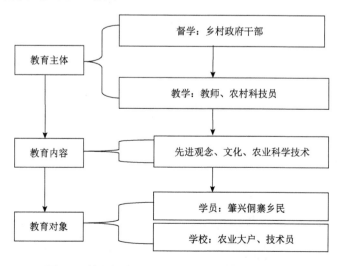

图 5-7　肇兴侗寨现行职业教育及农科普及模式图

　　学校面向生产实际需要开展实用技术培训课程，开办了油茶、金银花、猕猴桃种植、林下养鸡、养羊等实用技术培训班，截止到 2014 年底，共培训了 2400 人次，大大促进了农科技术在侗乡的普及，进而促进了社会及个人的发展进步。

　　另外，从改革开放持续到今天，肇兴侗寨步入了新的发展时期，与外界的交流日渐频繁，因此地侗族文化历史积淀丰富，以旅游业为主的第三产业获得了快速发展，村寨经济发展水平、现代化程度得到了不断提升。随着时代的发展，一方面，外出务工的青壮年人数逐年增加，国家不断加快农村城镇化建设的步伐，迁到外地不再回来的人口和家庭逐年增多，构成村寨社会基础的家庭类型和比例逐步发生着变化，乡民的生产方式、生活习俗、思想观念等也逐步发生着变迁。村寨教育的变迁反映在村寨家庭教育方面，则是肇兴侗寨的不完整留守家庭的数量一直持续增长，寨内的留守儿童人数不断增多，尤其是近 10 年这种现象愈加突出。如表 5-3 所示，全乡超过 1/3 的中小学学生是留守儿童，其中肇兴侗寨因经济条件较好，留守儿童人数稍少，有 131 名留守儿童[1]，而有的辐射村寨的留守儿童则超过了 2/3 之多。

表 5-3　肇兴镇 2001～2014 年中小学留守儿童统计表[2]

年份	小学			初中		
	学生数/人	留守儿童数/人	比例/%	学生数/人	留守儿童数/人	比例/%
2001	2192	641	29.24	522	177	33.91
2002	2245	662	29.49	630	182	28.89
2003	2132	628	29.46	816	293	35.91
2004	2045	695	33.99	956	353	36.92
2005	2018	740	36.67	943	339	35.95
2006	2095	629	30.02	943	278	29.48
2007	2172	659	30.34	921	313	33.98
2008	2154	658	30.55	890	320	35.96
2009	2040	714	35.00	880	300	34.09
2010	1898	660	34.77	773	278	35.96
2011	1716	612	35.66	668	227	33.98
2012	1548	526	33.98	666	239	35.89
2013	1397	447	32.00	778	280	35.99
2014	1359	421	30.98	781	278	35.60

---

[1] 该数据来自《2014 年肇兴中心小学义务教育留守儿童登记表》，由肇兴镇中心小学罗文德老师提供。
[2] 该统计数据由肇兴中心小学提供，统计于 2014 年底。

另一方面，侗寨内主要的传统社会组织如款组织、补拉、侗歌班等在"文化大革命"后都得到了恢复，但是自20世纪80年代后期开始，随着村寨经济发展、与外界交流日渐增长而逐步、自发地解体、消散了；对侗族村民非常重要、意义重大的祭萨、起款活动已不再按照旧制按时定期举行；人们日常生活中的重要的社会交往活动如行歌坐夜、鼓楼多耶、踩歌堂等，也因没有年轻人参加而渐渐消逝不见了。

> "我们在80年代的时候，五个鼓楼一起，按照旧制每两年组织一次肇兴大寨的祭萨活动，所有在外的人都要赶回来参加，费用由全寨人共同分担。但是，自2000年以后，我们整个肇兴大寨就再也没有共同组织祭萨活动了。""只有每个鼓楼还在春节期间间或在自己的鼓楼搞个小型的祭萨活动，一般也只有十几个老人如寨老或房族族长参加活动，政府给参加的老人每人几十块钱，然后聚在一起吃顿饭就结束了。""现在年轻人都不来了，也没有过去的行歌坐夜、对歌等活动了，估计再过几年，我们这些老人不在了，就再也没有人祭萨了。"①

特别是进入21世纪后，肇兴侗寨已多年不组织大型的社会活动了，目前看得见的个别社会组织都是近几年又重新组建的，并非按照传统形制组建而成，其旧有的教育作用及功能不断地被消解，发生了异化，与过去相比已大不相同。如图5-8中的侗歌班，就是寨民为了迎合旅游的需求而成立的以唱侗歌来挣钱的表演队，队员年龄参差不齐、差距明显，平日里从不在一起学习、练习侗歌，来自不同的鼓楼。

（a）异化的侗族歌班　　　　　　　（b）消逝的鼓楼议事

图5-8　异化、消逝的社会教育

是故，侗寨的社会教育呈现出了与学校教育不一样的反向变迁势态，日渐式微，渐渐走入了濒临消亡的无奈境地。

---

① 此段楷体内容为智团寨老陆成忠老人口述，肇兴镇中心小学罗文德教师整理而成。

第三节　肇兴侗寨现代学校教育变迁的特点

肇兴侗寨现代学校教育变迁的过程曲折，自民国时期建立第一所现代学制小学，到如今村寨内建立了多种类型的现代学校，几经沉浮。纵观其变迁历程，可以从以下几方面阐述这些显著的特点。

一、关注生存转向重视发展

教育者在教育实践中形成的对教育现象、教育问题的认识和评价就是教育理念，在教育活动中体现人们的价值取向，使人们的教育行为表现出一定的价值取向，以实现教育者希冀实现的教育目标。

1. 注重生存教育

从清末"癸卯学制"颁布后到改革开放之前的这段时期里，从教育与生活的关系来看，对肇兴侗寨里的大多数人而言，学校教育的基本功能是通过学校教育将村寨里的受教育者培养成适应生产生活的劳动者，教育面向生存以解决村民们的温饱问题。

2. 转向发展教育

改革开放之后，随着整个社会政治制度、观念的日益开明，经济水平的不断提高，肇兴侗寨乡民不再为生存奔波，生产力水平的提高也不再需要那么多的劳动力。特别是进入 21 世纪之后，那种局限于促进经济增长，单纯追求提高生产力和生产水平，追求丰富物质生活的教育理念已经不符合时代的发展需要，超越生存教育理念，重视人的生存发展的教育理念逐渐成为新的教育内涵。从教育的本质上讲，教育的本质属性和任务都是为了促进人的发展，发展教育理念就是在强调教育服务育人的本质属性。也就是说，发展教育理念强调要为每个学生的健全发展提供最适合的教育，促进每个学生的健康成长。这样的教育理念才应该是中国教育改革和发展面临的永恒主题。提供适合的教育以满足每个学生发展需要的思想一经提出，就意味着我国的教育价值观发生了深刻的转型，转向了以提升个体发展需要和生命质量教育价值取向。这种教育理念体现在现实的教育活动之中就是"教育不仅仅是为了给经济界提供人才；它不是把人作为经济工具而是作为发展的目的加以对待的"[①]。肇兴村寨学校教育顺应这个风尚，开始转向以村寨学生的全面健康成长为目标的发展教育理念。

---

① 联合国教科文组织. 教育——财富蕴含其中[M]. 联合国教科文组织总部中文科译. 北京：教育科学出版社，1996：70.

二、培养劳动者转向促进人的全面发展

教育的功能包括教育的个体功能和教育的社会功能。无论是古代社会、近代社会还是现代社会，肇兴侗寨学校教育的社会功能没有大的变化，一直都是以服务社会、促进社会发展为根本目标；而学校教育的育人功能则随时代的不断变迁而有明显的改变。

1. 培养合格劳动者

从民国 24（1935 年）年到 21 世纪初，肇兴侗寨现代学校自建立起来后，就经历了国家政权更替、接连不断的政治运动、社会经济非线性发展等因素的影响，村寨学校教育的培养目标随之不断发生转变。在革命时期和社会主义建设的不同历史时期，学校教育的基本任务有所不同，教育目的和培养目标的表述也不一致。特别是中华人民共和国成立之后，纵览不同历史时期学校教育的培养目标可以发现："都力图反映我国社会主义教育的基本性质，以马克思主义关于人的全面发展学说为理论基础。无论是毛泽东同志的'使受教育者在德育、智育、体育几方面都得到发展'，还是邓小平同志的'培养四有新人'，无论是江泽民同志的'培养德、智、体、美全面发展的社会主义事业的建设者和接班人'，还是胡锦涛同志提出的'努力培养有理想、有道德、有文化、有纪律的，德、智、体、美全面发展的中国特色社会主义事业建设者和接班人'，培养目标都定位于培养劳动者。无论是培养后备劳动力量，还是培养各种专门人才，其基本素质和基础定位都在于首先要成为一个合格的劳动者，这指明了我国社会主义的教育方向，也规定了人才的社会地位与社会价值。"[①]最终在 2004 年 9 月 19 日，在党的第十六届中央委员会第四次全体会议上通过了《中共中央关于加强党的执政能力建设的决定》，其中明确提出要"全面贯彻党的教育方针，培养德智体美全面发展的社会主义建设者和接班人"[②]，使我国少数民族村寨学校教育的培养目标从培养官吏转向了培养劳动者和建设者。

2. 培养全面发展的人

从 21 世纪初期至今，随着生产力的发展，整个社会转向重视民生改善、人的全面发展，学校教育培养目标也随之转向了重视学生身体、心理的全面发展。虽然马克思主义全面发展学说是我国社会主义教育事业的理论基础这一宗旨从未改变，目的都力图通过学校教育使学生在德、智、体等方面得到全面的发展，但从中华人民共和国成立至今，人们对"全面发展的人"观点的认识是一个渐进的、

---

① 胡斌武. 我国学校教育培养目标的历史转换[J]. 当代教育论坛，2006，（1）：19-20.
② 中国共产党第十六届中央委员会第四次全体会议. 中共中央关于加强党的执政能力建设的决定[Z]，2004 年 9 月 19 日.

逐步深化的过程。在经济社会飞速发展的当下，民生改善已经成为国家、各级政府和人民群众最关注的话题。而在民族村寨社会生活中，作为最有效的提升民生主体整体素质，促其全面发展的村寨学校教育活动，则通过培养目标内涵的再次转变，转向培养全面发展的人，来发挥其促进人适应、选择生活、创造和享用生活的能力。

三、文字下乡转向文字上移

费孝通把近代以来新式学校教育出现在乡村的历程称为"文字下乡"，从 19 世纪晚期的新学运动一直延续到 21 世纪初中国政府的"双基"工程，历经 100 余年的时间。在此期间虽然经历了"新学不胜私塾""乡民毁校""文化大革命"等多种反复或艰辛，但现代学校教育向下渗透的客观总趋势是不变的。100 余年来，现代学制的乡村学校已然成为乡村社会和乡村文化的有机组成部分。肇兴侗寨作为少数民族聚居村寨，在这里，能够体现学校教育布局变化的文字下乡要晚于外部社会。基于此，本书以肇兴侗寨现代学校教育布局变迁历史为例，来认识村寨学校教育变迁的特点。

1. 文字下乡

民国 29 年（1940 年），国民党政府为加强对地方的统治，在全国推行了"新县制"制度，颁布并实施了《国民教育实施纲要》政令，紧接着又颁布实施了《县各级组织纲要》，规定县级教育需由县长亲自主持管理，县城内、乡（镇）、保需按照行政级别分别设立中学、中心小学和国民学校，县长、乡（镇）长和保长分别兼任校长、壮丁队长，实行"三位一体、政教合一"的教育管理模式，把各级中小学变成政府实施"新县制"的机构，对肇兴侗寨的学校教育发挥了一定的促进作用；1953 年，肇兴侗寨学校辐射面积一般是 17.5 平方公里 1 所，学生入学率约为适龄儿童数的 68%[①]；1984 年，学校辐射面积上升到每 4.5 平方公里 1 所，肇兴侗乡的小学生入学率达到 84.4%，巩固率达到 92%左右；2004 年 10 月，经过省"两基"验收合格；2005 年，顺利通过"国检"，"两基"工作验收合格。总之，肇兴侗寨学校教育布局的调整，是从民国 24 年（1935 年）创设小学开始的。历经数年来的不断扩张，现代性学校教育借由文字教育这一制度形式，逐步渗透到乡村的每一个角落，学校成为村落不可或缺的组成部分，表现出向下普及或"文字下乡"的布局变迁特点。

2. 文字上移

从 20 世纪 90 年代中期开始，中国从乡土中国走向离土中国，其间的社会、经济、政治、文化等因素都发生了显著的变化，其中最根本的、最显著的变化是

---

① 贵州省黎平县教育志编纂委员会.黎平县教育志 [M].怀化：黔阳彩色印刷有限责任公司，2007.

中国农村的居民越来越不依赖于土地生活，或以土地为全部生活的中心。这一趋势决定了村落学校教育快步走向终结，既然人的生存、发展不用再依赖于乡土社会，人们生活的重心越来越远离村落生境，那么，以人为目的的学校教育也自然而然地发生转向，不再留恋乡土和村落社会。进入 21 世纪之后，我国又开始了新一轮的、大规模的农村学校布局调整工作，肇兴侗寨中小学校也包括在这个范围之内。如果说百余年来中国教育现代化的过程，是向下渗透、普及或以"文字下乡"为特征，那么，这一次的农村学校布局大调整工程，无疑出现了一个"文字上移"的反向特点，在短短十几年的时间内，每天都有大量的农村学校消失，这一进程的速度比村村合并的速度还要快。很多地方已经实现了一乡（镇）一所中心校的格局分布，大有重回文字不下乡的趋势，这些现象构成当前中国农村学校布局调整过程中最为显著的教育事实。

关于这一教育事实，就其原因而言，是在规模效益、政策驱动、人口因素及城乡关系等多重因素的综合影响下发生的；关于这一事实可能的后果，许多研究者指出，百余年来教育不断趋向现代化的变迁历程造成了大量村落学校在短时间内急剧消失。而作为乡村社会组成部分的村落学校的突然消失，必然加速了农村乡土社会的瓦解，进而造成了乡村社会的文化真空成为滞留在乡村的不同人群（"386061 部队"[①]）必须面对却无力解决的问题；同时，文字上移的趋向表明，乡村学校教育正在坚决地、彻底地抛弃农村乡土生产生活经验，一味地追求抽象化、同质化的城市教育生活，导致整个中国社会日渐走向单向度的社会，这种社会因为缺乏多面性、多维度而变得十分脆弱。

四、日益显著的边缘化倾向

正如有的研究者所言，社会变迁的过程中一般会产生两种现象、效应或者趋势，即"一是与国家现代化同一性、主流社会发展和社会主流生活重构趋于一致的'中心化'现象、效应及趋势；二是非一致性的、受到多重社会遮蔽的边缘化现象、效应及趋势"[②]。第二种趋势就是所谓的边缘化（marginality），20 世纪20 年代美国社会学家帕克（Park）最先提出来这一概念。最初帕克认为："由于通婚或移民，那些处于两种文化边缘上的人常经受着一种心理上的失落感，他们在种族或文化团体中的成员关系模糊不清，因为他们既不能被这个种族或文化团体接受，也得不到另一个种族或文化团体的欢迎。后来，这一边缘化概念被进一步扩大，用来泛指在一个国家内由社会和经济上的移动（尤其是城乡之间的

---

① "38"指三八妇女节，意指妇女；"60"指 60 岁以上老人；"61"指六一儿童节，意指儿童。"386061部队"意指农村的老弱妇幼人群。

② 戚攻. 析转型期"边缘化"趋势渐成的社会机制[J]. 理论学刊，2004，（2）：118-122.

移动）导致的经济和文化方面的冲突。"①在社会变迁过程中边缘化体现在多方面，而出现这种现象的根源在于社会中共同存在着传统和现代化两种社会范畴、行为体制、信念和价值观。传统和现代两种不同步、不平衡的范畴、观念或价值观体系也就意味着在社会变迁的进程中，必然会有某些人、民族或地区落伍了，难以参与变迁的同时也不能从中有所收益，最终表现出日渐边缘的趋向，沦落到边缘地位。他们之所以处于边缘地位甚至被排斥在社会等级之外，是因为他们在政治、经济和文化上都不能被融合进社会或阶级体系中。

　　农村，因远离政治经济文化中心之地，故在中国古代的历史中被称为"乡野"或"乡下"，也就是边缘地区，众多的边远农村与居于中心的城市之间最终形成了稳固的空间差序格局。客观地讲，虽然肇兴侗寨在历史上属于"六洞"的中心活动区域，在如今生活条件和经济能力方面也都有了很大的提升，甚至该村寨的村寨旅游经济还发展得很好，村寨乡民相对比较富裕。但是，将其放在整个社会变迁的大背景中，就可以看到无论是从该村寨的地理区位，还是从村寨的经济、文化、教育水平上来看，自古至今，肇兴侗寨始终都位列边缘落后地区的民族农村之中。肇兴侗寨学校教育的边缘化趋势越来越明显。基于村寨学校变迁历史的角度，可知村寨学校教育无论发生什么样的变化，无论是好是坏，始终都处于边缘化的位置，以肇兴侗寨教育变迁为例。

　　1. 现代学校教育初建时期的边缘化倾向

　　1935～1958 年，肇兴侗寨按照现代学制先后创建了肇兴的第一所短期新式小学、民众学校、农民夜校等学校教育机构，然因彼时社会影响，办学经费严重不足，学校萎缩严重；中华人民共和国成立初期学校教育表面轰轰烈烈，实则无人重视。

　　2. 现代学校教育曲折前行中的边缘化倾向

　　1958～1978 年这 20 年间，肇兴村寨的各类学校教育的变化趋势并不一致，小学几经停办、名存实亡；夜校农中虽因符合乡民实际教育需求而成绩斐然，但却似昙花一现。因此，此时的村寨学校教育多以整个社会政治运动的附庸而存在，脱离乡民的实际需求而日渐边缘化。

　　3. 现代学校飞速发展时期的边缘化倾向

　　改革开放至今，随着国家对农村教育的日益重视，各种投入不断加大，村寨学校发展迅速，但是边缘化倾向也日益严重：首先，学校的基础设施条件大大提升，但仅局限在肇兴中心小学和初中里，村级学校教育则出现了"学生越来越少、学校越来越小、教师越来越老"的衰败景象；其次，乡村教育从设计思路上就与

---

① 江时学. 边缘化理论述评[J]. 国外社会科学，1992，(9): 29-32.

中国乡村的城市化、现代化改造运动分不开，从废除科举、兴新学以来，现代学校教育就希望通过培养新式人才而致国家富强之目的，使人才从农村流向城市，并未考虑城乡之间的现实差别，学校教育内容和教学思想以"城市中心主义"为导向，缺少向学生传授在乡村生活所需的观念、知识和技能，缺少面向村寨生活的校本课程和综合实践活动课程，严重脱离了民族村寨的生活现实，学校教育与村寨社会发展之间不适应，边缘化倾向严重。以肇兴中小学的教师队伍为例，存在的边缘化问题是显而易见的。就调查的肇兴中小学教师群体的性别构成而言，如第一章图 1-1 所示，肇兴的男性教师数量要多于女性教师，男性教师达到调查总人数的 64.29%，而女性教师的比例为 35.71%；就教师的年龄构成如第一章图 1-4 所示，肇兴初中、中心小学教师队伍整体趋于年轻化，但村校教师队伍整体趋于老龄化且学历偏低；教师的学科构成呈现出语文数学主课教师数量充足，但外语、劳动技能技术、音体美等专业教师严重不足的状况，根本不能满足中小学的正常教学需要，特别是在村小里，无论是思想品德课，还是音乐、体育、美术课、劳动技能或者信息技术课，都因缺少专业教师由其他学科教师代课而形同虚设；教师认为目前承受的工作压力由师资紧缺造成，截止到 2014 年底，肇兴村校教学点合并剩下六个，校点合并意味着肇兴中心小学的学生总数、寄宿生总数在不断增加，教师的工作压力进一步加大；另外，教师人数严重不足也迫使肇兴中小学将村级教学点的师资配备降到最低，一班一师甚至一校一师（图 5-9），即每个教师负担一个班或者整个学校的所有教学和管理事宜，该班或者学校的所有科目教学、学生管理和日常生活都由该教师负责，极大地增加了教师的工作强度；就教师的民族构成而言，如第一章图 1-2 所示，肇兴侗寨侗族教师居多，民族构成中侗族教师占调查总数的 94.05%，苗族教师占调查总数的 4.76%，但是教学用语为汉语，教学内容以汉文化为主，教师在教学中需先将体现汉文化的教学内容转化为自己的知识，然后再用汉语向具有侗文化思维的学生讲授，这严重地影响了教学质量的提高。

（a）宰柳小学的部分学生　　　　　　（b）唯一的老师

图 5-9　一校一师

此外，随着村寨中心乡镇开始集中办学后，整个民族村寨学校教育的边缘化趋势变得愈加明显，村寨的中小学生也因此承受着边缘化的痛楚。以肇兴侗寨为例，肇兴附属的村寨尚有一些自然村不通公路，而已通公路的大部分村落也缺少便捷的交通工具，偏远村寨的同村寄宿学生靠团租汽车往返于家与学校，不太远村寨的走读学生只能靠步行来回往返家校，但这些学生普遍年幼弱小，他们每天需花费几个小时才能从家走到学校，很多家长担心子女的安全就让孩子留在家里，这就产生了很多新的问题。

五、变迁过程的不平衡性

民族村寨教育变迁的整个过程都表现出不平衡性，既有村寨之间教育变迁的不平衡，也有村寨教育内部的不平衡，具体表现如下。

1. 不同村寨之间的现代学校教育变迁是不平衡的

以肇兴侗寨及周边附属民族村寨的教育变迁为例，一方面，肇兴大寨在1935年就建立了现代学制的小学，在1954年发展成为一所完全小学。截止到2014年底，肇兴中心小学占地面积9333平方米，校舍建筑面积4633平方米，在校生412人，其中女生有188人，有12个教学班；肇兴初级中学在校学生总人数781人，其中寄宿生639人，教学班级14个①。反之，受村寨人口户数少、海拔过高、地理位置太偏僻等因素中的影响，一些附属村寨如归杩、信洞、厦格村、堂安、高鸟等地的教育变迁则呈现出不一样的变化趋势，学校被撤并、村寨教育不断萎缩，变迁的不平衡特点十分明显。

2. 肇兴侗寨现代学校教育内部的变迁是不平衡的

以肇兴侗寨教育变迁为例，该村寨的社会教育变迁和学校教育变迁受多方面因素的影响，不可能同时发生同样的变化。例如，从村寨主要教育形式上看，一方面，村寨社会教育在建寨的600多年里，从最初的主体地位转变为与学校教育并存发展，处于辅助地位，再走入不断消解、濒临消亡的境地之中；另一方面，该村寨的学校教育变迁则先后经历了初建时期、短暂繁荣发展时期、停滞时期、曲折反复时期和目前的飞速发展时期，两者相比较就能看出村寨教育内部变迁的不平衡特点非常突出。或者，从个体受教育机会的变化情况看，少数民族村寨男女个体教育权力和利益的变化趋向是不平衡的，差异比较突出。例如，该村寨参与调查的男女村民人数相差无几，年龄基本都在40岁左右（图5-10），他们的学历水平存在显著差异。

---

① 数据由肇兴中心小学、肇兴初级中学提供。

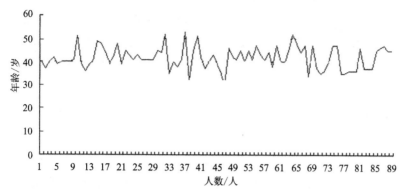

图 5-10　参与调查乡民年龄分布示意图

其中，男性村民拥有小学学历的比例为 53.93%，初中学历的比例为 35.96%，高中学历的比例为 2.25%，中师、中专学历的比例为 1.12%，大专及以上学历比例总计为 6.74%，主要集中在初中和小学阶段（图 5-11）。

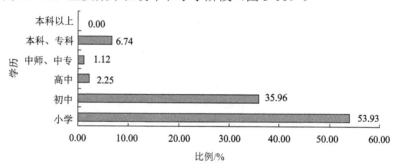

图 5-11　男性村民学历分布

女性村民拥有小学学历的比例为 82.03%，初中学历的比例为 10.11%，高中学历的比例为 1.12%，中师、中专学历的比例为 4.49%，本科、专科及其以上学历的比例总计 2.25%，主要集中在小学阶段，学历水平总体低于男性（图 5-12），这可以说明过去男女上学的机会是不均衡的。

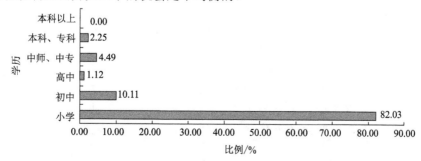

图 5-12　女性村民学历分布

注：比例为四舍五入后的结果

　　总之，在不同的历史时期内，肇兴侗寨学校教育的变迁呈现出了某些共同的变迁特征。村寨教育作为肇兴侗寨社会系统中的子系统，在保持一定独立性的前提下，它的变迁必然受到村寨社会及教育内外部各种因素的深刻影响。

第四节　学校嵌入后肇兴教育曲折变迁的主要原因

　　社会生活的各个领域，如政治、经济、教育、科学、文化等，以及人们之间的各种社会关系，归根结底都取决于生产力的发展，社会生产力是社会发展的最终决定力量，都是以生产力为基础在交互发生作用。随着人类社会的发展，在几乎所有影响教育系统的社会子系统中，生产力是教育发展的决定性、主导性力量。如经典马克思主义作家所说，"整个伟大的发展过程是在相互作用的形式中进行的"[①]。

一、社会生产力的大发展对教育提出了新的需求

　　不同历史时期的肇兴村寨经济发展水平的变化，对村寨教育变迁有着多方面的影响，其中，在村寨教育资源的配置方面其影响是最基本的，因为生产力发展水平的高低直接决定了村寨教育实践活动顺利实施所需经费的多少，在现代学校建立以后，直接影响到学校教育设备、基础设施建设、师资等教育资源的配置水平。

　　1. 生产力发展水平影响村寨现代学校获得资源的多寡

　　纵观肇兴侗寨 600 余年的教育变迁历程，我们可以发现，村寨所处历史时期内生产力发展水平越高，人们生活富足，村寨教育所能够获得教育资源的机会就越多；反之，当肇兴侗寨处于生产力水平低下、经济发展落后的历史时期时，村寨学校教育的经济支持就只能来自政府部门的拨款。例如，在解放战争时期，当国民党退守西南之后，国民政府的财政状况更加拮据，因教育经费严重不足，整个侗族地区的学校教育再次陷入了低谷。肇兴小学莫不如此，学校人数持续减少，至 1949 年，肇兴小学办学规模萎缩严重，在校学生总人数减至 50 余人。笔者在 2014 年 12 月第四次田野考察期间，通过与肇兴中心小学陆仕文校长的交谈也证实了这一论点。陆校长认为，该小学的教育经费虽然全部来自国家教育拨款，但是在 2011～2014 年一直保持着连年增多的趋势，学校的办学条件在不断地改善，而且乡政府也从各方面为学校教育提高资源，肇兴中心小学进入了快速发展时期。根本原因还是我国现阶段的生产力水平不断提高，整个社会的经济水平得到了巨

---

　　① 毛泽东. 毛泽东选集（第一卷）[M]. 2 版. 北京：人民出版社，1991：282-283.

大的提高，国家和村寨都变得越来越富裕的结果。

2. 生产力发展水平决定村寨现代学校获得资源的优劣

不同历史时期村寨的生产力发展水平是不同的，这种变化反映在村寨现代学校教育所获资源方面，就表现为生产力发展水平决定了村寨现代学校所能获得资源的优劣。

自我国基础教育管理重心上移后，黎平县也遵从"省级统筹、以县为主"的教育管理体制，但整个县城的生产力发展水平都比较低，县级政府的财政收入并不高，这从根本上影响了县级政府对肇兴侗寨现代学校教育的财政投入力度。在这样的前提下，分配给肇兴侗寨用来发展现代学校的资源不仅有限而且质量也有待提高，进而导致肇兴中小学校的基础设施建设、教学仪器设备及师资队伍等教育资源的低层次、低水平，最终降低了村寨学校教育的质量。以肇兴初级中学的师资队伍结构为例，肇兴教师队伍的年龄结构、性别结构、青年教师的工资待遇都不太合理。其中，被调查男性教师占总人数的64.29%，男性教师人数是女性教师的两倍；年龄在35岁以上的教师比例为73.80%，青年教师人数一直较少；教师收入主要集中2000~3000元，3000元以下的教师占统计总数的94.05%，这意味着当地教师的工资收入普遍偏低（参见第一章图1-5）。

二、政权更替与各种教育政策促使肇兴教育发生变迁

我国广大的少数民族地区是国家政治格局中不可或缺的重要组成部分，必然会受到国家统治阶级政治意识形态的影响。统治阶级的政治意识形态一般都是通过国家所坚持的政治路线，以及政府颁布的各种方针、法律法规等政策来实现的。国家是各种政策的最大产生者和供给者。国家能够利用各级政府所具有的强大干预职能，对少数民族地区的政策制定、社会发展变迁发挥独一无二的，甚至是决定性的作用。因此，由政府发布的各种具有政治性政策同时具有一定的整合功能和强制性。

清朝光绪三十一年（1905年），慈禧太后颁布诏书，宣布光绪三十二年（1906年）开始废除科举。受"废科举、兴学堂"政策的影响，肇兴侗寨的义学、私塾全部停办，传统学校教育在这里全部消亡。[①]民国11年（1922年），国民政府以大总统令的形式公布了《学校系统改革案》，即"壬戌学制"，采用美国的六三三分段教学，也被称为"六三三学制"，是辛亥革命以来新文化运动在教育领域的一个积极成果，是中国近代教育史上的一座里程碑。民国24年（1935年），黎平县义务教育委员会根据国民政府的《实施义务教育暂行办法大纲》，在肇兴

---

① 贵州省黎平县教育志编纂委员会. 黎平县教育志[M]. 怀化：黔阳彩色印刷有限责任公司，2007：51.

侗寨按照现代学制创建了第一所短期新式小学——肇洞小学，肇兴村寨教育获得了质的飞越。民国 26 年（1937 年），肇兴侗寨遵省府令，开办了学校式民众学校和社会式民众学校。民国 29 年（1940 年），国民党政府为加强对地方的统治，在全国颁布并实施了《国民教育实施纲要》《县各级组织纲要》等政令，规定县级教育需由县长亲自主持管理，实行"三位一体、政教合一"的教育管理模式。民国 34 年（1945 年），在国统区内推行"戡乱"反动政策，强调学生要效忠党国、领袖，向学生灌输"四维、八德"等内容，加强对学校和学生思想教育活动的钳制，肇兴村寨教育不断萎缩。民国 36 年（1947 年），县政府下达"亮（36）教社字第 877 号训令"，提出三条强制措施以促民众学校发展。

　　1952 年，黎平县相关政府机构颁发《关于冬学民校的指示》，明确提出"农民业余教育为政治服务，为生产服务，为农民经济利益服务的"政策①，要求全县农民夜校要紧跟政治形势开展教学活动，肇兴农民夜校的教育内容也随形势做出调整。1953 年，中央政府要求教育在全国范围内贯彻执行"加速发展、提高质量、全面规划、加强领导"的公办、民办并举的"两条腿走路"的办学方针政策，肇兴村寨教育有了新的发展。1954 年，遵照中央政府颁布的《扫盲标准和毕业考试暂行办法》和黎平县文教科制定的"农村文盲脱盲标准"，调整了夜校学习内容和考试要求。1963 年颁发的《贵州省农业中学教学计划（修订试行草案）》，提出学校设置政治、文化和专业课三类课程，并明确规定各课的教育内容。20 世纪 80 年代中期到 90 年代中期，国家颁布实施《义务教育法》，肇兴地方政府也采取积极措施贯彻实施《义务教育法》。20 世纪 90 年代中期以来，在肇兴侗寨实施了多项促进教育发展的政策，主要有国家贫困地区义务教育工程、农村中小学现代远程教育工程、"两免一补"政策、西部地区"两基"攻坚计划、《义务教育课程设置实验方案》《贵州省基础教育课程改革义务教育课程实施意见》《九年义务教育新课程方案"六·三"学制全日制小学课程安排表》《国家中长期教育改革与发展规划纲要（2010—2020 年）》等政策。在这些系列政策的推动支持下，肇兴侗寨教育条件得到了很大改善，村寨教育获得发展，对肇兴侗寨的乡村社会产生了积极的意义和价值。

　　从上述分析可以归纳出一条简单的变迁原理：村寨教育变迁与国家有关政策在肇兴侗寨的实施密不可分，这些政策既具有强制性也具有引导性，体现出教育供给与需求的有机结合。一方面，通过土地改革、义务教育法等强制性政策的实施，强力推进村寨教育活动；另一方面，通过"两免一补"等引导性政策，促使乡民认识村寨教育的意义和价值，引导和激发侗民的教育需要和积极性。因此，国家颁布的、体现政治性质的各种政策亦是肇兴侗寨教育变迁的主导因素。

---

① 黎平县地方志编纂委员会. 黎平县志（1985～2005 年）[M]. 下册. 贵阳：贵州人民出版社，2009：811.

因此，制定的各类政治方针政策必须要符合民族地区村寨教育变迁的规律，村寨教育事业就会获得快速健康地发展；反之，如果漠视、违背这一基本要求，民族村寨教育事业必然会受到相应的惩罚。

三、侗汉文化差异促使肇兴教育发生变迁

教育与文化的关系问题，既是一个深刻的理论问题，亦是一个现实性的实践问题。具体到民族地区乡村教育变迁问题方面，文化差异对村寨教育变迁有着突出的影响，主要表现在以下几个方面。

（一）汉侗文化差异对肇兴现代学校教育变迁的消极影响

汉文化与侗族文化的差异，在客观上影响着肇兴村寨教育的变迁，具体而言就是汉文化与侗族文化的差异，使处于侗族文化中的村寨教育活动承担着传承发展双重文化的任务，可能导致村寨教育变迁陷入"文化冲突"的困境，其自身发展较汉文化中的教育更为艰巨。因为，汉文化下村寨教育的发展只需立足自身文化特点即可，但是侗族文化下肇兴侗寨教育的发展既要立足侗族文化又要顺应汉文化，使其较汉文化下教育的发展更为艰巨，主要表现在村寨教育目标定位及教育内容的选择两个方面。以汉侗文化差异对肇兴侗寨教育变迁的影响为例。

1. 肇兴侗寨教育目标定位的复杂性影响教育变迁

从村寨社会、乡村个体发展角度来看，要以侗族学生熟悉的侗族文化为基础，面向肇兴村寨经济社会发展，还需要接受和融入汉文化；从个体发展与社会发展关系来看，肇兴村寨教育的目标定位要将个体的教育需要与社会发展需要相结合。但是要怎样结合，目前学界尚未形成统一的认识。这个问题是村寨教育发展的重点问题也是难点问题，无论是在侗族文化和汉文化之间出现定位偏差，还是在个体发展需要与社会发展需要之间出现偏差，都会影响肇兴侗寨教育的发展和变迁。

2. 肇兴侗寨教育内容选择的复杂性影响教育变迁

教育目标的实现需借助教育内容的选择来实现。肇兴侗寨教育目标定位的复杂性，决定了教育内容选择的复杂性。首先，村寨教育内容的选择需要符合乡村经济社会发展需求；其次，需要符合汉文化的教育目标；再次，需要兼顾侗寨个人的教育需要与侗寨经济社会发展的需要；最后，还需要考虑到侗族学生升学与就业的综合需求，是故，肇兴侗寨教育内容的选择是比较复杂的。

然而，实际情况是，目前尚未有一个客观的、普遍适用的、具体的选择标准，导致了在现实的侗寨教育教学实践中，如何使教育内容的选择避免上述矛盾就成

了难以克服的问题。因此，对侗寨教育内容的选择经常会出现偏颇，以至于影响教育活动的顺利开展，最终对肇兴侗寨教育变迁产生影响。

（二）城乡文化差异对肇兴现代学校教育变迁的不利影响

城乡之间的文化差异是肇兴侗寨教育变迁的重要因素之一。城乡文化差异体现在教育方面，就包括了城乡个体对村寨教育的态度、需要程度、需要什么样的教育等方面的差异。城乡之间客观存在的文化差异越大，对肇兴侗寨教育变迁的影响也就越大。

1. 城乡文化差异影响肇兴村寨学校教育自身的变迁

笔者在肇兴侗寨的几次考察期间发现，与黎平县城相比，肇兴村寨因城乡文化的差异，使村寨教育与县城教育之间的差距变得更加显著，这种变化体现在各个层次上，呈现出多样化。因城乡文化差异造成村寨教育发展的诸多问题中，农村学生的厌学问题十分明显，并日渐严重，不利于肇兴侗寨教育的正向变迁。以下是对肇兴侗寨中学几位学生的访谈内容①节选。

问：为什么想读书，你们读书的目的是什么？

A～E：现在没有文化是不行的，读书识字学点文化，以后出门或者打工时会用得着。

问：自己是否想继续读书？

A、B、E：想。

C、D：读完初中就不想在读了，反正学不懂，还不如外出打工挣钱去。

问：是否想上大学？想读书到什么程度？

B、D：想读大学，但是成绩太差，估计考不上。我们把初中念完就行了，县城里的高中也考不上。

问：你是否想到县城上学？

A、D、E：想。

B：只要能考上高中就想去，但是我爸妈说家里条件不好，县城学校开销太大，即便能考上，我家里也不一定能提供我的费用。

C：不想上，没有意思，要住校还要天天待在教室里，不能上山捉老鼠、捉鱼，也不能随便晒太阳了，太累了，还要交很多钱。

问：你们在学习中遇到的最大的困难是什么？

A：老师和教材里讲的内容和在我们的生活中很少见到，很多内容从未听说过，就不感兴趣了。

---

① 根据访谈记录整理所得，字母代表不同的学生，访谈时间为 2014 年 12 月。

　　E：家庭太穷，要省吃俭用才能减少花费。

　　C：学校老是强调升学率、及格率，烦得很，不想听。

　　D：会说汉语，但是不理解课本中汉语表达的是什么意思，听不懂内容。

　　问：你们认为农村学校和城市学校之间存在的主要差别有哪些？

　　A：城市学校条件好，学习风气比较好。

　　B：花费比较大，在农村学校上学花不了多少钱。

　　C：城市学校管得严，对学习成绩的要求较高，农村学校的要求要低些。

　　D：城市学生的汉语水平都比较高，老师的水平也好，估计我去城里能听懂课程内容了。

　　E：城市学校人太多了，只注重学习成绩，而在我们这里，大家都互相认识，不会觉得太孤单吧。

　　……

　　从以上的访谈内容可以发现，城乡文化差异致使城乡教育活动之间存在着显著的差异。具体表现为：第一，在是否需要教育方面，肇兴村寨呈现出了潜在的教育无用趋向，对教育的需要程度偏低，没有像城市一样对教育的需要保持较高的程度；第二，在需要什么样的教育方面，肇兴侗寨乡民的教育需要体现出短视、实用及低层次的特点。在对家长的访谈调查中，也存在同样的现象，当笔者询问是否愿意让子女接受教育时，绝大多数家长的回答都是支持子女上学，但仔细分析能够发现，实际上肇兴侗寨的许多家长对子女接受教育并没有巨大的热情或动力，有相当一部家长认为子女接受教育的目的就是认识几个字，只要不是"睁眼瞎"就行了。在与家长和乡民进行多次访谈后笔者发现，肇兴侗寨的家长是否支持子女上学的两个重要影响因素有两个：一是家庭经济条件，二是学生学习成绩。家长只考虑到了这两个外部因素，却没有考虑教育会对子女长远发展发挥积极的。所以成绩差和家庭经济困难，可以浅层次地解释家长为什么不支持子女读大学，但这样遮蔽了根本原因，即家长看不到子女读书带来的长远效益，在权衡教育投入和产出后，对子女读书不予支持，认为让子女接受教育是浪费时间，读书无用论再次有了存在的市场。与之相比，一般情况下，城市的家长对子女教育的期望普遍较高，重视从长远的角度评价子女接受教育的意义和价值。

　　2. 城乡生活方式差异影响侗寨学校教育需求的变迁

　　什么是村寨教育和城市教育之间产生差异的原因？可以从个体的文化背景或者个体的生活方式中找到答案，即个体的生活方式是根本原因且影响着村寨教育的变迁。

　　那么，什么是生活方式？这是首先应该清晰的问题。有学者指出，"生活方式概念是一个有着丰富含义的具有主体性综合性意义的概念，通过它可以较为全面、生动、直接和具体地反映作为主体的人们的生活状况，以及考察和分析制约人们生活方式的客观生活条件和主体自身的生活价值观念"[①]。马克思、恩格斯在著作中并没有对生活方式一词进行明确的定义，虽然在他们的著作中多次提到或使用这个词汇，但也只是根据研究的需要，在考察分析问题时从不同的角度使用生活方式这一词汇。不过，从他们对生活方式一词的使用范围进行分析后可以发现，马克思、恩格斯两人所指的生活方式，几乎涵盖了人的所有生活领域。有学者在马克思、恩格斯研究的基础上，对农村生活方式进行了界定，认为农村生活方式就是"农村居民的系统化、模式化生活活动的典型形式与总体特征。广义的农村生活方式是指农村居民的全部生活方式，包括劳动生活方式、消费生活方式、闲暇生活方式、政治生活方式等。狭义的生活方式专指消费、闲暇生活方式"[②]。基于对该概念所具有的丰富内涵的理解，本书中的生活方式特指广义的生活方式。我国农村地区的生活方式具有几个显著的特点："家庭是生产生活的基本单位，血缘和地缘关系浓厚；经济收入与消费水平低；文化落后，现代科学技术应用较少；社会封闭，乡土观念浓厚，安土重迁，思想较为保守。"[②]将肇兴侗寨乡土生活方式与城市现代生活方式进行全面的比较后，可以发现城市生活方式表现出了完全不同的特点："家庭的规模和功能缩小；人际关系以业缘关系为主；社会分工和职业结构复杂；经济收入和消费水平都较高；文化生活丰富多样；社会开放、流动性强，思想较为开放。"[②]城乡生活方式的显著差异决定了农村教育与城市教育是不同的，因此，肇兴村寨教育的变迁受到村寨传统生活方式的影响，显现出一定的封闭性、滞后性。

综上所述，文化因素对肇兴侗寨教育变迁有多方面的重要影响，体现在方方面面，上述内容主要从文化变迁、多元文化差异等角度论述了文化因素对肇兴村寨教育变迁的影响，既有正面积极的影响，也有负面消极的影响。本书比较全面地阐释了文化因素为什么、怎么样影响了肇兴侗寨教育的变迁，有助于研究者在具体的教育教学实践中，科学正确地认识到文化因素对民族村寨教育变迁的影响是一个非常复杂的问题。比如，在学校教育场所内，在课程设置与内容选择时，如何将汉文化知识与侗族文化或者某个少数民族文化知识有机的融合在一起，如何在培养侗族学生对自身文化的情感认同的同时，还能够顺利地接受汉文化的思想价值体系和情感表达等内容，最终促进肇兴侗寨教育及民族村寨教育的健康发展与进步？

---

① 徐勇. 马克思恩格斯关于生活方式问题的基本思想探讨[J]. 马克思主义研究，1986，（3）：275-289.
② 廖盖隆，孙连成，陈有进. 马克思主义百科要览[M]. 下卷. 北京：人民日报出版社，1993：1629-1630.

四、个人教育需要及价值观变化促使肇兴侗寨教育发生变迁

在当前经济全球化不断加速的时代里，任何一个国家或民族都不可能处于孤立的境地来发展自身，唯有在彼此的相互交往和依赖中才会有所发展。这对我国广大的民族地区同样适用，全球一体化进程已经对广大民族生活区域造成了普遍的影响。而且，这个进程已经在很大程度上加剧了我国不同区域之间的社会、经济、文化、教育等方面的差距，使不同区域、不同民族群体之间的经济收入、受教育水平、文化程度等方面出现了加剧分化的现象。肇兴侗寨莫不如此，在我国实施西部大开发战略以后，这里也因经济全球化的扩张加入到了经济大发展的浪潮中。因其地处西南民族地区的三省交会之地，交通条件相对便利，当地丰富的侗族文化与历史资源使肇兴的旅游业获得了长足的发展，目前已成为当地社会经济的支柱产业之一，村民都想在村寨旅游经济中分一杯羹汤；另外，肇兴侗寨处于中亚热带温暖湿润季风气候带之内，全年雨水充沛，温度适宜，无极端的酷热或酷寒天气。这样的气候比较适合杉树等经济树种的成长，当地出产的木材质量好，广受欢迎，远销到全国各地，大量的外来人口到此寻找商机，进行木材及山货贸易，当地一些有胆识、有文化的聪明人也借着旅游业和木材贸易先富裕起来。村寨乡民之间的贫富差距日益被拉大，也使得当地越来越多的人受到了来自村寨内外各种因素的冲击，他们原有的意识形态和行为方式逐渐发生变化，原有的自给自足的生存状态逐渐被追求高收入的生活所取代，经济收入的多少逐渐成为衡量个人或家庭成功与否的主要指标，并日渐成为肇兴侗寨乡民的生存理念。

当下中国社会的许多问题不是因为社会现代化程度低造成的，而是由当今客观存在着的城乡差距、区域差距、族群差距、阶层差距四大差距导致的。这四大差距直接导致了我国社会资源分配的不合理，在现实生活中表现为城市优于农村、东部优于西部的特点①。于是，作为民族地区少数民族聚居的农村，肇兴侗族村寨已成为主流社会发展表述的对象，侗寨教育成为促进社会发展的主要环节之一。弗·布罗日克（V. Brozik）曾言："目标明确的行为正是在价值取向的基础上产生的，这种价值取向是具有自我意识的主体的自觉的、有目的的倾向性的结果。"②肇兴侗寨的主体意识经历了主体的虚无、异化到主体意识的觉醒、主体性成熟再到主体间性的变迁。具体而言，就是在经济利益的刺激下，村寨乡民的价值观念和生活方式也渐渐觉醒并发生了变化，逐渐由原来的重视农耕生产、轻视工商业、安土重迁、自给自足式的农业生产生活方式转变为重视旅游业和外出务工所获得的经济收入、轻视农业生产、重视经济投入与利润产出之间的关系等

---

① 关凯. 民族教育：愿望与现实之间的差距. 中国民族报，2006-11-17，6.
② 弗·布罗日克. 价值与评价[M]. 北京：知识出版社，1988：171.

内容。转变后的价值观使村寨教育主体的需要发生变化，然后变化了教育价值观和需要又对村寨教育的变迁产生直接的、显而易见的影响，是肇兴侗寨教育变迁的内在动力。例如，在子女上学问题方面就表现得极为突出，调查结果显示，如果子女在校的成绩较差，考不上大学，家长就会觉得通过上学接受教育没有什么价值，对他们而言，这就意味着读书没有实际价值和作用，还浪费了大量的时间和金钱；即使有人幸运地考上了大学，但在大学毕业就业时，在需要进行双向选择的客观现实面前，由于乡村社会处于整个社会系统的底层位置，绝大多数侗民家庭都缺少相应社会资本或资源的支持，这些家庭的子女不能从家庭获得助力，能否就业或者找到一份好工作依然是他们要面对的严峻考验，加之许多鲜活的大学生"毕业就失业"案例的存在，导致村寨家庭、侗族学生本人对教育投入所能带来的回报产生了质疑，"读书无用论"再次抬头。因此，在无法对各种不确定因素进行判断时，许多家庭及其子女往往都选择了放弃受教育权，转而追求那些能够直接改善家庭或者个人经济条件、生活水平的活动。笔者在调查中发现，因为当地的旅游业较为发达，村寨的第三产业还不能满足游客增长的需要，给村寨乡民留下了许多发财的机会，肇兴侗寨的一些家长为了追求眼前很容易实现的经济利益，以改善家庭的经济状况，往往对子女上学持无所谓的态度。如图 5-13 所示，在参加调查的 89 位家长中，有 75 位家长持支持态度，有 14 位家长持模棱两可态度，虽然没有家长明确反对子女上学，但是对子女弃学外出打工赚钱持支持态度。

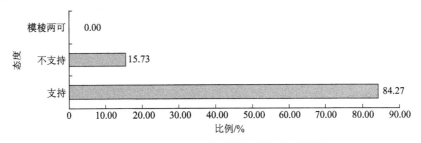

图 5-13　家长对子女上学的支持态度示意图

当人们的价值观偏向追求经济效益的时候，肇兴侗寨教育主体的教育需求和价值观也随之发生变化，会出现教育主体对教育的期望降低、读书无用论思潮越演越烈的现象。教育主体需要及价值观的变化对村寨学校教育产生了消极的影响，从整体上看，也对整个侗寨教育的变迁产生了消极影响。

由此可以看出，肇兴侗寨教育变迁的逻辑线索是：社会变迁—肇兴侗寨教育需求和教育价值观念变迁—肇兴侗寨教育变迁。该变迁过程的实质就是肇兴侗寨教育主体的发展和主体意识的觉醒过程。肇兴侗寨教育主体意识的觉醒及教育价值观念的转变是村寨教育变迁的内部动因。

五、村寨人口质量与结构的变化导致肇兴教育发生变迁

人口因素直接影响着肇兴侗寨现代学校教育繁荣变迁，一般从村寨居住人口的质量、分布和结构三个方面发挥作用。

（一）村寨人口质量影响肇兴现代学校教育变迁

人口质量对肇兴侗寨教育变迁有影响，一般主要体现在家长文化素质和学习者素质两个方面。家长的文化素质影响其对子女接受教育的态度、对子女的教养方式、课外辅导的好坏程度；学习者的素质影响村寨教育的整体文化环境，而教育的文化环境在形成后就具有相对的稳定性，然后会反作用于学习者，最终对村寨教育变迁产生影响。

1. 家长文化素质对肇兴学校变迁的影响

家庭教育的好坏影响着村寨教育质量的好坏。在家庭教育中，家长的文化素质影响其对子女接受教育的态度，还对子女的教养方式及课外辅导有着不容忽视的影响，具体表现为以下几个方面。

首先，家长受教育年限的长短与对子女教育期望呈正相关。有学者对母亲的文化程度对子女教育期望的影响问题进行研究，研究结果表明母亲的文化程度与对子女的教育期望呈正相关的关系，也就是说，母亲的文化程度越高，她对子女的教育期望就越高[①]。第二次问卷调查结果如图 5-12 和图 5-14 所示，母亲群体的文化程度偏低，小学学历达到82.02%，在回答母亲本人的文化程度高低对子女成长影响大小一项中，有超过一半的母亲认为没有影响，也显示出家长文化素质直接影响其对子女受教育的重视程度。

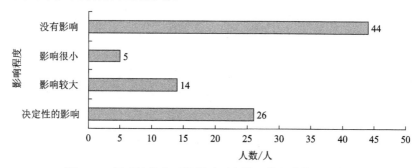

图 5-14　母亲认为自己学历对子女学习的影响统计示意图

其次，家长的文化素质对子女教养方式有直接影响。家长的文化程度与他们

① 刘守义，王春禄，刘佳君等. 农村母亲文化程度对家庭教育投资目的与期望影响的统计考察[J]. 统计与决策，2009，（6）：87-88.

采用什么样的方式来关心子女有直接的关系，一般情况下，家长的文化程度越高，对子女的教养方式就越科学。有研究结果显示，家长对子女的教养方式会随着其文化素质的提高而提升，从简单、粗暴向细致、耐心的方向发展，展现了由现象到本质、关心子女内心活动的实质性提升。

最后，家长的文化素质对子女学习辅导方式有直接的影响。家庭是子女社会教育最重要的场所，是子女身心成长、融入社会的最主要场所，也是学校教育的重要补充，与学校教育一起对子女产生影响，子女的课外学习一般都是在自己的家中完成的，家长文化素质的高低决定了他们给予子女学习辅导方面的指导质量和效果。

综上所述，家长的文化素质对子女的发展有着直接且重要的影响。家长文化素质水平的高低导致了家庭教育水平及效果的变化，并最终对整个村寨教育的变迁产生影响。

2. 学习者素质对现代学校教育变迁的影响

对肇兴侗寨而言，该村寨的学习者不仅包括肇兴中小学的学生，还包括肇兴村寨社会内那些主动学习的居民，两者共同构成了肇兴村寨教育的学习者群体，该群体综合素质的高低对村寨教育变迁有直接的影响。

特别是在学校教育场域内，如果学生整体素质较差，就会直接对学校教育教学质量、校风、校园文化环境等方面产生消极的影响，这些消极影响又会反作用于学生并影响学校的发展进步，最终对整个村寨教育的变迁发挥消极的作用。

笔者在肇兴初级中学的实地考察中发现，由于该校教学环境落后、条件有限且教学质量较差，致使当地优秀的小学毕业生基本都到县城的初中读书，另外还有部分家庭非常重视子女教育，为了子女有一个好的成绩，纷纷选择将孩子送到县城或者其他地区的优质学校内就读。这样的现实情况使升到肇兴初级中学的学生素质偏低，学校生源整体质量偏低，该校学生的学习成绩整体较差，尤其在数学和英语两个科目中表现得较为突出，学校生源质量偏低已成为提高学校教育教学质量的最大阻碍。2013 年 9 月中旬，该校组织了一场每位学生都要参加的英语知识竞赛，分为尖子班、普通班两大组，对获奖学生予以奖励。从各年级尖子班和普通班获奖学生最后成绩（表 5-4 和图 5-15）可以非常直观地看到，该学校学生的学习成绩较差，学校学生的素质整体较低。

表 5-4　肇兴中学英语知识竞赛成绩表

获奖等级	年级	分数/分	
		尖子班	普通班
一等奖	七年级	87	65.5
	八年级	71	67
	九年级	53	39

续表

获奖等级	年级	分数/分	
		尖子班	普通班
二等奖	七年级	75	62.5
	八年级	69	49
	九年级	52	38
三等奖	七年级	72	55.5
	八年级	63	43
	九年级	47	34

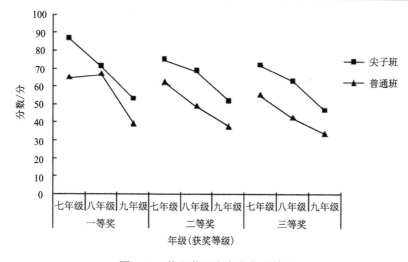

图5-15　肇兴英语竞赛获奖成绩表

因学生整体素质较差的消极影响，该校形成了非常消极的学校文化氛围。主要表现在两个方面：一方面，学生学习成绩差，严重挫伤了任课教师的工作积极性和热情，教师无法在工作中实现自己的职业价值，使教师对学校发展持悲观的态度；另一方面，低学业成绩对学生学习态度及学习期望产生了严重的负面影响，使学生对继续接受教育产生怀疑，消极应付学习，学生之间的学习氛围比较消沉且低迷。因此，较低素质的学习群体会对肇兴村寨教育的发展进步产生消极的阻碍作用，最终对侗寨教育整体的变迁产生消极的影响。

（二）人口分布影响肇兴现代学校教育的变迁

肇兴侗寨是肇兴乡政府驻地，处在全乡的中心位置。截止到2014年底，肇兴全乡总面积133平方公里，辖22个，162个村民小组，56个自然寨，侗、苗、水等民族聚居。截止到2014年底，全乡共计5231户，22 003人，100%为少数民族，其中侗族人口占 90%。人口分布对肇兴侗寨教育变迁的影响，主要体现为影响村寨教育规模与布局等方面，诸如影响了侗寨社会教育活动开展的规模、参加人数，辐射村寨教学点分布等方面的变化。肇兴全乡有中小学 14 所，独立中学 1 所，中心小学 1 所，村级完小 6 所，教学点 6 个，农民文化技术学校 23 所，学校、教学点分布的具体情况如表 5-5 所示。

表 5-5　肇兴侗寨及辐射村寨学校、教学点分布统计表①

村寨名称	与肇兴侗寨距离/公里	海拔/米	户数/户	学校名称	校内存在年级	在校生人数/人
肇兴	0	410	1118	肇兴小学	1～6	373
归杩	3	400	169	0	0	0
纪堂	1.5	670	385	纪堂小学	1～6	170
登江	2	690	227	0	0	0
厦格	2.5	710	147	0	0	0
厦格上	2.5	710	262	0	0	0
宰柳	7.5	580	94	宰柳小学	1、3、4	13
岑所	4	590	224	岑所小学	1、2、3	22
新平	9	340	160	新平小学	1、2	175
归公	5	440	241	归公小学	1、2	10
花腊	8	710	220	花腊小学	1、3	14
堂华	13	680	218	堂华小学	1、2、3、4	32
皮林	13	310	742	皮林小学	1～6	292
平团	22	830	167	平团小学	1、2、3、4	38
堂安	3.5	840	183	0	0	0
高鸟	15	910	208	0	0	0
信洞	17	340	130	0	0	0

　　分析表 5-5 内容可知，村寨是否设立学校最重要的依据是该村寨的人口数量和分布状况，越是地理位置偏远的村寨，人口就越少。一般情况下，没有学校或者教学点的村寨，至少受到了村寨人口户数少、海拔过高、地理位置太偏僻三因素中的某一因素的影响，如归杩、信洞、厦格村，而有的村寨则受到三个因素的

---

① 资料来源：黎平县肇兴镇二〇一四年人口统计表[G]. 肇兴中心小学，2014；黎平县肇兴中心小学 2013 至 2014 学年班级情况统计表[G]. 肇兴中心小学，2014；《黔东南年鉴》编纂委员会.黔东南年鉴[Z]. 昆明：云南出版集团公司，2013，2014；黎平县地方志编纂委员会.黎平县志(1985~2005 年) [M]. 下册. 贵阳：贵州人民出版社，2009：165-167.

共同影响,如堂安、高鸟两村,最终形成了目前的学校教育布局。肇兴地区分散的学龄人口对农村教育发展提出了较高的要求,作为侗族聚居的少数民族地区,这里的基础教育不仅要考虑如何提高教育质量,还要按照国家提出的就近入学的指导方针,在方便各乡村适龄儿童就近上学的同时,尽可能节约办学成本和教育资源,将优质资源集中重点办学。但是因资源有限,村寨人口分布的现状并不容易被打破,在学校布局调整工作中,民族农村又产生了新的问题,诸如偏远村寨低龄学生隐形辍学问题、村小教学点师资匮乏问题、撤并后大量村级教学硬件资源闲置浪费等问题,对肇兴村寨教育的发展与变迁产生了消极的影响。

　　分析肇兴侗寨全乡的学校及村寨教学点的分布状况可以发现,该镇人口分散、教育资源有限,不能做到集中优势教育资源与方便所有学生入学的协调统一,根据人口居住区域设立学校,人数少的村寨不设小学,只有教学点,仅在人口较多的村寨设立1～6年级完备的小学。如肇兴大寨有1118户建有肇兴中心小学,皮林有742户建立皮林小学。这两所小学形制完备,包括六个年级,学校的教育资源丰富并且还在不断得到改善,与其余的村小和教学点相比,教育教学设施有保障,但是将村寨人口较少的、偏远的村寨如归杩、堂安、高鸟、信洞的学生,都集中到中心小学寄宿读书,显然违背了就近入学的原则。另外,在人口较少、地理位置偏远的基层村寨内设立村级小学、教学点的措施,虽然方便这些小村寨学生就近入学,但是这些学校的教学软硬件都无法得到保障,处于低水平、不够用的尴尬境地(对比见图5-16)。因此,肇兴村寨居住人口的分布状况,对现代学校教育有着显著、客观的影响,最终会对该村寨教育的变迁产生积极或者消极的影响。

　　(a)宰柳小学教室　　　　　　　　　　(b)肇兴中心小学教室

图5-16　宰柳小学与肇兴中心小学教室对比图

(三)人口结构影响肇兴侗寨学校教育变迁

　　人口结构是一个国家或地区的总人口中,年龄、性别、阶级、婚姻、就业及教育程度等社会人口特征的分布状况和关系状况。一定时空下某个区域内的人口结构会对该区域内的人口变化、社会发展有着全面的影响。一方面，人口结构是人口再生产的社会基础，也是未来人口过程的基础；另一方面，人口结构是社会发展的基础和条件，对社会发展起着促进或者制约的作用。其中，人口年龄结构是人口结构中最基本的组成部分，是社会构成的一部分，就是指一定地区内各年龄组人口在全体人口中的比重，通常用百分比来表示。

人口结构主要表现在年龄结构、性别结构、阶层结构、文化结构、职业结构和家庭结构等方面，各方面共同对社会的发展变化发挥作用。前文中已对人口质量、人口分布两个方面详细论述了人口因素对肇兴侗寨教育变迁的影响，事实上，肇兴侗寨现有的人口结构也直接影响着侗寨教育的变迁，并通过前述的村寨人口质量和人口分布这两个因素发挥作用，主要表现在年龄结构、性别结构、家庭结构、知识结构几个方面。随着我国多年计划生育政策的推行、城镇化建设步伐的加快、农村大量青壮劳动力外出务工等社会潮流的影响，当前我国广大农村的人口结构发生了巨大变化，主要表现为：第一，人口的年龄结构出现了明显的变化，即基层农村里空巢老人和留守儿童这两个群体的规模不断扩大，人数不断增加；第二，村寨人口性别结构发生变化，大量青壮年男性外出打工，将妻子留在家中照顾老人和子女，留守妇女的人数不断增加，改变了村寨中青年人口的性别结构；第三，家庭类型的结构发生变化，隔代家庭、不完整核心家庭（详见第二章第三节）的数量不断增多，而传统大家庭和完整核心家庭的数量不断减少，这几个方面已成为农村发展进步时必须要全面考量的现实问题。在肇兴侗寨，这里的人口结构呈现出两头大，中间小的年龄、性别结构，直接影响着该村寨教育的变迁。特别是受到家庭及结构类型变迁的影响，"空巢老人+留守儿童"这样的家庭数量连年增多，对村寨教育的发展和变化产生了深刻的影响，通过人口质量和人口分布两个方面表现出来。笔者在第四章第四节有关人口质量、人口分布影响村寨教育搬迁的内容分析得出结论，因父母外出打工、空巢老人隔代抚养年幼家庭成员而造成的儿童家庭教育缺失问题分析内容，就是人口结构因素直接影响村寨教育的外在表现，因此，在肇兴侗寨，这些人口结构方面的变化最终会影响到整个侗寨的教育变迁。

一言概之，人口因素对肇兴侗寨教育变迁的作用是直接的、显而易见的。人们在分析人口因素对教育的作用时，应当明确地认识到人口因素并非静止不动的，而是一个随着时代变化发展本身也在不断变化着的、渐进的现实过程。因此，在分析民族地区村寨教育变迁历程，进而制定对应的民族村寨教育发展规划时，必须要充分考虑到该区域内不断变动着的人口因素的影响，以避免制定的教育规划因脱离人口因素的现实情况而难以实施。

总之，肇兴侗寨教育变迁是各因素共同作用的结果，但是，在特定的现实社会背景下各个因素对村寨教育变迁的影响是不同的。纵观肇兴村寨教育变迁的历史可以发现，该村寨的生产力发展水平越是落后，自然地理环境是村寨教育活动的物质基础，自然物质基础制约生产方式，生产方式决定着生活方式及村寨教育发展，生产力水平越高，自然地理环境对侗寨教育变迁的影响就越显著，反之生产力发展水平越高则影响越小；政治因素对肇兴侗寨教育变迁的影响在不同的社会阶段，随着社会对教育的关注程度的不同而有不同的变化，在政治动荡时期表现得尤为突出；文化因素一直是影响肇兴侗寨教育变迁的重要因素，在多元文化的背景下文化因素对肇兴侗寨教育变迁发展的影响在逐渐增强；人口因素对肇兴侗寨教育变迁的影响与村寨经济和社会发展差异呈正相关；村寨主体的教育需要和价值观的变化是村寨教育变迁的内在根本原因；肇兴村寨教育自身的发展变化体现了教育合规律合目的的统一，而科学技术的传播普及则是村寨教育变迁的有效推动力。

第六章　肇兴侗寨教育变迁的历史透视

社会存在即社会物质生活的过程及条件，是社会生活的物质方面，包括自然环境、人口因素和物质资料生产方式，其中，物质资料生产方式是主要的、决定性的因素。社会意识即人的精神活动及产品，是社会生活的精神方面，也是社会存在的反映，包括宗教、哲学、艺术、政治法律思想、道德和科学等社会意识形态及习惯、情感、传统、风俗等。社会存在决定社会意识，社会意识具有相对的独立性，并且能动地反作用于社会存在。

社会变迁是社会发展、进步、停滞、倒退等一切现象和过程的总和，它既包含某个社会的进步和退步，如社会向前、向上发展，又包括社会的整合和解体，如封建王朝的更替。社会变迁涉及社会生产与生活的各个领域，按照内容分类，可分为社会政治体制变迁、经济结构变迁、价值观变迁、人口群体变迁、生活方式变迁、文化科技变迁、自然环境变迁等；按照表现形式分类，可分为整体或者局部的社会变迁、逐步发生或者突然发生的社会变迁、进步或者退步的社会变迁等。从历史上看，人类的发展本身就是一部社会变迁史。早期的社会变迁往往是自然发生的过程，随着现代社会的到来，政治革新、经济发展、农业工业和第三产业的发展、文化教育的发展等，都被纳入到有计划、有目的、有阶段的发展轨道之中，因此表现为有明确计划性的社会变迁过程。分析社会变迁，可以采用多种方法从不同的角度进行。其中，村寨教育是整个乡村社会的一个子系统，它的变迁必然与整个教育变迁和社会变迁密切联系、息息相关。

第一节　肇兴侗寨教育变迁的一般原理探析

肇兴侗寨教育系统作为村寨社会大系统中的子系统之一，它的变迁必然受到村寨内外部因素及自身发展规律的深刻影响，并保持着一定的独立性。侗寨作为一个相对完整的乡土社会系统，亦会随着时代前进而发生必然的变迁，无论是村寨内外的经济、政治、民族文化等因素，还是自然环境、人口因素及村寨教育自身，都在向前迈步且相互影响。具体而言，经济层面的生产实践活动、生产力发展水平是村寨教育变迁的重要物质基础；政治层面的不同时期国家政治制度和政策是肇兴侗寨教育变迁的外部主导力量；文化层面的侗族文化变迁是肇兴侗寨教育变迁的深层次原因；观念层面的不同历史时期村寨乡民不同的教育需求和教育观是肇兴侗寨教育变迁的内在动因；村寨教育自身的变迁则体现了教育合规律性与合目的性的统一。

一、社会经济发展水平是肇兴侗寨教育变迁的物质基础

教育与经济相互制约、相互影响，在教育与社会关系中是一对最基本的关系，两者之间的相互制约、相互影响不仅是客观的、具体的，而且总是生动地体现在不同历史时期具体的教育实践活动中。其中，教育变迁与经济发展之间的关系与互动就是一个具体的教育实践问题。本书立足教育与社会基本关系原理，通过单向度的分析揭示村寨经济因素是如何影响肇兴侗寨教育变迁的。经济因素对肇兴侗寨教育变迁的影响主要有两个方面：第一，生产实践是肇兴侗寨教育变迁的物质基础；第二，生产力发展水平是肇兴侗寨教育变迁的重要因素。经济因素通过具体的社会生产实践和生产力发展对肇兴侗寨教育产生深刻的影响，最终促进了村寨教育的变迁。

物质资料的生产是社会存在和发展的基础，而物质生产的发展变化，始终是从生产力的发展变化开始的。经济结构、经济体制和相关制度的变迁深刻地影响着教育结构的调整、教育资源的分配、教育内容的演化、教育价值观念的变化等。肇兴侗寨教育变迁历程也蕴含着这一原理，侗寨生产力发展水平的每一次重大变化，都对侗寨教育实践产生明显的影响，侗寨教育就会随之发生与生产力发展水平相适应的变迁，即生产力发展与侗寨教育变迁之间存在密切关联，生产力发展水平的变化是肇兴侗寨教育变迁的重要影响因素。

长期以来，我国实行的是优先发展城市教育或者重点学校的差异化教育投入政策，使得有限的教育资源在分配中集中到了城市学校或者重点学校，广大农村能够获得的教育资源就十分有限了。肇兴小学莫不如此，受社会时局严重动乱、经费极度短缺的影响，学校人数持续减少，至1949年中华人民共和国成立时，肇兴小学办学规模不断减小，在校学生人数也不断减少，一度减少到50余人。而改革开放后，肇兴侗寨的生产力发展水平有较大的提高，越来越多的家庭过上了富裕的生活，寨民手上有钱了，也愿意为村寨教育活动掏腰包。肇兴"礼团"的一位寨老回忆道：

> 我记得在八几年的时候，我们整个肇兴大寨要一起搞祭萨活动，时间为好几天。因为全寨居民都必须参加，包括外出打工的人都要回来，所以那次的花费就比较大，不过所有的费用寨民们都愿意共同分担，每个人要交四五十块钱吧，具体是多少记不清楚了。当时因为改革开放好几年了，

有些寨民手上的钱就多一些,他们就自发地多捐钱,几百上千的都有,我当时既是小学老师,又是礼团的寨老,自己有工资,就捐了一千元整。那年的祭萨活动搞得很大,周围的寨子都来人了,搞了好几天,很多年轻人就是在那时找的对象。参加祭萨的五个寨子都在鼓楼里踩歌堂、赛芦笙,小孩子最欢喜了,都跟着学唱歌。①

　　笔者在 2014 年 12 月第四次田野考察期间,通过与肇兴中心小学陆仕文校长的交谈也证实了这一论点,他认为,正是由于我国现阶段的生产力水平不断提高,整个社会的经济水平得到了巨大的提高,国家变得越来越富裕,村寨生产力水平才得到了显著提高。有的家庭为了让子女接受更好的教育会不惜重金为其择校,高额的择校费就成了学校获得的社会性教育资源。这都证明,不同时期生产力发展水平的高低决定了村寨教育资源的分配与获得状况,进而会对村寨教育结果产生影响。

二、政权更替与制度变革是肇兴侗寨教育变迁的政治因素

　　纵观肇兴侗寨教育变迁的历史可以发现,我国历史上不同时期的国家政治体制与社会形态的变迁是村寨教育变迁的重要的外部原因之一。不同历史时期的不同国家政治体制就会有不同的社会,相应地就会有不同的村寨教育活动,但是村寨内的学校教育始终具备的基本功能是:教育要为社会服务,要为国家政治体制服务。肇兴侗寨教育变迁和整个社会的教育系统变迁一样,深受不同历史时期下社会政治制度变迁的影响。

　　在肇兴建寨初期,整个地区还未被纳入到封建王朝的政治势力之下,还是"化外之地",当地侗族乡民由外地迁至此地居住,在不同的时代分别被蔑称为"南蛮""峒蛮""洞苗"等。那时的侗寨虽然已进入了封建社会,但是整个村寨社会还带有浓厚的、原始的民族自治色彩,尚无学校建立,村寨社会教育就是全部的村寨教育。在明清时期,特别是中央行政权力延伸到基层村寨后,明清政府为了满足巩固王朝利益和政治统治的需要,极重文治之功,采取了多种措施促进民族地区汉式学校教育的发展。在清朝道光年间(1821~1851 年),封建王朝加强在侗族地区推行以巩固政权统治、带有鲜明政治目的的文教制度,兴办学校,以汉文化为基本内容的儒化教育,将肇兴侗寨的教育纳入到封建文化教育体系之中。当时的清政府还对国内的各少数民族在教育上实行了一些对应的优惠政策,例如,在贵州包括肇兴侗寨在内的侗族地区,采取免收学费、发放补贴、放宽科举考试的录取标准等措施来促进传统学校教育的发展,

---

① 由礼团陆寨老口述回忆整理而成,访谈时间为 2014 年 12 月 20 日。

这些带有鲜明政治色彩的政策的实施，是当时侗寨教育发生变迁最直接的外部制度原因。

辛亥革命推翻了中国延续了 2000 余年的封建王朝统治，时局剧变，中华民国的成立直接促使全国的教育发生了变迁。随后，国民政府在 1922 年颁布了"壬戌学制"，标志着中国近代教育步入了非常重要的转折时期。虽然肇兴侗寨偏僻的地理位置和落后的交通条件，使整个村寨的变迁都滞后于外部世界，未如外界时局社会一样发生对应的、剧烈的动荡或变革，但是这里的教育最终还是受到了现代教育思潮的洗礼，进入了全新的发展时期。1935 年，在国民党统治期间，肇兴建立了第一所现代学制的学校，村寨教育得到了快速恢复，本寨及周边附属村寨的学生都在这所学校上学，为肇兴侗寨的社会进步、经济发展奠定了基础。然而，由于 1935 年整个国家几乎一直处于战乱频繁、政权分立及民族危亡的境地，国民政府有限的财力主要用于军备建设及战争支出，所有农村地区的教育得到的支持都是极其有限的。从抗日战争到解放战争，整整十几年的战争，对社会各项事业(包括乡村教育事业)的破坏是显而易见的，连年不断的战争、动荡的社会政治环境使侗寨肇兴教育始终没有得到应有的重视，肇兴侗寨教育再次进入低谷时期。

中华人民共和国成立初期至 1958 年，我国建立起了人民民主专政的政治体制，人民当家作主，全国的政治环境焕然一新，为社会各项事业的开展奠定了政治基础。当时的肇兴侗寨也是百业待兴，村寨教育同村寨各项事业都迈入了正轨并获得了蓬勃的发展。在寨内的各种社会活动中，人们运用传统的侗歌形式填词改编，在日常生产生活中传唱新中国、新政府，鼓舞号召寨民建设新中国；学校教育主要是接管旧学校，对旧教育制度和教育内容进行改造，建立和发展新型的教育体制。然而，好景不长，从 1954 年开始，受政治上要全面学习苏联政策的影响，学校教育也全面学习苏联，脱离了当时村寨教育的实际状况；1958 年后到改革开放前，全国的国民经济建设进入第二个五年计划时期，彼时的整个肇兴侗寨按照国家的要求成立人民公社，村寨侗民的日常生活和自古沿袭的生产劳作模式被打破，教育的发展也受到影响。

1978 年以后，国家开始重视教育事业的发展，开始注重对教育规律的研究。在此期间，国家对各类教育逐步进行改革，采用边调整、边探索更为科学理性的做法，从政治制度层面提供多种支持，教育事业逐步走入正轨，获得了历史上从未有的发展良机。肇兴侗寨作为民族地区少数民族聚居的村寨，该地的教育事业也步入了新的历史时期，在现代学校教育方面，学校办学模式开始出现多层次、多元化的发展趋势，村寨社会教育活动开始有所恢复并增添了新的内容；在村寨社会教育方面，因国家工作重点及目标转向经济建设和发展，村寨社会教育出现了新的问题如何解决则需要反思。

三、多元文化及信仰差异是肇兴侗寨教育变迁的重要原因

　　爱德华·伯内特·泰勒（Edward Burnett Tylor）认为，文化是"包括全部的知识、信仰、艺术、道德、法律、风俗以及作为社会成员的人所掌握和接受的任何其他的才能和习惯的复合体"[①]，是人类社会的特有现象。著名的英国学者汤因比（Arnold Joseph Toynbee）在《历史研究》中采纳了巴格比（Bagby）对文化所下的定义，即"文化是一个社会成员内在和外在行为的规则"[②]。列宁认为"每一个社会阶层都有自己的'生活方式'、自己的习惯、自己的爱好"[③]。这种生活方式就是文化，是人们在一定社会中形成的稳定的风俗习惯、心理定势、行为方式及价值观等内容的总和。生产方式决定生活方式，个体在不同的生产方式下会形成不同的生活方式。个体在不同的生活方式下形成的思想观念和行为方式是有差异的，具体到教育领域来看，不同生活方式下的教育变化是不同的。

　　文化有其特定的结构。有学者提出了"文化四层次说"[④]对文化结构进行阐释，该学说将文化由里而外分层，分出了信仰层、价值层、行为层和制度层四个层次，层与层之间是递进关系（图6-1）。

　　该学说认为，文化由内而外处于最深层的首先是文化的信仰层，即信仰的复合体，它包括对现实世界的终极关怀、对客观规律的认识等；其次是文化的价值

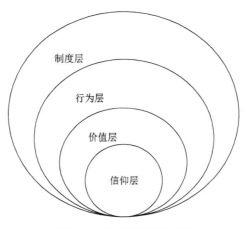

图6-1　文化四层次结构图

　　① 爱德华·伯内特·泰勒.原始文化[M]. 上海：上海文艺出版社，1992：1.

　　② 齐延平. 和谐人权《中国精神与人权文化的互济》. http://www.china.com.cn/aboutchina/zhuanti/renquan/txt/2006-12/13/content_7500281. htm[2014-12-20].

　　③ 列宁.《列宁全集》第二十五卷[M]. 中共中央马克思恩格斯列宁斯大林著作编译局译. 北京：人民出版社，1985：356.

　　④ 黄胜. 从"逃学"到"向学"——瑶山白裤瑶的学校教育价值取向变迁研究[D]. 西南大学博士学位论文，2011.

层，由文化的信仰层衍生而成，表现为对真、善、美与假、恶、丑的价值判断标准，决定了个体行为习惯的目的、风格、特征等内容的选择或生成；再向外的第三层是文化的行为层，是由文化的价值层衍生而来的个体的一般行为习惯，如个体的交往、工作、游戏、劳动和日常生活中的衣食住行等活动的行为模式；最外层是文化的制度层，它源于里边三层，又维护里边三个层次的平衡，主要包括国家、经济生产、宗教、教育等机构。

　　人类社会的每一位个体都生活在文化之中，在日常生活中感受文化并受其影响，被文化潜移默化地影响着，同时又发展和创造着新的文化。因此，文化变迁是客观的、必然的，没有哪种文化能不受任何外来文化的影响而孤立存在于现实的世界里。"文化是植根于社会生活中的，尽管每一种文化都有其自己形成、发展的规律，但它们都打上了其所处的人类社会的烙印，带有鲜明的时代特征，并且种种文化的演进与所处社会的变迁是相互促生的。"[1]克莱德·伍兹（Clyde Woods）认为："文化总是处在一个恒定的变迁之中，变迁是没有什么固定模式可言的。"[2]马克思、恩格斯早也指出："人们的观念、观点和概念，一句话，人们的意识，随着人们的生活条件，人们的社会关系，人们的社会存在的改变而改变。"[3]也就是说，文化变迁是社会历史发展的必然，是社会变迁的重要内容之一，文化变迁对主体的需要、思想、价值观的变化有着非常重要的影响。肇兴侗寨的文化变迁，一方面受到了村寨社会整体变迁的影响，另一方面也是侗族文化主动做出改变的结果。

　　把文化层层解剖后，可以清晰地分析文化，更有利于探讨文化的变迁。本书认为，运用文化层次结构理论分析肇兴侗寨教育变迁，有助于深刻认识肇兴侗寨的文化变迁对教育变迁的影响，具体内容如下。

　　1. 肇兴侗族文化的信仰层发生变迁

　　从肇兴侗族文化的信仰层来看，最初人们信仰自然神灵、萨岁、祖先，相信人死灵魂不灭等。现如今已发生了变化，人们既坚持祖先崇拜、萨岁崇拜、信仰自然神灵，也信仰无神论和马克思主义；信仰神灵与信仰科学知识技能同时存在，人们生病了既请巫医治疗也去医院治疗。

　　2. 肇兴侗族文化的价值层发生变迁

　　从肇兴侗族文化的价值层来看，过去乡民的人生目的是家人安康、衣食无忧，有衣穿、饭吃饱、能喝酒、会唱歌就觉得幸福。现如今已发生转变，他们相信知识

①　王克婴. 中国文化传统、社会变迁与人的全面发展[M]. 天津：天津人民出版社，2007：173-174.
②　克莱德. 伍兹. 文化变迁[M]. 何瑞福译. 石家庄：河北人民出版社，1989.
③　马克思，恩格斯. 资本论[M]. 第二卷. 中共中央马克思恩格斯列宁斯大林著作编译局译. 北京：人民出版社，1975：291-292.

技能可以致富，积极支持子女上学，认为有文化、有学历、能挣钱才是幸福。针对肇兴侗寨村民及学生家长的问卷调查中，关于子女读书目的、期望子女最终学历的调查结果也证明了这种转变。调查显示，有75%的寨民希望子女通过读书成为有文化、对社会有用的人才，19%的寨民期望子女通过上学能找个好工作，如图6-2和图6-3所示。

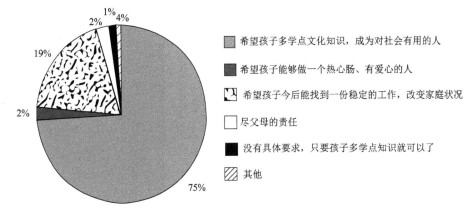

图 6-2　家长、村民关于子女读书目的认同示意图

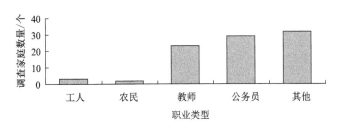

图 6-3　父母期望子女职业类型分布图

笔者在和多位村民的访谈中，他们也说出了一致的观点，部分访谈内容如下：

"家家户户都希望自家的子女能好好学习、多学点知识，都主动地送自己的小孩去学校读书，就是为了让他们能够有知识、有文化，未来能和其他族的人一起工作，过一样的生活。""如今我们这里的旅游业发展的还可以，各家各户都参与到旅游生意当中，要是自己的小孩能好好读书、学到文化，就可以给家里帮忙，帮助家长接待外来的游客。"①

3. 肇兴侗族文化的行为层发生变迁

从肇兴侗族文化的行为层来看，过去表现为：自给自足的山地丘陵稻耕生计

---

① 根据访谈记录整理，访谈时间为2013年10月和2014年6月。

方式，住全木干栏式吊脚楼，食糯禾、穿侗布，族内交往、通婚、踩歌堂、行歌作月、赛芦笙、抬官人，讲祖宗迁徙史、萨岁抗敌等故事，拜祭萨神、水神、祖先等神灵，鼓楼议事，起款结盟。现阶段已变迁为：旅游业发展迅速，农耕不断减少，外出务工者越来越多，建立油茶基地、种养殖基地，肇兴侗寨男子娶外族女子及妇女外嫁已有多例，住砖木混建吊脚楼，普通大米和糯禾同吃，穿戴现代衣物，侗歌班解散，青少年不再在鼓楼里踩歌堂、行歌作月，民族历史即传统文化故事无人讲听，侗歌等活动成为商业表演节目，绝大多数人平时不再穿戴侗族服饰，拜祭萨神、祖先、水神等活动不再按时举行，也不如以前隆重了，村寨社会教育活动消逝，学校成立表演队参加各种竞赛，学校教育的规模不断扩大，教学质量继续提高，变迁趋势明显。

4. 肇兴侗族文化的制度层发生变迁

从肇兴侗族文化的制度层来看，过去主要表现为：款组织、补拉组织、寨老制存在，完整传统大家庭为主要家庭形式，族约、款约、禁忌、习惯法的约束。现如今已变为：不完整核心家庭、隔代家庭数量占绝大多数，村委会、镇政府负责日常管理，寨老处于从属地位，款约、族约、禁忌、习惯法的作用减弱，民事纠纷找政府、按照现代法律解决，实行联产承包责任制，中小学校与村寨社区和谐相处、共同发展。

总之，随着社会的变迁，肇兴侗寨赖以生存的天地系统和人文系统发生变迁，侗族文化信仰、价值观、行为、制度四个层面不断受到主流文化和其他民族文化的影响，也在发生变迁。为了适应改变了的、新的天地人文系统，肇兴侗寨在变迁的过程中必然会进行逐步的调适和自我改变，也必然包括对村寨教育的需要、价值取向等内容的调适和改变。正如有位学者所言："促使民族文化发生变迁的原因主要有两点，一是由民族内部的变化而引起；二是由自然环境的变化及社会环境的变化而引起，如迁徙、与其他民族接触、政治制度的改变等。当环境发生变化，社会的新成员以新的方式对此做出反应时，便开始发生变迁。"[1]

从肇兴侗族文化变迁的内容及历程可以看出，肇兴侗寨教育也随着文化的变迁而发生了变迁，文化变迁与肇兴侗寨教育变迁历程基本是一致的，文化变迁与肇兴侗寨教育变迁之间有密切的联动效应。文化变迁不仅改变了肇兴侗族乡民对人与社会、人与自然、人与人、人与自我关系的认识，还影响了肇兴侗寨教育的变迁。因为在文化变迁中，侗族文化逐渐认可并接纳了村寨教育的某些文化形式或者内容，并形成了新的文化内涵。有研究认为，"在观念层面上，社会文化形态的转型和演进体现了人的主体创造性。一种新的、先进的文化形态战胜并取代旧的、传统的文化形态，就会为社会发展带来极大的活力、解放被束缚的人的创

---

① 黄淑娉，龚佩华. 文化人类学理论方法研究[M]. 广州：广东高等教育出版社，1998：211.

造力，从而为社会发展提供前所未有的发展空间"①。在文化变迁中，肇兴侗寨教育不断调适和改变着自身价值取向以适应社会文化的变迁，体现了肇兴侗寨教育的主体创造性。文化变迁在一定程度上解放了肇兴侗寨教育价值思想观念，并提供了新的教育内容，是村寨教育变迁的深层原因之一。

四、肇兴侗寨教育变迁是教育合规律性与合目的性的统一

学术界普遍认为，社会历史的发展是合规律性与合目的性的统一。"动物只是按照它所属的那个种的尺度和需要来构造，而人懂得按照任何一个种的尺度来进行生产，并且懂得处处都把内在的尺度运用于对象；因此，人也按美的规律来构造。"②人类的社会实践活动，就是在客体所提供的可能性范围之内，不断实现主体自身目的、满足主体自身需要的过程。合规律性是相对于合目的性而言的，指人类的社会实践活动必须遵循客观规律，按规律办事，否则就会受到客观规律的惩罚；合规律性考察的是工具、手段和方法是否合理的问题，属于理性认知方面的范畴。合目的性是相对于合规律性而言的，指主体自觉趋向符合人类社会发展要求的性质；也就是人类的社会实践活动总是以满足不同群体的人的需要为目的，而不仅仅是为了活动而活动；合目的性主要关注主体的动机与目的是否正当、是否合理的问题，是一个价值论的范畴。合规律性与合目的性是人类社会实践活动的两个方面，两者内在地统一在一起。

肇兴侗寨教育变迁也体现了合规律性与合目的性的统一。这里的合规律性主要体现在三个方面：首先，体现了肇兴侗族乡民作为人的主体性的发展规律。从前面的分析得知，自明朝洪武六年（1373 年）建寨至今，肇兴侗族教育价值取向变迁的历程中，在封建王朝、国民政府、人民政府一系列国家权力机构的强制性、诱导性制度的影响下，在主流汉文化的"儒化"和带动下，肇兴侗族的主体性逐渐凸显、主体意识逐渐觉醒，这种逐步生成的主体性促使肇兴侗寨的侗族群体从最初封闭自足的社会教育走向接纳主流汉文化的教育思想，再走向主动探索外部世界先进教育思想、与外部交流沟通教育问题，使地区侗民的心态日渐变得开放、积极，并主动寻求有利于整个肇兴村寨及个体发展的教育路径。这个过程就是肇兴侗族作为人的主体性发展的重要体现和必然结果。其次，合规律性充分体现了教育自身的发展规律。肇兴侗寨教育变迁的过程，符合教育自身发展的客观规律。1935 年，肇兴建立了现代学制学校直到改革开放前，整个村寨教育无论是社会教育还是学校教育，都进入了一个曲折反复发展的历史时期，教育的规模、效果、质量还遭受了下降、停滞等挫折，但是即使如此，肇兴村寨教育的变迁还是符合

① 贺善侃. 当代中国转型期社会形态研究[M]. 上海：学林出版社，2003：176.

② 马克思. 1844 年经济学哲学手稿[M]. 北京：人民出版社，2008：58.

教育由简单到复杂、由低级到高级的发展规律的，与全国其他乡村社会的教育发展历程基本一致，总体上是在缓慢地提高的。改革开放后，肇兴村寨教育迎来新的发展机遇，村寨教育事业开始恢复，在社会教育方面，传统的社会组织、社会活动正常开展；在学校教育方面，学校积极实施教学改革，重视师资队伍的建设和教学水平的提高，将村寨扫盲和科学技术传播相结合，将民族文化引进校园课程，重视通过学校教育活动传承民族文化的活动，符合并体现了当前村寨教育事业的发展需要和发展规律，符合教育要服务于社会及人的根本要求，村寨教育走向正向、良性的变迁道路。最后，合规律性符合并体现了社会进步与发展的规律。肇兴建寨之初的百年时间里，还停留在自给自足的生产力发展水平的阶段，与外界的交流很少，尚未被纳入到封建王朝的统治版图，村寨社区及各种社会活动就是乡民的全部教育；随着清末王朝加强对西南化外之地的统治，肇兴侗寨及周边村寨被卷入整个中华民族发展前进的历史进程中，封建政府在这里推行汉化教育政策，这里的村寨社会及教育都随着整个社会的进步向前迈步，进入传统学校教育如私塾与村寨社会教育并存发展的时期；清末废科举到 1935 年之间，肇兴村寨教育随社会更替变迁而发生对应的变迁；解放初的肇兴侗寨，新旧政权更替，社会各项事业百废待兴，村寨教育迎来大发展，但是在 1958～1978 年，受当时社会、政治、经济等多方因素的影响，村寨各项事业发展受挫，村寨教育事业一样受挫，体现出社会环境对教育的制约；改革开放之后，政府积极引导肇兴侗民搞活旅游经济，大力发展种养殖业和乡村中小企业，肇兴侗寨自力更生、自主发展的能力得到增强，整个村寨社会发展前进的步伐加快，随之肇兴侗寨教育变迁也回归正途，进入快速发展时期，因此，肇兴侗寨教育的变迁，是符合并反映了社会进步与发展客观规律的。总之，肇兴侗寨教育变迁是肇兴教育本身逐步调适前进方向，逐步走向科学理性的过程，这种变迁过程是建立在当地乡民对肇兴教育发展的规律和社会发展的规律等方面的正确认识基础之上的。

合目的性在这里是指反映主体及社会进步与发展需要的程度。人的生存和发展的需要及其现实满足程度，是社会发展的基本出发点。人类追求发展的根本目的是为了满足人自身的生存和发展的需要。肇兴侗寨教育变迁过程，正是肇兴侗族为了适应不断变化社会及形势发展的需要，而不断调整自我的教育观、教育价值选择的过程，当地侗族通过调整和改变原有的教育取向而实现提高综合素质、满足不断增长的物质和精神需要、促进人与自然之间和谐发展的关系、改善人际关系，最终以提升个体生活质量的目标。因此，肇兴侗寨教育变迁是合目的性的具体体现过程。

总体来看，肇兴侗寨教育变迁反映了肇兴侗族主体性的发展规律、教育发展的规律和社会进步与发展的规律，是肇兴侗族的教育需求发生变化的反映，这种变迁是肇兴侗族不断追求自身完善，满足个体及整个村寨不断增长的物质和精神需求，改善人际关系，促进人与自然和谐发展关系的变化过程。总之，肇兴侗寨教育变迁体现了合规律性与合目的性的统一。

五、科学技术普及是肇兴侗寨教育变迁的智力支持

科学技术是第一生产力。科学技术作为社会意识形态的重要组成部分，本身既是教育内容的重要组成，又是推动教育发生变迁的重要因素之一，因为随着科学技术在社会上的传播与普及，人们的观念也会发生相应的变化，最终会作用于教育本身，使教育发生相应的变迁，具体内容如下。

1. 科学技术普及推动村寨教育观念发生变化

社会的发展依赖科技的发达，科技的发达依赖教育的进步。科技的发达程度对教育理念的转变起着关键性的作用。随着科技成为衡量各个国家综合国力的重要标志，我国实施了科教兴国、教育先行的发展战略。在 20 世纪的最后 20 年，国家面向农村地区开展科技培训、科技扶贫、科技大篷车、科技下乡、农民科技日等多种形式的活动，重视新的科学技术在广大农村的普及，为我国农村社会、经济、教育等事业的发展做出了贡献，人们的观念也随之发生了变化。肇兴侗寨莫不如此，随着科学技术在农村的普及，寨民的教育观念也发生着变化，越来越多的人意识到学习先进科学知识的重要性，意识到受教育的重要意义，越来越关注子女的教育，最终促进村寨教育的变迁。

2. 科学技术普及促使村寨教育自身发生变化

科学技术普及促使村寨教育自身发生变化主要表现为：第一，科学技术本身就是教育的基本内容。随着科学技术的不断发展，教育的内容也不断丰富和更新。在学校建立之前，肇兴侗寨的社会教育内容以传统侗族文化、历史、农业生产经验为主；从民国时期开始学习现代科学技术知识如数学、地理等；如今随着科学技术的飞速发展，村寨乡民所接受的教育内容增多，人们开始学习计算机知识、各种先进科技知识等。第二，科学技术普及为教育提供现代化手段。随着科学技术的不断进步，肇兴村寨教育的手段也在不断地更新。从最早的口耳相传到后来的专业教师定点教学，再到今天的多媒体教学，基于现代科技的多媒体与网络教学等突破了时空的限制，改变了传统的教学模式和方法，使村寨教育发生了巨变。第三，科学技术普及促进村寨教育体制不断完善。现代科学技术的普及加速了农村现行教育体制多元化的发展，如今肇兴不仅有体制完备的中小学教育，还有对应的农民科技培训学校和各种短期培训班，村寨的社会教育与学校教育之间的联系也不断增多，互补不足，使民族村寨的教育体制更加完备，从而使村寨教育发生变化。

总之，肇兴侗寨教育变迁是各因素共同作用的结果，但是在特定的现实社会

背景下各个因素对村寨教育变迁的影响是不同的。纵观肇兴村寨教育变迁的历史可以发现，自然地理环境是村寨教育活动的物质基础，自然物质基础制约生产方式，生产方式决定着生活方式及村寨教育发展，村寨的生产力水平越低，自然地理环境对侗寨教育变迁的影响就越显著，反之生产力发展水平越高则影响越小；政治因素对肇兴侗寨教育变迁的影响在不同的社会阶段，随着社会对教育的关注程度的不同而有不同的变化；文化因素一直是影响肇兴侗寨教育变迁的重要因素，在多元文化背景下文化因素对肇兴侗寨教育变迁发展的影响在逐步增强；村寨主体的教育需要和价值观的变化是村寨教育变迁的内在根本原因；肇兴村寨教育自身的发展变化体现了教育合规律性与合目的性的统一，而科学技术的传播普及则是村寨教育变迁的有效推动力。

第二节　肇兴侗寨教育需求与教育变迁的关系透视

人与世界的关系在哲学领域的有机表现，就是哲学范畴下主体和客体之间的关系。在这对关系中，主体总是根据自身的某种目的或者需要，自觉地对客体实施掌握和支配行为，使主体之外的"自在之物"转变为"为我之物"，最终使客体能够满足主体自身的某种需要。反之亦然，客体也以自身特有的某些属性和功能反作用于主体。这种主体的需要和目的与客体的属性和功能之间的关系，就是所谓的价值关系。换句话说，价值关系就是主体与客体之间的一种基本关系。马克思主义哲学思想体系认为，任何事物发展变化的原因都源自事物的内部属性或者矛盾，而且内部原因是事物变化发展的根据，外部原因是事物变化的条件，外因通过内因才能发挥应有的作用。基于这样的认识，我们可以确定肇兴侗寨教育变迁的内因就是肇兴侗寨教育主体的需要和价值观念发生了转变。

对肇兴侗寨而言，社会实践活动的主体是肇兴村寨的侗民，人们自觉创造的结果使社会文化得到发展。肇兴侗寨丰富的社会实践活动和社会文化资源为侗寨教育主体提供了丰富的价值选择范围。村寨教育的价值取向体现了村寨教育主体对教育价值的定位与选择，而村寨教育主体的需要与价值观念的变化是促使村寨社会文化变迁、教育变迁的内在根源。教育变迁的终极力量是教育需求的变迁，因为任何教育变迁的发生，都是由新的教育需求得不到满足而引发的。以肇兴侗寨为例，在不同的历史时期该民族村寨的教育需求是不一样的，村寨教育随着教育需求的变化而发生变化。

一、村寨社会需求变化推动村寨教育发生变迁

肇兴侗寨社会需要由简单、粗糙发展到复杂、精致，从低级发展到高级，是

伴随村寨生产方式的发展变化而发展变化的。一种生产方式代替另一种生产方式，原来的社会形态为新的社会形态所代替，社会制度的依次更替，社会由低级到高级发展，是由生产方式的新陈代谢决定的，生产方式的变化引起社会有机体其他方面的变化，导致民族村寨社会需求的发展变化。

1. 生产方式的变化促使肇兴侗寨的社会需要发生变化

十一届三中全会以来，我国调整了生产关系，实行改革开放，把工作重心转移到经济建设上来，人们的物质需要和精神需要得到相应的满足，物质需要和精神需要的水平有很大提高，内容也在不断丰富，需要的层次也越来越高。

2. 社会需求的变化推动民族村寨教育发生变化

民族村寨社会需求的变化，尤其是生产力发展需求的变化，是推动民族村寨教育发生变化的根本动力。在贵州肇兴侗寨建立之后的漫长岁月里，该村寨虽然经历了各种政治体制及政权的更迭，经历了生产力和生产关系的不断进步，但总体而言这里的社会经济发展水平依然处于比较落后的水平或层次。在不同的历史时期内，在有限的、特定的自然地理环境之中，村寨乡民长期以满足基础性的、低层次的生存和温饱需求为最首要任务，生存之外的社会生活、各类宗教活动和节庆活动也是围绕着以农业经济为主的生产生活方式而开展的。因而，彼时肇兴侗寨教育变迁的指向即为以解决村寨及乡民生存需要为主的生计教育，重视生产传授劳动知识与技能的传承，为村寨的发展提供必要的劳动力。

二、村寨个体需求变化推动村寨教育发生变迁

在不同的历史时期，人们的教育需要是不同的，造成这一差别的正是不同的生产方式。生产方式是生产力和生产关系的对立统一，是人类社会赖以存在的基础。

1. 社会生产方式决定个体教育需要的内容、水平和满足程度

社会历史存在的前提条件之一无疑是有生命的人的存在，人要活着就必须满足吃、穿、用、住等基本需要，而要取得这些生活资料，人类就必须进行生产劳动，这是人类的第一个历史活动。而人类的劳动必须要"用一定的方式来进行"。这种生产活动的社会形式就是生产方式，即人类的物质资料生产必须以一定的社会形式，即采取一定的生产方式才能进行，这是人类生产与动物生存活动的本质区别之一。生产方式是决定整个社会结构、性质和面貌的依据，因而它也决定着人的需要的内容、水平和实现程度。这不仅意味着人类的物质需要受生产方式决定，精神需要也不例外。马克思说："物质生活的生产方式制约着整个社会生活、

政治生活和精神生活的过程。"丰富的、高层次的需要只有在先进的生产方式的条件下才能产生。古代帝王尽管穷奢极欲，却无法想象现代人的需要对象，而限制他们想象力的就是当时的生产方式和实践水平。只有生产和社会实践满足了人的需要，需要才能发展。需要是人行为活动的动机，但需要不能脱离满足需要的活动自行发展。只有当人们的生产、社会实践满足了人们的需要，才能使人的各种感觉得到确证、丰富和发展，从而引起新的需要。人的需要的满足程度则是由生产力和生产方式以及实践水平决定的。不合理的、脱离实际的需要不能得到满足，即使是真实合理的需要，如果人们的生产和实践不能使之得到满足，也不能产生新的需要并使之不断丰富和发展。

2. 个体教育需求的不断变化推动村寨教育发生变迁

改革开放后，当社会或生产力发展到一定水平时，整个国家的政治环境日渐开明、生产力水平得到巨大的提升，国家从整体上全面部署了教育事业的发展方向和步伐，不断加大对民族地区农村教育的普及和质量提升。以肇兴侗寨为例，少数民族聚居村寨的乡民随着经济条件的改善，也日益享受到了丰富充裕的物质资料，基本的生存需要得到满足。因为生产力水平的提高，村寨已无需忧愁温饱问题，不再需要大量的劳动力，村寨教育变迁开始面对个体全面发展的问题。随之，受村寨社会不断开放和多元文化之间交流增多的影响，民族村寨乡民开始将需求的目光投向了精神层次的满足。换句话说，村寨社会的变迁对村寨乡民也提出了新的教育需求，过去建立在市场经济体制上的教育价值观念发生变迁，村寨教育的目的取向随之也发生了较大的变化，日渐加强对个人利益与价值的关注，表现为既要兼顾国家、集体的利益与需要，又要兼顾个人利益与发展需要，个人本位的教育价值观越来越突出。反映在现实的村寨教育生活之中，就是村寨教育在重视为社会发展服务的前提下，日益注重个体的全面发展与幸福感的提升，致力于通过教育使个体成长为具有独立个性的、具有健全人格的、健康心态的、有益于民族村寨社会的合格主体，能够有主动改善生活的愿望和能力。例如，进入21世纪后，随着肇兴侗寨的"两基"任务顺利完成，村寨乡民的教育需求从渴望普及九年义务教育跨越到了渴望人的全面发展和生命质量提升的教育，认为教育需要符合人的全面发展的转变。

三、村寨教育的盛衰与社会经济发展状况及水平基本一致

任何一种新教育形式或类型的出现，都同特定社会的历史文化发展水平相适应，与该社会历史水平相一致，这可以从这三方面证实：首先，教育内容的扩大化、教育构成的复杂化，与复杂化的人类社会变迁有着密切联系。例如，目前在肇兴村寨里，既保留了最原始的生产工具、侗布制作工作，又增加了先进的电子

生产工具。这是由村寨的生产力发展水平决定的，所以在具体的教育实践中，既有原始的、传统生产劳动等教育内容，又有先进的、现代化学校教育和技术教育培训活动。其次，任何一种教育形式都建立在特定生产力发展水平基础之上，生产力发展水平决定了当时社会政治历史文化的性质、发展水平和程度，这些政治历史文化等因素会直接影响到村寨教育的变迁方向和发展水平。封建社会明清政府实施的文教政策，通过儒化教育对肇兴村寨教育的政治渗透，就是一个非常典型的案例。因此，撇开历史文化的客观作用就无法有效阐释教育的变迁。最后，村寨教育兴盛衰亡的趋势与村寨社会生产力发展水平必然是一致的，例如，在民国时期，因社会时局动荡、战乱频繁，村寨教育的发展就呈现出颓废之势，而中华人民共和国成立初期，生产力获得了大发展，村寨教育也迎来了大发展的时期。因此，村寨生产力发展水平、历史文化基础、社会生产关系直接使村寨教育变迁表现出时代特点。

第三节　国家教育需要与个体教育需要之间的矛盾是肇兴侗寨教育变迁的根本原因

　　人的需要，在教育变迁过程中起着重要的作用，它是人们进行生产和结成教育关系的动因，人的需要是教育变迁的原始动因。

一、个体需要与外部世界的矛盾是一切实践活动的原始动因

　　需要是人类自身生存和变迁的客观要求，人类的一切活动都直接或间接地为了满足人类自身的某种需要。人类的各项活动通过改造自然、改造自身，创造物质资料和精神财富的过程，就是满足人们需要的实践活动。马克思曾把生产劳动称为"以一定的需求相应的方式，有自然物质的有目的的活动"。这里的"需求'，显然指的就是需要。需要是实践的内在要素，展现了需要要素同实践的其他要素之间内在的、有机的联系，它们共同组成了各种实践活动的内容。需要同实践目的、手段的关系都是十分密切的。需要是同满足需要的手段一同变迁的，需要和对象也有内在同一性，实践对象即"事物同人所需要它的那一点的联系的实际确定者"①。人的需要直接导致了人与外部世界的分离、矛盾，一方面，人的生存和变迁需外部世界来满足自己的需要，人对外部世界的必然依赖是人生存和变迁的永恒前提；另一方面，外部世界又永远不可能以现成的状态来自动满足人的

---

　　① 中共中央编译局. 列宁专题文集（论辩证唯物主义和历史唯物主义）[M]. 北京：人民出版社，2009：314.

需要，从而构成人与外部世界"应有"和"现有"的矛盾，而且这一矛盾在纯自然的范围内永远无法自然解决，这就促使人必然要通过其实际生活来解决这一矛盾。因而，在人类的实践活动中，生产和需要就成为相互规定的一对矛盾，而它们的矛盾运动则成为教育变迁的基本线索。

二、人的需要与国家统一教育需要之间的矛盾是肇兴教育变迁的根本原因

需要和教育相适应是一个普遍规律，它存在于一切教育形态之中，同教育关系要适应教育力，上层建筑要适应经济基础一样，都是不以人的意志为转移的。任何国家、任何民族，无论在什么时期、什么条件下，当国家统一的教育目标及需要与个人需要之间具有一致性，国家对教育提出的需求与个体自身的教育需求和利益相一致时，这个国家、民族就会出现蒸蒸日上、勃勃生机的景象，人们安居乐业、教育安定。这就使人民合理的需要得到满足，它能激发人民的积极性和劳动热情，创造较高效率的教育力，推动教育向前变迁。纵观肇兴侗寨教育的变迁历程，无论是明清时期实施的教化政策，还是民国时期民众学校的发展，或者是"文化大革命"期间夜校农中取得的辉煌成绩，都是因为当时国家提出的总教育目标及教育需求与肇兴乡民的实际教育需求是一致的，所以村寨的教育获得了繁荣发展，在个体需要得到满足的同时，也推动了侗寨社会的全面进步。

反之，当国家统一的教育需要与肇兴侗寨乡民及村寨社会实际教育需要之间存在差异、不一致，甚至相互背离的时候，乡民真实的教育需要无法得到满足，教育的积极性就必然受到打压，乡民就会通过各种途径表达对教育的诉求，就会通过温和的改革或者激烈的斗争来满足自己的合理教育需要，教育就会出现动荡和变革，当两者之间的矛盾特别严重以致无法调和时，人们就会用革命的方式来克服这种不相适应或矛盾的现实，使教育成为满足自身发展需要的一种手段。明清时期，肇兴乡民通过数次民族起义反对明清政府的教化政策，努力争取自己的民族权利就是这样的历史证据。

当村寨乡民的教育需要逐步得到满足，人们就又会提出新的教育需要，两者之间的矛盾迫使国家主动或被动地调整已有的统一教育目标和要求，推动教育变革。近现代肇兴学校教育的变迁历史，反复证明着乡民教育需要是在发展变化的，当国家处于危亡之中，人们渴望国富民强时，学校教育就重视军国民教育；当政局稳定、中华人民共和国成立后，肇兴乡民的需求转向了解决温饱、发展生产，学校教育的内容和形式都随之调整，夜校农中大发展，开门办学的政策获得成功；当今随着国家经济社会的大发展，乡民的物质生活条件和质量大大提高，人们的

需求再次发生显著的转向，开始关注人的全面发展和生活的品质，学校教育也紧跟形势发生变革。总之，人的需要和国家统一教育需要之间并非总是一致、同向或相互适应的，当两者之间不一致、不相适应时，新的教育矛盾就会产生，然后通过一系列实践活动和各种途径将产生的新矛盾解决，最终使教育不断向前发展。

第七章　民族地区农村教育发展的定位与选择

"当社会发生根本变革时，教育也要随之而变，而变革的尝试首先是对教育本质问题的追问。由此可知，对教育的反思是一个国家和社会的大事。"[①]

教育的本质属性就是培养人的活动，即教育者根据一定社会需要而实施的培养人的活动或者实践过程。一般可以从两个方面进行阐释：一方面，从受教育者的角度分析，他们通过受教育使自己的身心发展相应地变化，对他们而言，教育是发展、生长的现实过程，是对外部生活与环境变化的适应，是个体收获经验、扩充知识及实现个体社会化的过程；另一方面，从教育者的角度分析，教育就是有目的地向下一代传递传统经验、文化与知识系统的过程，培养社会发展所需要的身心健康的全面发展人才。教育的本质属性体现在现实的教育活动中，教育者和受教育者实践活动是统一的，教育最根本的任务就是要满足受教育者生存与发展的需要，最终实现受教育者身心健康、全面发展的目标。

一般情况下，无论是村寨教育系统中的社会教育还是学校教育，若出现长期不能满足该区域内生活着的人们生存与发展需要的问题，则说明该民族村寨教育的定位与选择与当地人的实际教育需求之间出现了偏差或者背离等问题。在第六章的论述当中，本书已经揭示了在肇兴侗寨整个历史时期内，村寨教育的培养目标与寨民的实际需要并非总是一致的，彼此之间存在偏离、偏差甚至相互背离的情形，集中表现在村寨教育的价值定位方面。什么是价值？价值是主体与客体之间的需要与满足的特定关系及程度。由此也意味着价值源于主体对客体的需要，对民族村寨教育价值定位问题的探讨是与村寨教育主体的教育需要联系在一起的，对村寨教育主体需要满足的程度越高，村寨教育的价值越高，反之亦然。然而，历史证明，以肇兴侗寨为代表的民族地区村寨教育，在漫长的变迁历程中，并不总是能够满足当地乡民生存和发展的需要。

由此，笔者不得不思考：广大民族地区的村寨教育合理定位是什么?民族村寨教育合理的价值定位是什么？怎样实现民族村寨教育的科学定位与选择?怎样才能促进民族村寨教育的健康发展，促进村寨个体的健康发展？回答这一系列问题，正如某位专家所言，"需要彻底重新建构我们民族教育的价值定位问

---

① 卡尔·雅斯贝尔斯. 什么是教育[M]. 邹进译. 北京：生活·读书·新知三联书店，1991：43.

题，只要这个价值定位有了，我们的民族教育才会有一个光明的前景。"①因为，价值定位问题是民族地区教育发展中的核心问题，价值定位问题不合理，就无法解开民族地区教育长期未能满足当地人生存和发展需要的症结，民族地区的教育也就不可能获得真正的发展和提升。在对肇兴侗寨教育变迁进行深入分析研究的基础上，本书认为民族村寨教育的定位与选择，首先要正确处理几对关系。

第一节　应正确处理的几对关系

通过学校教育传承少数民族传统文化，已是文化全球化和多元化发展的必然走向，是构建社会主义和谐社会的必然要求，是促进少数民族地区经济和社会发展的必然选择，是促进民生改善的必然途径之一。因此，民族地区广大农村教育的健康发展，首先要正确认识和处理国家与地方、历史与现实及未来、主流文化与非主流文化这几对关系。具体内容如下。

一、统筹兼顾国家统一教育要求和地方、民族的特殊要求

国家对村寨教育的干预，就是国家通过教育的某些政策法规或途径，传播其政治意识形态和主流文化价值观。每个少数民族独有的天地系统与人文系统，都在这一独特环境里形成本土性的"地方知识"，这些"'地方知识'往往是某一特定族群对生活世界的理解与解释，经由族群绵延繁衍，它本身就充分具备合法性足以获得认同与肯定"②。因此就需要我们在处理国家普适性科学知识与地方知识的关系时，不能一味地追求国家层面的主流文化而忽略了对自身民族传统文化的传承。虽然现在国家加大了对少数民族传统文化的保护力度，但是这种政府主导层面的文化保护，传承的大多是器物层面的文化，而精神、价值层面的文化却随着少数民族地区的现代化发展渐渐被无声地淡化。恰似有学者说的那样："当今世界，我国各少数民族面对的是两种文化的撞击——中外文化撞击与少数民族文化与汉族文化的撞击。也就是说，我国的少数民族生活在双重文化撞击的夹缝中，既享受着双重文化的成果，同时也承受着双重文化的冲击。他们在外来文化的冲击下进行选择，既要以传承和弘扬意识，继承本民族传统文化，又要以开放的文化心态，学习和汲取汉文化及外来文化的优秀成分。同时还要以批判的精神，在舍弃本民族文化的不适应社会发展的成分和排斥外来文化中不适合本民族文化

---

① 张诗亚. 多元文化与民族教育价值取向问题[J]. 西北师范大学学报，2005，（6）：97.
② 周德祯. 排湾族教育：民族志之研究[M]. 台北：五南图书出版有限公司，2001：209.

发展的成分中做出选择。"①因此，我们不能忽视地方知识的重要性，而应该在努力寻求国家知识与地方知识的平衡点上来实现民族文化的传承。

二、既扎根于民族文化历史又面向未来

当今民族地区村寨教育普遍存在着"传统"与"现代"的断裂局面，如何处理好"传统"与"现代"的关系是当今民族教育发展的难题。"一方面，现代化是每个民族繁荣昌盛的必由之路，每个民族都不应当拒绝现代化；另一方面，每一个繁荣昌盛的民族都应保有自己优秀的传统文化，都应保有自己民族的基本特点。丧失现代化将意味着民族的贫困，丧失传统文化将意味着民族的消亡。"②因此，如何正确处理"传统"与"现代"的关系，是民族村寨教育成败的关键。少数民族村寨的传统教育多是"存在于民族体内，扎根于民族社会的生产生活之中，是一种'同步内生型'教育"③，我们发展民族村寨教育就必须在村寨传统教育的基础上，不能一味地追求现代化而与传统教育决裂。传统的民族村寨教育与现代化民族村寨教育之间的关系，并非是简单的对立与排斥。少数民族村寨传统教育富含生产、生活智慧，具有极强的适应社会变迁的能力，它可以通过自身的建构来不断地更新与发展，从而实现民族村寨教育的现代化适应。谈论保护与传承民族村寨教育，并非是说要保留民族村寨传统教育的各个方面，而是说要在保持少数民族传统村寨教育的精神、理念及核心价值观的基础上去对村寨教育进行调整，延续民族的绵延发展。少数民族村寨教育的发展是一个"传统"与"现代"共生共融的问题，因此，需要在发展现代村寨教育时，必须建立在村寨传统教育基础上，必须从传统教育那里获取发展的动力，这种发展"应该是在肯定民族传统文化的大前提下实现的，一定要除旧布新，既不要完全抛弃了民族传统文化，又不要让传统文化中的消极方面拖住了后腿"④。所以我们在处理民族村寨教育的"传统"与"现代"关系上，要学会用第三者的眼光来理解"他者"的教育，正如张诗亚所说的那样："少数民族现实的教育与发展正需要这种眼光（他者的视角），以便于从少数民族自身的角度理解教育、理解其教育的需求。避免用主流文化的眼光去看待少数民族的教育，从而认为少数民族落后，其文化应该淘汰，应为主流文化所替代。"⑤因此，正确处理少数民族村寨传统教育与现代化教育之间的关系，有利于民族村寨教育的发展与繁荣。

① 张公瑾，丁石庆. 文化语言学教程[M]. 北京：教育科学出版社，2004：251.
② 哈经雄，膝星. 民族教育学通论[M]. 北京：教育科学出版社，2001：558.
③ 么加利. 西南民族地区校内外教育系统功能研究[J]. 西南大学学报（社会科学版），2007，(3)：59-63.
④ 哈经雄，膝星. 民族教育学通论[M]. 北京：教育科学出版社，2001：562.
⑤ 郭志明.民族教育：传统融入主流——访西南师大张诗亚[EB/OL]. http://learning.sohu.com/20040816/n221556884.shtml.[2014-12-28].

三、追求汉文化与少数民族文化的和谐共生

在我国当前民族地区农村教育发展中，汉文化与少数民族传统文化是并存的，因此，如何处理好汉文化与少数民族传统文化之间的关系问题，是我国民族村寨教育发展的重要因素。在传统的村寨教育方式上，我国少数民族的传统文化大多都是通过民众日常生活的口传心授等方式来传承的，而现代教育盲目地将其引入到学校教育的课程与教学中，这就使得民族传统文化赖以生存与发展的传承场域被有意或无意地打破，导致少数民族传统文化在民族学生中的传承断层现象日益严重。如何解决？这就需要在现代的主流文化教育模式下给少数民族传统文化的传承寻找到一个稳定、平衡、系统的传承机制，这是处理好汉文化与少数民族传统文化关系的关键。以体现我国汉文化的基础教育课程改革活动为例，中华人民共和国成立至今已经进行了八次课程改革，其所取得的成绩是有目共睹的，但是遗憾的是，这些课程改革对少数民族文化传承与文化个性的重视不够，造成基础教育阶段少数民族文化传承断裂现象，主要体现在："首先，课程知识结构不合理，各民族知识文化体现不够平等；其次，课程生活脱离民族生活的实际；再次，在课程制度上推行'一刀切'。"[①]因此，如何寻求汉文化与少数民族传统文化两极之间的平衡，应是我国民族地区村寨教育发展的目标，要考虑到以下两方面的内容：第一，在教育改革理念上，要坚持汉文化与少数民族传统文化并存共生的理念。汉文化与少数民族传统文化两者虽然在文化因素上存在着一定的差异，但是同样作为促进民族地区众多村寨经济、文化、政治等发展的重要文化因素，其在促进民族基础教育课程发展及提高民族素质的目标上是一致的，因此没有谁作用大小的问题，多元文化共同成为民族村寨基础教育的组成部分。教育者还需要采取分析、辩证的态度来对待汉文化与少数民族传统文化之间的关系，不能因为传统文化的落后而采取一笔抹杀的态度，亦不能保守残缺地固守民族的传统文化而拒绝民族的现代化，主流文化要从各个少数民族传统文化之中汲取文化的精华，少数民族传统文化亦应该从主流文化的思想中汲取先进的文化元素，不断地改造与提升自己。只有文化之间的相互汲取精华、去其糟粕，才能保障民族村寨教育的健康发展。第二，要处理好汉文化与少数民族传统文化之间的互动关系。这就需要我们在村寨教育改革的目标上要强化对本土知识的挖掘与保护，特别是加大对民族优良知识文化的宣传与教育，要使少数民族学生在多样的村寨教育实践中学到自己民族的传统文化，而不仅仅局限在民族基础知识的掌握上。因此，应充分利

① 金志远. 新一轮课程改革背景下少数民族文化传承与民族基础教育课程改革[J]. 民族教育研究，2009，（5）：53-59.

用乡野的各种课程资源，开发学校的民族传统文化校本课程，激发学生学习民族传统文化的热情，对培养学生的民族认同感与归属感有着很大的帮助。特别是要充分利用新课程改革中倡导的国家课程、地方课程和校本课程三级课程体系理念，争取通过国家的、校本的课程与教材体系建设与开发来扩展民族传统文化的生存空间及制度保障。

第二节　立足村寨现实教育需求的选择

"任何复杂的大系统都是由众多子系统构成，子系统与子系统，子系统与大系统之间相互协调、相互配合，共同确保大系统的有机存在。"[①]系统论认为各系统之间的协调，是一种互利共生与融合的关系，当系统内部与外部之间的关系是相互协调、统一时，系统才能发挥出全面的整体功能实现系统的顺利运行。在我国广大民族地区众多的村寨中，村寨教育与村寨的社区之间应当建立协调的关系，即在村寨社会整个大系统内，村寨教育与该村寨的政治、经济、文化等各个子系统之间是相互适应、促进与融合的关系。要构建出能发挥各系统最优功能、适应村寨经济社会发展的村寨教育框架，要寻求村寨各子系统之间相互依存、促进和发展，还要重视村寨教育系统与村寨外各种因素的协调。

一、村寨教育与民族村寨的关系

民族村寨教育是民族村寨整个乡土社会经济系统的子系统之一，也是民族村寨外部的大的国家经济社会文化系统的子系统之一，三者之间相互联系如图7-1所示。首先，最外层的国家经济社会文化大系统为民族村寨教育的发展变化提供了资金、人员、师资、管理等方面的支持，同时根据不同历史时期社会的需要，还提出了对应的教育目标和要求；其次，民族村寨经济社会文化系统为本村寨教育的发生发展提供了文化、科技、环境等方面的支持，并基于自身的需要对村寨教育提出了相应的人才培养目标和要求；最后，处于最里层的民族村寨教育系统，不但承担着村寨儿童的基础教育任务，而且还为乡民提供文化与技术培训服务，为国家社会经济系统和民族村寨培养人才，提供劳动力。

---

① 王维国. 协调发展的理论与方法研究[M]. 北京：中国财政经济出版社，2000：63-64.

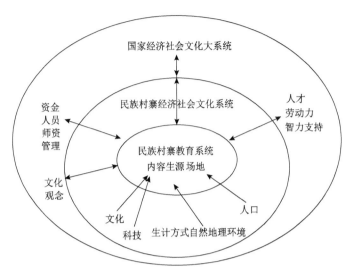

图 7-1　民族村寨教育与村寨、国家经济社会文化大系统的关系图

　　如图 7-1 所示，民族村寨教育与村寨及国家大的经济社会系统之间，也是双向互动的关系。一方面，国家、地方及民族村寨的经济社会发展等各种因素对民族村寨教育具有重要的作用，为民族村寨教育的变化发展提供人力、物力、财力及智力保障，直接决定了广大民族村寨教育的规模与发展速度等，对民族村寨教育的具体实践提出了具体的教育要求；另一方面，民族村寨教育系统自身对村寨及整个国家的经济社会和各项事业的发展，有着巨大的推动作用，民族村寨教育发展水平与程度是村寨社会经济增长、普通乡民经济收入提高、生产生活方式改善的重要依据和力量。

　　民族村寨教育要促进村寨乡土社会及经济等全面健康的发展，还依赖于民族村寨教育内部各要素之间的密切协调与配合。民族村寨教育大系统是一个复杂的系统，该系统内部都是开放的、动态的，它们之间的相互作用影响着民族村寨教育系统内部的协调发展。在肇兴侗寨的各种实践活动中，凡是有目的传承知识与技能的村寨乡民人人都可以是教育者，人人皆可为师，而作为教育对象的受教育者可以包括侗寨里凡是需要学习某种知识的所有人，人人均可为生，是一个活到老学到老的获得过程。肇兴侗寨教育的实施系统是指传承文化、科学与知识的所有机构，既包括学校教育，又包括家庭教育与村寨社区教育，其中，肇兴侗寨的学校教育是整个村寨教育的基本形式，家庭教育则是正规学校教育的基础，社会教育是家庭教育、学校教育在现实生活中的延伸，当三者步调统一时，其合力就大，能够互相促进，教育效果就好，反之，村寨教育的正向作用将会被削弱。该村寨的社会保障系统为村寨教育的顺利实施提供场地和各类教育用品，是村寨教育系统的物质基础和保障。总之，民族村寨教育系统内部的各因素之间是有机联系在一起的，是实现民族村寨教育满足乡民需要、服务民生的客观基础。

二、民族村寨教育要满足人与国家发展的需要

从每一个鲜活生动的个体角度来理解教育是十分有意义的，基于此角度来思考教育的基本功能，可以看到无论进行怎样的阐释，教育最终都要回归到为社会和人的发展服务上面来，教育的根本性质决定了教育必须要以满足人与社会的合理教育需要为己任，以促进实现社会的公平和谐发展和人的全面发展为最终目标。正如有研究提出的观点："教育是满足人生存和发展需要所必需的生命活动，其目的是提升人生存和发展的生命质量，促进社会的和谐发展与全面进步。"①通过对贵州肇兴侗寨教育变迁历程的深入考察与研究，可证明民族村寨教育活动同样需要遵守这个基本观点。在此，本书从现实与理论两个方面予以论证。

1. 村寨个体生存与发展的现实需要

生存与发展是人类永恒的课题。从中国的村寨社会和教育发展的漫长历程来看，构成村寨社会和教育的主体成员——人的生存与内在发展等问题长时间都没有得到应有的重视。无论是过去安土重迁的农耕社会还是今天迅猛发展的工业社会，无论是提倡小国寡民时代的人群还是提倡地球是一家的各类群体，其中的绝大部分人还是只重视通过教育使社会与个人经济水平得到提高，物质条件得到改善，而忽视了活生生的个体——人的本质要如何发展，甚至在有的社会时期和人群的心中都是见物不见人的。特别是在当今经济高速发展的中国，"'以物为中心的发展'，在当今中国堪称到了恶性的无限膨胀的地步"②。例如，在肇兴侗寨，因近几年村寨的旅游业发展较好及外出打工人群的增多，村寨乡民及家庭的经济条件普遍得到了改善，但是伴随着个人物质条件获得的极大丰富，长期以来村寨教育对人的生存、生命和内在发展方面忽视或重视不够，许多人的内心世界陷入极度空虚之中，各种社会问题如盗窃、欺诈、赌博等层出不穷且不能得到有效的解决，已对这里年轻人的发展产生了负面影响，成为整个村寨社会发展的隐患。当地人开始意识到，无论是对个人还是对村寨社会，仅仅重视经济的发展是不科学的、不合理的，还必须重视人的精神内在、人的生存及生命质量的发展和提升，才能真正有利于社会健康运行和人自身健全发展目标的实现。由此，需要人们重新认识和理解教育，现代化的村寨教育必须高度重视人的生存和内在发展，应该在现实的社会教育和学校教育中切实融入个体生存及内在发展意识。力争将不同地区、不同民族、不同身份人的生存和发展的生命质量都能予以关照。

---

① 黄胜. 从"逃学"到"向学"——瑶山白裤瑶的学校教育价值取向变迁研究[D]. 西南大学博士学位论文, 2011.

② 张诗亚. 论教育发展从以物为中心到以人为中心的转换[J]. 教育评论, 2001, （2）: 4-7.

2. 教育的本质是促进人的全面发展

联合国教育、科学及文化组织出版的《教育——财富蕴藏其中》《学会生存：教育世界的今天和明天》两个报告中，都将"学会生存"放在重要位置，说明人类生存和发展的问题已成为当今理论关注的重要主题，例如，"所谓社会发展的人本规律，是指人类社会的发展特别是当代社会的发展必须以人为中心，以人的全面发展为其根本目的"[①]。而实践生存哲学是以人的生存方式、现实世界的生成及变化为基础的理论，为人们关注人自身的生存问题提供了哲学基础，它指向人自身的解放。生存哲学的著名学者雅斯贝尔斯（Karl Theodor Jaspers）认为，生存"是个体在自身生发的内核，人之成为自己的唯一的、历史性的自我……生存不是有机的生命体，不是抽象的理解力，不是精神，它是面对超越的自由和真实，是理解自身的个体本身，是历史性自我的终极地基，生存是人内在酝酿的可能性力量"[②]。他认为"教育不过是人对人的主体间灵肉交往活动……使他们自由地生成，并启迪其自由天性"[③]，教育是一种交往活动，其本质强调生存的自由，也就是说教育通过教育主体之间的生存交往使受教育者达到自由。

教育在本质上和功能上，本应是以人的生存为核心内容，要从本质上关注个体的精神世界、生命、生存状态及过程。人的发展是任何社会发展的核心和主体，社会发展的最终目标是使人们能够有意识地自己教育自己，自己养活自己。"从实践的角度讲，社会发展可概括为人类通过改造世界的活动以满足自身不断提升的种种需要的实践进程……社会发展的核心是人的发展，社会发展要通过人的发展加以体现和衡量。"[④]因此，"教育的根本在于发展人的可发展性，离开了这个根本……一切的发展，都是建立在人的发展基础上。教育恰是做这种基础性的工作。这就是它的特点，它的独特，它的伟大。"[⑤]所以，教育指向人的发展，而且是人的全面发展、内在发展。换句话说，首先，教育本身就是对人的教育，是对人的生命的教育，教育本身就是客观的生命活动；其次，教育是以人生存和发展的需要为着力点，既要提高人的生存智慧、生存能力和生存质量，还要促进人的内在发展和全面发展；最后，教育是以提升和满足人生存和发展质量的需要，以促进社会和谐发展和全面进步为目的。

总之，民族地区村寨教育长期以来未能满足当地人的生存和发展需要，本书认为症结在于对村寨教育的定位与选择不合理，从而导致村寨教育偏离了民族地区人们的实际教育需要。基于这样的认识，本书对民族村寨教育的定位与选择作了思考。

① 邱耕田. 发展哲学——21 世纪的主导哲学[J]. 中国人民大学学报，1999，（1）：37-42.
② Jaspers K. Reason and Existenz [M]. Milwaukee：Mar-quette University Press. 1997：17.
③ 卡尔·雅斯贝尔斯. 什么是教育[M]. 邹进译. 北京：生活·读书·新知三联书店，1991：3.
④ 邱耕田. 发展哲学导论[M]. 北京：中国社会科学出版社，2001：76-77.
⑤ 张楚廷. 教育哲学[M]. 北京：教育科学出版社，2006：112.

三、民族地区广大农村教育的科学定位与选择

本书认为，对我国民族地区的众多民族聚居村寨而言，村寨教育的科学定位与选择必须要满足以下几方面的要求。

1. 满足民族村寨乡民生存、发展和提升质量的需要

在民族村寨教育的变迁过程中，反复出现并困扰着人们的主要问题有：村寨教育不能满足当地乡民生存和发展、提升生活幸福度及质量的需要；村寨教育脱离当地社会发展现实，人们轻视村寨教育等。当肇兴侗寨的教育长期脱离当地侗族现实的生存发展需要，不能发挥提升侗族乡民生存和发展及生命质量的作用时，就会造成村寨教育的停滞。其根源在于民族地区的众多村寨在地理区位、经济水平、民族文化、教育需求等方面存在客观的差异，如果忽略了这种客观的差异而采用统一的教育模式和内容，那村寨教育在民族地区就不可能得到良性发展。因此，本书认为，村寨教育的科学定位与选择的实现，必须要满足民族村寨乡民生存、发展和提升生命质量的需要。

价值源于主体的需要，如果不能满足民族村寨乡民的生存、发展和提升生命质量的需要，也就意味着民族地区的教育对乡民没有价值。个体的生存和发展、提升生命质量是教育关注的热点问题，也是时代的主题。衡量和评价民族村寨教育成效的一个重要标准，应当且必须看其满足当地乡民生存和发展的需要，以及提升生命质量的程度。

2. 增强民族村寨教育的活力

在肇兴侗寨社会发展变迁的历史长河中，教育并不是总能满足当地人生存、发展和提升生命质量的需要，究其原因是因为这些民族村寨的教育长期以来数次与人们的教育需求相脱节甚至背离，教育质量无从谈起。教育质量就是教育的生命力，对受教育者来说，没有生命力的教育就没有价值，自然也就不能满足主体的教育需要。因此，民族村寨教育的科学定位与选择，应当能够有效发挥和增强民族村寨教育的生命活力。民族村寨教育可以利用村寨特殊的自然地理环境、民族文化、村寨社会构成等因素开展教育活动，在社会教育和学校教育活动中重视培养乡民的多元文化适应能力，增强教育活动的多元文化之间的沟通，以营造鲜活生动的民族文化氛围，丰富和充实村寨乡民的生活世界。

3. 推动民族村寨的和谐发展与全面进步

没有社会的和谐发展与全面进步，人的发展也会十分有限，人和社会是相互依存的关系，人的发展通过社会的发展进步表现出来，反之，没有人的发展社会也不可能有好的发展与进步。在历史上，肇兴侗寨教育并非总是在当地侗族乡民生存、发展和提升生命质量方面发挥积极的作用，当肇兴侗寨处于贫困、战争、政治动乱状态

下，村寨、乡民、自然、社会等与教育之间没有实现和谐共生，即使曾经有过和谐也不能持续，经常遭到人为的破坏。例如，目前侗寨的中小学注重学生的升学率和巩固率，却忽视了教育、经济、社会和谐发展、全面进步的内在关系。这样的教育思路不可能满足民族村寨乡民变化的教育需要和价值追求，自然也得不到应有的认可。

在重视教育均衡发展和民生改善的当下，教育的地位和作用越来越受到人们的重视，广大民族村寨的教育理应发挥应有的积极作用，应坚持推动村寨乡民、自然、社会等因素之间的和谐共生发展，以促进村寨教育与经济的协调发展、乡民生存条件与生活环境的改善为目标。因此，民族村寨教育的科学定位与选择要能够推动当地村寨社会的和谐发展、全面进步，提升乡民们生存、发展和生命的质量，只有确定了这样的教育定位，民族村寨教育才能够满足村寨乡民的教育需要，才会受到他们的欢迎，也才符合教育合规律性与合目的性的统一。

综上所述，民族村寨教育的科学定位与选择是：要满足民族村寨乡民生存、发展和提升生命质量的需要，要增强民族村寨教育自身的活力，要促进民族村寨社会的和谐发展与全面进步。

第三节　促进我国民族地区广大农村教育发展的策略

民族村寨教育应当满足村寨乡民生存和发展的需要，提升乡民生存和发展的生命质量，促进村寨社会的和谐发展和全面进步。如何实现这一目标？本书通过以下内容的分析提出具体的针对性策略。

一、我国民族地区农村教育科学定位与选择的理性思路

基于理论分析和现实考证，从三个方面提出思路，具体内容为：构建村寨教育的民生价值观；树立村寨教育的整体发展观；建立互补共进的多元文化交流机制，最终促进民族村寨教育的健康发展。

（一）构建村寨教育的民生价值观

人的任何社会活动都是"受意图、信念以及符号所调节的。它一方面从信念方面对人类行为提供一种目的论的解释；另一方面也从目标、意图或愿望方面对人类行为进行了目的论的解释……任何行为的执行总是伴随着人们期望中的某一结果"[①]。教育价值观作为人类意图或愿望的表现之一，直接体现出人们的教育

---

① 伽达默尔，杜特. 解释学 美学 实践哲学：伽达默尔与杜特对谈录[M]. 金慧敏译. 北京：商务印书馆，2005：16-17.

期望，反映出主体根据自己的需要对教育进行的对应选择。如前文所述，促进人的全面发展，提升人的生活质量是教育的一个重要向度。那么，树立村寨教育的民生价值观，是民生时代对村寨教育提出的基本要求，意味着以村寨社会中鲜活的人的生存发展需要为出发点，以提升人的生活质量为教育发展的根本。具体包括以下两方面的内容。

1. 村寨教育要引导乡民适应、享受、创造生活

从社会与人的关系来看，人是构成社会的基本要素，是社会历史的创造者，人的生命存在与生活需要的满足，是社会存在与发展的基础与前提，正如马克思所言"全部人类历史的第一个前提无疑是有生命的个人的存在"[①]。"19世纪斯宾塞提出教育应为个体'未来的完满生活做准备'，使个体能够更好地适应现代生活的思想，在今天依然具有借鉴意义。"[②]人进行各种实践活动的根源在于谋求更好的生活，在适应、创造生活的不断实践过程中使个体不断发展与完善。教育就是人的教育实践活动，教育者通过有目的地对受教者进行引导，使受教育者学会并遵循自然、社会及个体发展的性质和规律，并将社会存在按照其内在的尺度，转化为符合人之需要的"为我之物"。所以，教育必须要与生产劳动实践相结合，以实现教育对个体现实生活及其他生活内容的关注，实现真正的世俗化。现实的人及其生活世界对教育价值观念的形成有重要的意义和作用，随着人们闲暇时间的增多，通过教育引导个体积极地适应、享受和创造生活，并不断地提升其探寻人性、生活的意义，应该成为教育今后发展的方向。换句话说，就是民族村寨教育应以具体的、现实的人的生活为基础，将引导人适应、创造和享受生活作为村寨教育定位与选择的重要向度。

2. 构建生活导向的教育价值观

从人民生活这个层次来看，作为少数民族聚居村寨，肇兴侗寨在不同的历史时期，乡民的生活状态是不一样的。在侗寨初建时期，村寨的经济社会发展水平较低，对当时的民众而言，温饱需要必然在生活中占据着主导性的地位，与此对应，在这一社会发展阶段，建立在这一生产力发展水平的现实基础上的教育价值观，也自然将满足人最基本的需要作为最主要的价值取向，决定了当时的教育的最主要功能是培养人的劳动能力及谋生技能，以满足人的生存需要；随着历史的不断前进，肇兴村寨被纳入到全国的政治版图当中，该地的经济社会也得到了发展，人们的生活水平逐步得到提高，但生产力水平还未达到高度发达、各取所需的程度，劳动不仅是人的需要而且还是人谋生的手段，此时村寨教育的重要使命

---

① 马克思，恩格斯. 马克思恩格斯选集·第1卷[M]. 北京：人民出版社，1972：24.
② 张晓燕. 试论教育的民生功能[D]. 西南大学博士学位论文，2014.

依然是向受教育者传授生存知识与技能；中华人民共和国成立后我国进入新的发展阶段，特别进入 21 世纪后，生产力水平大大提升，随着整个国家的经济社会的发展，人的基本的、低层次的生存需要基本得到满足，人们开始关注、追寻更高层次的享受和发展需要，重视生活质量的改善，在教育价值观方面，则表现出要求超越原有的重视生存的教育价值观，开始重视生活导向的教育价值观，这已成为当前教育价值观念的新走向。

所谓生活导向的教育价值观，就是指教育要重视每个个体的自由、充分、和谐的发展，"将教育作为人的存在方式之一，作为个体生活的重要组成部分，强调教育的目的不仅仅在于把人培养成合格的'劳动者'、为谋生做准备，还在于把人培养成会享受生活、会在闲暇时间充分自由地发展自我的主体"①。马克思在《资本论》中，将人的生活世界分成两部分，即以谋生为主的物质生产领域的"必然王国"、以人类主体的自我发展为主的自由活动领域的"自由王国"。他认为"自由王国只是在由必需和外在目的规定要做的劳动终止的地方才开始；因而按照事物的本性来说，它存在于真正物质生产领域的彼岸"。"社会化的人，联合起来的生产者，将合理地调节他们和自然之间的物质交换，把它置于他们共同控制之下，而不让它作为盲目的力量来统治自己；靠消耗最小的力量，在最无愧于和最适合于他们的人类本性的条件下来进行物质交换。但是不管怎样，这个领域始终是一个必然王国。在这个必然王国的彼岸，作为目的本身的人类能力的发展，真正的自由王国，才开始。但是，这个自由王国只有建立在必然王国的基础上，才能繁荣起来。工作日的缩短是根本条件。"②在"必然王国"中，劳动生产是人类的谋生手段，人类的所有社会活动的中心问题是满足主体维持和再生产自己生命的生物性需求；在"自由王国"中，人类社会活动的目的不仅仅是生存，还要追求人的自由发展。随着生产力的不断发展及社会物质财富的不断积累，已有的局限于"生存本位"的教育活动，已不能满足个体全面发展的需要，那么，如何满足个体更高层次生活与发展需要，已然成为教育发展的新向度。而要在教育实践中实现这一理念，则需要对现有的教育价值观进行新的规约。也就是说，整个社会应当转变那种为工作而受教育的观念，把教育活动从为生存做准备转移到为生活做准备、为人的全面发展上来，最终超越生存本位树立起生活导向的新教育价值观。

（二）树立村寨教育的整体发展观

要实现民族村寨教育的科学定位与选择，在构建了民生取向教育价值观之后，

---

① 张晓燕. 试论教育的民生功能[D]. 西南大学博士学位论文，2014.
② 马克思，恩格斯. 马克思恩格斯全集（第二十五卷）[M]. 北京：人民出版社，1979: 926.

还需要树立民族村寨教育的整体发展观，即要关注民族村寨与自然地理、社会、个体、教育之间的和谐共存、共同发展。

民族村寨教育是一个大的系统，若在一个孤立的系统内，其自身无法实现发展，只有该系统内部的各个要素之间相互协调，才能确保系统自身的正常运行。民族村寨教育又是村寨社会大系统中的一个子系统，是村寨社会重要的组成部分，因此，村寨教育就要与村寨的其他子系统发生各种联系，彼此之间相互沟通、交流才能促进彼此的协调发展。人类社会发展具有整体性特征，决定了民族村寨教育的发展变化必然会突破民族、地域的限制，以吸收其他民族与地域的教育方法、经验；必须突破本系统的限制，在与村寨社会的其他系统相互协调、相互制约、相互促进中实现教育的发展[①]。是故，民族村寨教育应当树立整体发展观，以实现村寨社会、自然、人、教育等因素之间的和谐、共生发展。

（1）树立民族村寨教育系统内部的整体发展观

分析村寨教育系统内部，以肇兴侗寨为代表的民族村寨教育还存在着许多问题，而现代社会的飞速发展对村寨教育系统提出了要结构完善、具有清晰的层次与类型结构、内部能协调、运行良好等更高的要求。具体内容包括两个方面：第一，村寨教育系统内部的和谐发展。基于广义的教育内涵，民族村寨教育由村寨内的学校教育、家庭教育和社区教育有机联系在一起的整体构成。学校教育、家庭教育、社会教育之间，是相互依存、相互促进的辩证关系，一方面，灵活多样的社区教育、家庭教育弥补了学校教育的不足，为村寨成员提供丰富多样的受教育机会；另一方面，学校教育的良性发展能够带动和促进村寨社区教育、家庭教育的顺利进行。因此，要树立民族村寨教育的整体发展观，就必须在民族村寨的学校教育、家庭教育、社会教育之间，建立起互相衔接、共同发展的良性关系。第二，村寨学校教育系统的和谐发展。为了保证村寨学校教育系统内部能协调、良好运行，实现和谐发展。首先，把村寨教育作为民族村寨发展工作和投入的重点，确保村寨教育的重点地位；其次，要合理把握民族村寨学前、小学、初中、高中各层次的比例，合理把握村寨国民教育、职业技术教育、成人教育之间的比例，以实现村寨学校教育系统的和谐发展。

（2）树立民族村寨教育与整个村寨之间的整体发展观

当前，以肇兴侗寨为代表的民族村寨教育与整个村寨之间，还尚未建立起有机的互动协调联系，制约着民族村寨教育进一步发展。因此，本书认为在民族村寨教育革新中，要树立起人与自然环境、人与村寨社会、人与人之间和谐共生的整体发展教育观。正如有学者所言："和谐之道含义至深，它不是走向一统，不是追求显在问题的简单解决，而是以让各种多样性的事物以各自的特色融入一体

---

① 黄胜等. 发展贵州毛南族地区的基础教育应处理好几对关系[J]. 贵州民族研究，2006，(5)：169-173.

为目的。据此，遵循和谐之道应理顺四大关系：人类社会与自然、文化与文化、人与人和人自身内部。"①

第一，树立人与自然环境和谐共生的整体发展教育观。《道德经》曰："故道大，天大，地大，人亦大。域中有四大，而人居其一焉。"②说明人们很早就已经认识到人的发展，必须要与自然和谐共生共处为前提和基础。现如今，民族村寨的自然环境因素依然是村寨乡民生存发展的客观物质基础，因此今后的民族村寨教育，必须要重视树立人与自然环境和谐共生的整体教育观念，促使民族村寨教育能够促进人与自然的和谐共存与发展。

第二，树立人与村寨社会和谐发展的整体发展教育观。民族村寨的发展过程，是村寨社会整体发展和各个子系统之间互相依赖、相互作用的过程，其中，教育作为维持与促进民族村寨社会发展的重要力量之一，在协调村寨教育与社会其他系统的关系，其作用和地位已是毋庸置疑的。民族村寨教育的发展，必须与村寨经济发展相一致，与国家及村寨内有关民族制度、政策的完善相适应，与民族传统文化的演进相协调，与人口变化形势相适应等。因此，今后的民族村寨教育发展，必须树立起人与民族村寨社会的和谐发展的、有机统一的整体发展教育观，通过村寨教育实现人与村寨社会的和谐共生发展。

第三，树立村寨人与人之间和谐相处的整体发展教育观。教育的发展最终必然指向人的发展。民族村寨教育的健康发展，离不开村寨内部人与人之间的和谐相处，离不开村寨居民与外部世界其他族群之间的和谐相处，离不开多元文化之间的和谐相处。历史上多次出现的不尊重人，忽视人的发展、人的需要的教育已经被证明是错误的。因此，民族村寨教育的发展、今后的民族村寨教育发展，必须树立人与人之间和谐相处的整体发展教育观，以促进不同群体之间能共同获得发展。

总之，以肇兴侗寨为代表的民族村寨教育变迁历史已然证明，村寨教育片面发展是不科学的，村寨教育必须与村寨中的人、自然地理环境、村寨社会的发展相协调、相适应，坚持和谐共生的整体发展教育观。该观点强调两点：一是村寨乡民的生长要与人之外的世界形成一个共生互补的良性发展系统；二是村寨乡民在与异族、异文化相处时，在审视本族文化和发展等问题时，应秉持文化多元一体、和谐共生的理念，唯有如此，民族村寨教育发展出现的问题才有可能被解决。因此，民族村寨教育不仅要重视发挥教育致富的功能，还必须充分发挥其提升人性和生命质量的理性功能，积极树立起和谐共生的整体发展教育观，促进民族村寨的社会、自然、人与教育的和谐共生发展。

---

① 张诗亚.和谐之道与西南民族教育[J]. 西南大学学报（社会科学版），2007，（1）：64-66.

② 傅云龙，陆钦. 老子·庄子全文注释本[Z]. 北京：华夏出版社，2006：31.

（三）建立互补共进的多元文化交流机制

民族村寨教育的定位与选择，要以满足村寨乡民生存和发展需要，提升其生存与发展的生命质量，促进村寨社会和谐发展为己任，如何实现？本书认为，应该在汉文化与少数民族文化之间建立起双向适应、互补、共进的关系及交流机制。

纵观我国的历史可知，作为一个多民族和谐共存的国家，长期以来，汉文化与多样的各少数民族文化之间，逐步形成了相互交融、取长补短、差异共存的多元一体共生关系。同时，教育与文化之间是相伴而生、紧密联系的关系，教育赋予文化生命活力，文化赋予教育社会价值。换言之，教育是文化得以延续和更新的必不可少之手段，而文化为教育的发展变化提供了基础性的价值观念和内容。生命的繁衍依赖基因，文化的传承依赖教育。教育活动是各民族文化得以传承的鲜活的生命机制。分析教育的文化功能可知，教育不仅具有选择、整理和传播民族文化的功能，还具有发展、创新、整合、融合的功能。教育作为文化的组成部分直接反映着文化的某些内容。村寨教育也是村寨文化的样态之一，反映并传播国家主流意识、主流文化、本民族意识与文化的重要场域。对民族村寨乡民而言，村寨教育文化包括两个方面，即国家主流文化和少数民族文化，两种不同文化在村寨教育活动中发生各种联系和交流，必然存在着一个相互碰撞、相互吸收、相互适应的过程，而不是机械地用主流文化取代少数民族文化。正如有的学者所言："绝不能认为主流文化与少数民族文化之间的关系就是主体与客体的关系。这种思想是民族团结的极大障碍，也是学校教育工作的绊脚石。"[①]肇兴侗寨教育变迁历程也证明了这一原理。

通过对肇兴侗寨教育变迁历程的深入分析，对所收集到的相关研究资料的全面把握可以明确，在村寨教育中，无论是注重少数民族文化对主流文化的适应甚至取代，或主流文化对少数民族文化的适应甚至取代，都是错误的、不科学的，违背文化传承、教育发展的规律。对民族聚居村寨的受教育者而言，任何单向的文化交流、适应，甚至取代都是失之偏颇的。对民族村寨及教育主体而言，主流文化与本民族文化之间应是平等的关系，而不应是臣服、替代的关系，在两者之间应当建立起相互适应、双向共生关系与互补共进的多元文化交流机制，唯有如此，才能真正实现民族村寨教育中，主流文化与少数民族文化共存共生的目标。正所谓"只有建立在不同民族文化基础上的社会文化制度，才是最适合和最有利于人性、人的本质的发展和价值实现的。正如用一种社会历史形态来代替另一种社会历史形态，用一种文化模式代替另一种文化模式是不可能的一样，用一种文

---

① 巴登尼玛. 文明的困惑：藏族教育之路[M]. 成都：四川民族出版社，2000：304.

化心理和价值观念代替另一种文化心理和价值观念也是不可能的。因为每一种文化心理和价值观念都是历史上文化长期作用、建构、发展起来的，它不仅内化于每一个个体成员的心中，也存在于整个民族的社会群体之中，特别是当它形成某种心理定势或价值模式的时候，是很难改变的。因为它的形成必有其历史渊源和一定的合理性和适应性"①。民族村寨教育发展中，在建立这种双向适应、互补共进的多元文化交流机制时，需要关注以下几个方面的内容。

（1）重视教育主体间的平等交流

肇兴侗寨中的学生、家长、村寨乡民、校长、教职员工等，都是村寨教育的主体，共同沉浸在侗族文化和主流汉文化共存的多元文化环境里。因为"对话便是真理的敞亮和思想本身的实现。对话以人及环境为内容，在对话中，可以发现所思之物的逻辑及存在的意义"②。所以作为村寨教育的主体，各类主体之间应该是主动对话与交流、互相学习与帮助、共同发展与进步的平等关系，在村寨教育实践过程中只是各个主体承担的角色有所不同，无地位的高低优劣之分，村寨教育中的各个主体需要通过平等的交流和对话以实现相互理解。正如学者哈贝马斯（Jürgen Habermas）交往理论中的观点，他非常强调人际间的交往行为，认为交往行为可以在彼此之间建立起互相沟通、互相理解的理性交往关系，能够通过理性的交往实现社会的和谐平等。因此，村寨教育的主流文化主体与少数民族文化主体之间，需要建立起相互平等、相互交流、相互学习的良性关系与机制。

（2）确立共同发展的村寨教育目标

任何文化都必须通过与其他文化的交流和沟通才能有所发展，若缺少交流，文化就会失去生命力，最终会难以延续，走向消亡。因此，在主流文化与少数民族文化之间建立互补共进的多元文化交流机制，是民族村寨各教育主体的共同需要和目标，在现实的村寨教育活动中，代表主流思想的汉文化及教育主体需要适应少数民族村寨教育的实际情况，在教学中积极吸收聚居村寨少数民族的优秀文化内容与思想，对教育内容做出相应的调整，以丰富和提升对异文化的认识和包容度；代表少数民族文化的村寨教育主体也要积极顺应时代发展的新形势，在与主流文化交流的教育活动中，合理地调整、充实个体已有的知识文化内涵，增强民族文化的生命力和魅力。一言概之，就是民族村寨教育要通过建立有效的双向交流机制，确立主流文化和少数民族文化相互促进、共同发展的教育目标，最终通过民族村寨教育活动促进村寨社会、自然、人与教育的和谐发展。

（3）促进文化间的双向互动与交流

"民族教育的目的在于尊重不同文化类型，在各民族文化平等的基础上，促进

---

① 巴登尼玛. 文明的困惑：藏族教育之路[M]. 成都：四川民族出版社，2000：308.
② 卡尔·雅斯贝尔斯. 什么是教育[M]. 邹进译. 北京：生活·读书·新知三联书店，1991：12.

不同民族文化类型间的理解。"①对民族村寨的教育活动而言,一方面,村寨教育中的主流文化要立足于村寨教育的现实情况,努力接纳和吸收当地少数民族文化中的合理内容,使教育的内容更加生动、丰富、合理,如民族文化进校园、校本课程设置与校本教材的开发,就是村寨学校教育中主流文化接纳少数民族优秀文化、交流互动、取长补短的现实体现;另一方面,随着社会日益开放和各民族之间交流的增多,任何一个少数民族及其文化,都不可能将自己封闭起来,或者免受异文化的影响,文化之间的交流日渐频繁,因此,民族村寨教育主体就应主动地对应这种文化多元、交融的情形,调整自己的教育需求以适应主流文化,在多元的文化氛围下使自己获得更好的发展。总之,民族村寨教育需要在内容上重视多元文化之间互动与交流,在教育活动中形成多元文化互补、双向滋养的关系。

(4)提供丰富多样的对话交流形式

在民族村寨教育中,还应重视提供丰富多样的对话交流形式,使主流文化与少数民族文化、村寨地域文化之间的交流与沟通有良好的途径,这些多样的交流形式既可以是显性的如村寨民俗活动、旅游文化节日、教育专题座谈会等形式,村寨教育的各类主体通过有效的沟通和交流,以促进村寨教育中多元文化的相互适应和滋养;还可以是隐性的形式或途径如村寨氛围、校园文化环境的展示等,使民族村寨教育中的各方加深相互之间的了解,进一步认识彼此的优点与缺点,最终实现文化间的互相适应和滋养。因此,在民族村寨教育活动中,主流文化与本地少数民族文化之间,要抛弃那种单向度的、一方必须要适应一方、一方必然要被另一方取代的文化交流关系,而是需要建立一种互补共进的多元文化交流关系与机制,这有利于村寨教育双方的共同发展,有利于促进民族村寨教育科学定位与选择的实现。

总之,教育是满足人生存和发展需要、生命质量,促进社会和谐发展、全面进步的生命活动。民族村寨教育应当切实定位于满足当地乡民的生存发展需要,以提升村寨乡民的生存和发展的生命质量为己任,增强村寨教育的生命活力,实现促进民族村寨社会与自然、人、教育的和谐发展及全面进步的最终目标。村寨教育实现上述定位与选择的理性思路有:构建民生价值观,促进民族村寨乡民生活品质的提高;树立整体发展观,促进民族地区教育、人、自然与社会的和谐共生发展;民族村寨需要建立起互补共进的多元文化交流机制。

二、我国民族地区农村教育发展的政策策略

为了确保民族地区及众多民族聚居村寨的教育发展,以及相应的教育权利和

---

① 哈经雄,滕星.民族教育学通论[M]. 北京:教育科学出版社,2001: 577-579.

义务得到落实，历代政权及地方政府都颁布了各种政策法令为村寨教育提供政策方面的导向和支持。

1. 重视发挥国家各项优惠政策的导向和扶持功能

自肇兴建寨至今，以肇兴侗寨教育的变迁为例，历代政权及地方政府都颁布了各种政策法令用以促进村寨教育的发展，近期的有国家大法如《中华人民共和国宪法》《中华人民共和国教育法》《中华人民共和国民族区域自治法》等，地方政策法规如《贵州省基础教育课程改革义务教育课程实施意见》《九年义务教育新课程方案"六·三"学制全日制小学课程安排表》等；远的较重要的政策法令有清朝顺治九年(1652 年)所颁布的"卧碑"第八条的规定、顺治十七年(1660年)颁布的《题准取苗童教育实施办法》、清朝光绪三十年（1904 年）的《奏定学堂章程》、民国 11 年（1922 年）的《学校系统改革案》、民国 29 年（1940年）国民政府颁布的《国民学校法》《强迫入学条例》《国民教育实施纲要》《县各级组织纲要》、民国 36 年（1947 年）由黎平县国民政府下达的"亮 36 教社字第 877 号训令"、1952 年由贵州省委宣传部编制颁布的《农村宣传提纲》、1957年由黎平县人民委员会制定颁布的《黎平县 1957 年扫盲工作计划》、1963 年贵州省委颁布的《贵州省农业中学教学计划（修订试行草案）》等①。这些政策法规中均有明确的内容要求帮助和扶持民族地区教育的发展要求，如《中华人民共和国教育法》中的内容要求"国务院及县级以上地方各级人民政府应当设立教育专项资金，重点扶持边远贫困地区、少数民族地区实施义务教育"。

国家通过颁布的各种政策法规及相关政令，确保对民族村寨和民族群体的政策导向、扶持和倾斜，这样就更能满足民族村寨乡民的利益和需求，同时也有利于国家和各级行政部门更加明确自身的职责，保证各项政策措施的落实到位。特别是进入 21 世纪后这种倾向更加明显，自 2000 年开始，随着肇兴侗寨旅游经济的兴起、推广和实施，国家各级政府颁布了多项政策法令进一步改善民族村寨教育的基础设施建设，促进民族村寨教育的健康发展；教育部和国家民族委员会先后召开了五次全国民族教育工作会议，在 2002 年 7 月召开的第五次全国教育工作会议上，着重研究了贯彻落实国务院《国务院关于深化改革加快发展民族教育的决定》，会议规定了国家现阶段民族教育工作的方针政策、重点内容和发展方向等；2005 年颁布的《国家教育事业发展"十一五"规划纲要》提出了分区规划、分类指导的发展原则，强调教育资源向贫困地区、边疆地区及边疆民族村寨倾斜；同年国务院办公厅转发财政部、教育部《关于加快国家扶贫开发工作重点县"两免一补"实施步伐有关工作意见的通知》（免书本费、杂费、补助寄宿生生活费），

---

① 本段内容是对（清）俞渭纂陈瑜修的《光绪黎平府志·典礼志》（成都：巴蜀书社，2006 版），以及贵州省黎平县编纂委员会编纂《黎平县志》（上、下）（贵阳：贵州人民出版社，2009 版）内的部分内容整理而成。

要求加快对国家扶贫开发重点县的实施节奏；2006 年，包括肇兴侗寨在内的所有民族地区的少数民族聚居村寨都开始实施农村义务教育经费保障机制改革的意见，全面落实"两免一补"等政策，并在资金支持方面给予基层民族村寨大幅度的倾斜；2010 年颁布的《国家中长期教育改革和发展规划纲要（2010—2020 年）》中提出要重视和支持民族教育事业，将民族群体和民族村寨教育列入重点行列，要求中央和各级地方政府都要继续加大对民族村寨教育的支持力度，公共教育资源要加大向民族村寨倾斜的幅度，从整体上提高民族村寨乡民群体和村寨教育的整体发展水平；而《中共中央关于制定国民经济和社会发展第十二个五年规划的建议》也提出要扶持发展民族教育，公共教育资源向民族村寨倾斜。一系列会议的召开与政策文本的颁布再次证明，民族村寨教育发展已成为社会及人们普遍关注的焦点，这些促进民族村寨教育发展的政策法规，在给村寨乡民带来实惠的同时，也大大促进了民族聚居村寨教育的飞速发展。

　　2. 利用国家转向民生改善的契机促进民族地区农村教育的发展

　　从重视经济发展转向民生改善，是我国在中国特色社会主义制度下和全面走向小康社会的背景下所做出的重大决策调整，在广度和深度上都是一项史无前例的重大发展工程。注重民生改善不仅仅是重视社会和家庭经济水平的改善提升，更是突出以人为本、重视满足人的深层次需要的战略发展决策。

　　民生得以改善对民族聚居村寨的发展、村寨群体的发展、村寨教育的发展等方面都有显著的价值和意义，是民族村寨教育事业发展的应有思路，将成为民族村寨教育发展的新起点。在民族村寨的民生事业得到改善的大趋势下，民族村寨的社会经济因素、民族文化因素和教育政策因素等影响村寨教育发展的各种内外因素都将有所改变，随之当前民族地区的农村教育也会发生改变，从原来单一地强调民族村寨经济社会发展转向经济社会和个人生活共同发展并重的状况，民族村寨教育事业的发展日渐成为国家关注的焦点。由国家颁布的促进民族村寨教育发展的各种政策正经历着从传统的、依赖外援式帮助转向以外援帮助方式与人力扶持相结合的变化，即由原来外部的帮扶式政策转向内部自生式支持政策的转变。在某种程度上，对把社会经济发展作为重要任务的民族村寨而言，注重民族村寨社会及乡民生活改善的战略是村寨教育顺利发展的基础，要实现这一战略目标就必须要有相应的政策指导和支持环境，于是利用国家转向民生改善的契机促进民族村寨教育的发展，重视通过村寨教育为民族村寨社会经济发展及人的生活质量的改善提升培养人才，是目前以肇兴侗寨为例的民族村寨教育发展的现实要务。

　　3. 确保民族地区广大农村教育发展政策的科学、持续与稳定

　　关于民族村寨教育政策的制定，需要有利于人追求自身生存发展、提升生命

质量这一终极目标的实现。教育作为一项提升个人素质、惠及民生的基础性事业，制定教育政策时就应考虑全体社会成员的利益，要让尽可能多的人素质得到提高、生活变得富裕、感到更加幸福，实现提升人的生存质量的目的。正如学者罗尔斯（John Bordley Rawls）所言："如果一个社会的主要制度被安排得能够达到总计所有属于它的个人而形成的满足的最大净余额，这个社会就是被正确地组织的，因而也是正义的。"[①]因此，制定关于民族村寨教育发展的各种政策就更应该坚持以促进个体生存与发展的生命质量的目标导向，关注那些能够真正有利于满足民族村寨乡民生活幸福、生存发展的生命质量得到提升的期望、内容、具体实现指标，将这些指标纳入制定过程当中。

　　肇兴侗寨的教育变迁历程，在一定程度上也是我国民族地区少数民族聚居村寨教育变迁过程的反映，也是我国民族村寨教育政策变迁脉络的有机反映。纵观肇兴侗寨教育变迁的历史，可以看到不同时代颁布的各种教育政策是具有一定价值导向的，而教育政策本身所具有的科学性、持续性与稳定性，对民族村寨教育的发展有着不容忽视的影响。基于此认识，当下的各级政府应当重视制定民族村寨教育发展各项政策时的科学化、民主化，即要增强各类各级民族村寨教育政策的制定及决策过程的公众参与度和透明度。而且，在制定有关民族村寨教育的各类政策时，尤其是那些与村寨乡民切身利益密切相关的教育政策制定过程，还应通过各种渠道或途径听取村寨内不同利益群体的意见，如民族村寨内各种弱势群体的意见并积极采纳他们提出的有意义的建议或意见。此外，在确保民族村寨教育政策科学、持续与稳定的基础上，还应强调民族村寨教育政策的权威性和民主性，重视加强民族村寨各类教育政策的实施力度和落实程度，以增强民族村寨乡民群体对这些教育政策的信任度和支持程度。

三、我国民族地区农村教育发展的具体策略

　　肇兴侗寨教育如何与村寨的经济、文化、社会、自然相适应，更好地满足村寨乡民的实际教育需求？如何实现肇兴侗寨教育的良性发展？我国广大民族地区的民族村寨教育应该如何发展与改革？民族聚居村寨到底需要什么样的教育？如何避免民族村寨教育以往价值定位的谬误？将这些问题全部归纳起来后，就是民族村寨教育最终要怎么走、走向哪里的问题。随着全球一体化、农村城市化进程的加速，民族村寨的教育迎来了接连不断的冲击与挑战，而民族村寨特殊的教育变迁历程，则促使我们需要在新形势下对民族村寨教育的发展进行重新审视。这不仅关涉民族村寨教育自身发展的需要，更关乎民族村寨乡民生活质量提升和村

---

① 约翰·罗尔斯. 正义论[M]. 何怀宏，何包钢，廖申白译. 北京：中国社会科学出版社，1988：22.

寨社会和谐发展等现实的需要。因此，本书将从以下几个方面阐释促进民族村寨教育发展的现实策略，具体内容如下。

1. 确认民族群体在村寨教育中的主体地位

在城市化进程加速和国家日益重视民生改善的前提下，民族村寨教育的发展必然是整个民族村寨社会及各项事业发展的重要推动力量。因此民族村寨教育在村寨各系统中的地位如何，是首先需要明确的问题，如何回答这个问题不仅关涉民族村寨对教育持什么态度，更涉及民族村寨乡民持什么样的教育价值观的问题。由此可知，只有立足于民族村寨的社会现实来解读和回答这个问题，才能使肇兴侗寨等众多民族村寨的教育真正发挥出促进村寨乡民发展、传承本民族文化、生活品质提升等功能，使本民族在社会巨变的浪潮中立于不败之地，在多元共存的文化世界中有一席之位。在当地的多次访谈中，多位访谈对象对笔者谈到了民族村寨中教育主体的地位问题，如黎平县教育局主管农村教育的某位副局长谈及工作人员所言[①]：

> F：在我们民族村寨的发展历史中，长期都忽视了教育应在村寨社会发展中占主体地位的问题，但这却是民族农村教育发展首先需要回答的问题，如果到了如今我们对这个问题还是认不清楚或者继续忽视这个问题，我觉得我们民族地区的农村教育想获得好的发展就是不可能的。你从肇兴一路考察过来，应该也知道肇兴历史上教育是出现过停滞甚至倒退的，根本原因就是对教育的地位和功能认识不到位或者忽视教育。因此，我们这里的民族村寨教育要想发展得好，首先就需要肯定，村寨民族群体在村寨教育发展中是占据主体地位的，只有村寨里民族群体的主体地位得到认可，乡民觉得自己的想法和观点被人重视，教育也是自己的事情，才能最大限度地发挥自身的优势和积极性，才能积极参与到村寨教育的发展活动中，只有这样的民族教育才能真正满足村寨老百姓实际的教育需求。你可以试着想想分析一下，今天咱们国家的民族教育特别是民族村寨教育所面临的这样那样的问题和挑战，一个很重要的原因不就是民族地区的教育长期受国家传统教育机制统一要求的影响，在民族村寨里，教育的功能和定位都脱离了村寨社会和文化变迁的现实情况，使村寨教育也受到城市化倾向的影响，村寨教育沦为给城市教育提供"半成品"或"原料"的基地。在我们这里是一样的，但是这却造成了村寨内学生群体因升学无望而大量回乡务农的现实，一大批考试失败、丧失进入城市机会的村寨受教育者，因为已

---

① 上述内容来自访谈记录的部分内容，访谈时间：2014年12月。访谈对象：黎平县教育局副局长（F）、工作人员（G）。

经感受到了城市化取向的现代教育的鼓舞和熏陶而向往城市的现代化生活，他们所熟悉的乡土社会也对他们已不再有什么吸引力了。这些升学无望的年轻人为了融入现代化的城市生活，早早就通过外出打工的方式离开村寨涌入城市，但是这些来自农村的年轻人基本上从未接受过职业技术培训，普遍缺乏生活、工作所需要的专业技能和知识，造成在城市中无安身立命之本、无容身之所，他们在城市中找不到合适的位置又不愿意回到农村，最终只能在城市社会与村寨社会之间来回迁徙，游离在两个社会之外。

　　G：正如 F 局长所言，在民族地区的农村里，村寨教育与民族村寨社会之间的关系不清晰，村寨社会发展需要和村寨教育之间的有机联系无人重视，教育游离于民族村寨发展之外，民族村寨同样也难以获得自身发展所需的教育支持。特别是在近几年，民族村寨的教育与整个村寨社会以及村寨经济、社会、文化等方面的交流对话已变得越来越少了。村民普遍认为读书上学没有什么实际的用处，上学和没上学的人一起外出打工挣的钱差不多，那还不如让子女早早外出打工挣钱。我觉得民族村寨的老百姓对以学校教育为代表的农村教育所持有的态度及做出的行为，在一定程度上都反映出了这样一个问题，就是目前的民族村寨教育与老百姓的实际教育需求是相脱节的，需要我们做出新的调整才行。那调整的依据是什么？就是要确立村寨乡民在村寨教育中的主体地位和重要价值，只有有了这样的基本认识，民族村寨的教育才能真正有个好的发展。

　　因此，对民族村寨教育而言要良性发展，就要以村寨民族群体自身的需求为目标。需要首先承认本民族文化不可或缺的教育价值和地位，在此基础上重视村寨民众的发展意愿和权利，使他们成民族村寨教育发展的主体力量，充分把握本村寨、本民族乡民的内在需求，在现实的村寨生活中将这些需求主动转化成获取知识的教育欲望，充分调动村寨乡民们参与教育的积极性，使他们真正成为村寨教育发展的主体，使村寨教育的目的转向满足村寨乡民的现实愿望，由民族村寨乡民群体自主来实现的发展目标和愿望。

　　2. 建立民族村寨内家庭、社区、学校三种教育的互动机制

　　美国著名的人类学家鲁思·本尼迪克特（Ruth Benedict）在著作《菊与刀》中曾明确指出："最孤立的细小行为，彼此之间也有某些系统性的联系。我十分重视数以百计的单项行为如何构成一个总体模式。一个人类社会总必须为它自身的生活进行某种设计……人们既然接受了赖以生活的价值体系，就不可能同时在其生活的另一部分按照相反的价值体系来思考与行动，否则就势必陷于混乱与不变……政治目标、经济行为、宗教仪式和社区活动、家庭活动就像齿轮一样相互

咬合在一起。一个部门发生较其他部门更剧烈的变化，其他部门就会受到巨大压力，而这种压力正是来自实现和谐一致的需要。"[①]肇兴侗寨教育的发展与村寨内的社区、家庭、学校之间的关系十分密切（图 7-2），村寨整体的教育发展和家庭、社区和学校的知识、文化传承模式紧密相连，体现在村寨政治和经济、社区与家庭、学校教育的一系列活动之中，并反映出乡民整体的教育价值观念。

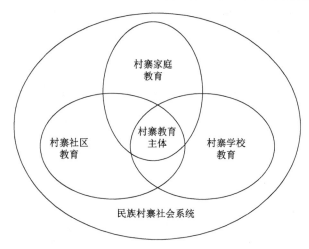

图 7-2　民族村寨社区、家庭、学校教育之间的关系示意图

　　村寨教育的价值观念与当时、当地的村寨社会、家庭教育模式及民族文化是分不开的，一般情况下受到两类教育价值体系的影响，一是属于民族的、社区的、家庭的以村寨社区和民族家庭为代表的教育价值观念体系，在民族村寨教育活动中，受不同历史环境下村寨各种因素的影响而成，通过村寨社区活动的潜移默化、家庭的言传身教使村寨年轻人能够顺利融入村寨集体之中，成为民族村寨群体的一分子；二是由历代中央政府及各级行政部门有目的地向民族聚居村寨、民族家庭及年轻人提供的公共的、有组织的教育价值观念及体系，村寨成员受这种价值观念的熏陶，使民族村寨内的个体能够适应、借鉴和吸收主流社会或者外部世界的文化与观念，成长为一个合格的公民。肇兴在建寨初期，村寨教育以村寨社区和民族家庭的传统教育价值观念体系为各种教育活动开展的思想基础；自肇兴侗寨被纳入到国家行政版图之后，这两种教育价值观就都对村寨教育活动产生了影响，村寨社区、家庭、学校和个体作为选择不同教育价值观念的主体，在不同历史时期下教育主体所做的教育价值选择是有差异性的，由此导致了不同时期村寨教育变迁道路的不同，即民族村寨教育主体选择了什么样的教育价值观念，就会有什么样的村寨教育形式。从村寨教育变

---

① 鲁思·本尼迪克特. 菊与刀[M]. 吕万和，熊达云，王智新译. 北京：商务印书馆，1990：8-10.

迁的历史来看，村寨的年轻人在其社会化的过程中，一般都会感受和体验到主流文化与民族文化所生发的两种教育价值观念体系，最终对本族文化及异文化形成双重认同，使得居于民族村寨之内的民族群体既作为民族成员而存在，又是国家的一员，从而使民族文化和主流文化在和谐的村寨教育系统中得到有机的传承。因此，民族村寨家庭、村寨社会、学校教育活动三者之间的关系，不仅是民族村寨社会结构基础上的复杂关系，而且是民族村寨社会发展的各个子系统对所需有限资源及空间的争夺、交换与共享的关系。鉴于此，民族村寨教育若要良性发展，就需要在村寨内部的家庭教育、社区教育、学校教育三者之间架起一座沟通的桥梁，促进三方的交流、互动、资源共享和共同发展，实现村寨教育和村寨社会的其他系统和谐相处，实现共同发展。

3. 依照农村及乡民的实际教育需要建构民族村寨职业教育及科普新模式

随着全球一体化趋势的加快，在一定程度上，一个国家的职业教育发展水平日渐成为衡量该国实力、发展水平及竞争力的标准之一，因此当已有的职业教育模式不能满足社会需求时，对职业教育的改革将是不可避免的。同时，随着终身教育理念的不断成熟、深入人心，各国都开始重视职业教育，将职业教育作为国民教育的组成部分之一贯穿于个体的教育规划中，强调培养受教育者的创业能力与综合能力[1]。我国的民族地区也不例外，广大民族村寨的职业教育发展应立足于民族村寨的实际情况，重视培养村寨发展需要的新型人才。

长期以来，国家和政府试图通过村寨内的各种教育活动促进村寨发展，通过各类学校教育引进与传播先进文化知识观念，通过各类职业培训传播先进种养殖技术，通过面向社区及家庭普及科技文化提升村寨乡民的整体素质，从而促进村寨生产力水平的提高，使村寨群体获得发展，生活质量得到提升。肇兴侗寨无论是明清时期由各级封建政府在村寨内推行的传统教育，还是民国时期由各级国民政府在这里实施的民众学校教育、现代学校教育，或者是中华人民共和国成立后在这里开展的正规学校教育、夜校农中教育、农民文化技术教育、科学技术普及活动等（详见第五章第二节），都是为了促进民族村寨社会、经济、文化及个体的发展。但历史与现实的情形都证实，在大多数情况下，这些有组织的、比较系统的教育普及活动，特别是面向民族村寨乡民开展的科学技术普及、农村文化技术教育、职业教育活动，因脱离了村寨乡民的实际教育需求，不能将外来的、系统的、先进的知识、技能与肇兴村寨的经济社会文化现实相结合，导致大多数受教育者都将接受教育、接受先进文化观念和知识作为向上、向外社会流动的跳板，村寨本身获利有限。正如肇兴一位负责基层农村农业技术教育和科学技术普及的

---

① 国家教育发展研究中心. 2001 年中国教育绿皮书——中国教育政策年度分析报告[R]. 北京：教育科学出版社，2001：155-156.

负责人所言[①]:

> 一直以来，我们这里的教育对职业教育重视还是远远不够的。一方面学校教育从来都是鼓励寨子里的年轻人不要安于现状，强调通过读书改变命运的意识，不重视职业教育，但是如果不能通过读书改变命运就大大降低了学习的动力，觉得读书无用了；另一方面，村寨的社会教育在过去是非常重视职业教育的，无论是在侗歌班还是各种重大节日活动里、家庭环境下，人们都很重视让年轻人学习生产劳动知识，因为不学习这些就不会种田，没有饭吃，但是从改革开放后，随着这里的人外出打工越来越多和旅游业的发展，很多寨民认为学校里教的内容和村里开展的各种科学技术普及活动、文化技术培训班及职业培训一般都脱离老百姓的实际需要，人们学了用处也不大，而没文化和不懂技术的人与受过教育培训的人挣的钱相差不多，所以人们参加职业培训也不积极，没有什么动力。因此，要让民族村寨教育为村寨、乡民服务，就需要建立与民族村寨相适应的科普及职业技术教育模式，让村寨教育适应、满足村寨社会经济发展需要，特别是农民文化技术学校教育，一定开展适应村寨发展的各种职业技术教育和科学文化普及活动，以此推动农村观念、文化、技术等方面的进步和传播，最终提高村寨乡民观念和素质，提高他们的生活水平和质量。

鉴于此，如要发挥职业教育促进村寨社会经济文化发展的促进作用，就需要根据民族村寨的生产力水平和民众的实际教育需求，特别重视农村职业教育的发展，不仅仅在村寨教育的各种类型中加强职业教育的分量，还需构建扎根于村寨乡土的富有生命力的职业教育及科普新模式，以培养立足于本土的、能满足村寨乡民真正需要的人才，最终加快村寨社会的发展。本书借鉴戴明环（PDCA 循环）[②]理论，从民族村寨职业教育的过程、主体与客体的关系、教育内容、现实需求以及社会自然多元文化环境的角度，构建适合民族村寨的职业教育及科普应有模式（图 7-3）。

---

① 该负责人是肇兴侗寨 23 所农业技术文化学校之一的负责人，主要工作为负责学校所在农村的科普、农民职业培训和文化宣传工作，访谈时间为 2014 年 6 月、12 月，文中内容为两次访谈记录的综合整理。

② 戴明环（PDCA 循环）理论由美国著名质量管理专家威廉·爱德华兹·戴明（William Edwards Deming）在 1950 年提出，是能使任何一项活动有效进行的一种合乎逻辑的工作程序，特别是在质量管理中得到了广泛的应用。四个英文字母所代表的意义分别是：P（plan）——计划，包括方针和目标的确定以及活动计划的制定；D（do）——执行，执行就是具体运作，实现计划中的内容；C（check）——检查，就是要总结执行计划的结果，分清哪些对了、哪些错了，明确效果，找出问题；A（action）——行动（或处理）。

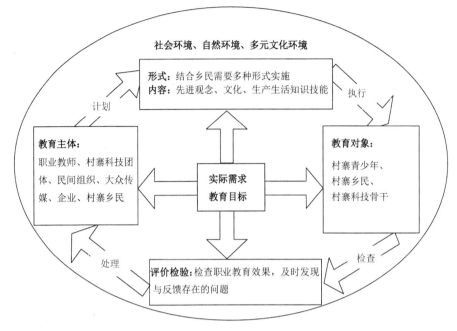

图 7-3　民族村寨职业教育及科普的新模式

该模式应满足这些基本条件：第一，多元化、多层级的教育主体构成，即必须打破行政机构及成员为主体的模式，丰富职业教育主体的构成，积极吸纳各类人群参与进民族地区村寨职业教育工作中，建立以政府为主导，由教育机构、大众传媒、企业、民间组织、村寨、农民团体共同参与的主体成员网络，将民族村寨里潜在的职业教育力量合理地纳入到成员网络中，如民族村寨中的寨老、歌师、药师等；第二，满足民族村寨及乡民的现实职业教育需求，即要满足民族村寨及乡民的现实诉求，重视乡民的主体地位及地方性、民族性知识的价值；第三，拓宽职业教育及科普的内容来源，即必须坚持将现代科技与地方性、民族性知识相结合的道路，全面考虑到民族村寨生态环境的多样、经济发展水平参差不齐、民族间文化差异显著的现实状况，根据人们的不同职业教育需求，保证选择内容宽广及多元化；第四，建立双向互动、及时反馈的活动机制，即要建立职业教育主体与客体之间的互动渠道，激发民族村寨基层乡民的教育热情，使主客体在互动与有效反馈中获得成长；第五，螺旋上升的专业化管理，即由专业的职业教育人员面向农村、农民的实际职业教育需求来开展活动，由螺旋上升的计划、执行、反馈、处理四大环节组成，走职业化、专业化的管理道路，这将是未来民族村寨职业教育及科普活动的必然选择。

当然，民族村寨职业教育的发展离不开与村寨教育中的其他机构与部分的协作与沟通。村寨职业教育发展需与村寨基础教育相结合，在基础教育领域里按照村寨所在地的实际情况，在教学中渗透一定的职业教育，在社会教育和家庭教育中，及时扭转乡民的观念，使他们意识到接受职业教育的重要性，愿意主动接受和参与到职业培训和科普活动当中。

4. 强化民族地区农村学校教育的双重功能

马克思主义认为，价值的形成归因于主体的需要，源于客体具有满足主体需要的某种属性功能，最终形成于主体和客体间需要和满足关系的不断生成，即"价值取向是个体对客观事物即自身需求和利益的认识水平的反映，也是个体的主观意志的体现"①。肇兴侗寨自清末有传统学校教育之始，该民族聚居村寨的学校教育就是有目的、有组织的人为实践活动，在以往的政府教育决策中，历来只强调村寨学校教育的社会取向的工具功能，长期忽视教育培养受教育者个性和心理健康的功能，即使到了学校教育飞速发展的今天，民族村寨的学校教育仍强烈地体现出社会取向的工具功能。但是对民族村寨的学生而言，在强调教育工具价值与功能的学校教育空间里，对他们是一场有失公平的学习竞争，导致的最直接后果就是以高投入、低质量的村寨学校教育成绩而告终。

就肇兴侗寨而言，国家高度统一的宏观教育目标和村寨乡民实际的内在的教育需求有时并不是完全对等的，如果仅仅把国家的宏观教育目标当作民族村寨直接的现实的教育目标来实施，就有可能使民族村寨教育的发展脱离村寨实际需求而出现错位现象。例如，在"文化大革命"期间，肇兴侗寨夜校农中教育就是因为符合并满足了村寨乡民的实际教育需求而获得了突出的发展，与之对比，实施国民教育的小学教育却因脱离了乡民的实际教育需求而停滞。就本质而言，民族村寨学校教育属于制度化的产物，是与整个外部社会及民族村寨社会的经济、政治、文化、观念等密切联系的一种文化现象。鉴于此，民族村寨学校教育具有两个基本的职能：一方面是以满足整个社会及民族村寨社会经济、政治、文化等需要的工具职能，另一方面是以满足民族村寨乡民自身发展所具有的职能，即村寨乡民实现社会化和个性化发展的职能。正如渠敬东基于涂尔干的社会理论所提出的理论观点："……教育始终摆脱不了日常情境的权宜性和紧迫性，然而，也恰恰因为有了这些限制，课堂才能成为一个既不能被推演，也不能被还原的社会，成为儿童未来社会生活的试验场。基于这些限度和这些限度提供的无限可能，教育的根本目的就不再是单纯向学生传授知识和技能，而是培养'对待生活的各种可能的终极态度'，学校也不再是一种固守的堡垒或浪漫的园地，而是一种能够将个人生活和社会生活连接起来的具有真正社会意义的中介组织。"②不过，民族村寨乡民的社会化体现着民族特性，与主流民族并非完全一致，具体体现在"劳动技能、生活技能、生活习俗的社会化，

① 叶澜. 试论当代中国教育价值取向之偏差[J]. 教育研究, 1989,（8）：28-32.
② 渠敬东. 现代社会中的人性及教育：以涂尔干社会理论为视角[M]. 上海：上海三联书店, 2006：215-217.

道德社会化、信仰社会化和性别角色的社会化"①等多方面。由于民族村寨的乡民一般都处在本族文化和主流汉文化交融的二元甚至多元文化环境中，不仅要吸收传承本族优秀的传统文化，还要学习适应主流文化及社会环境，所以，对处于多元文化交融环境里的民族村寨乡民群体而言，村寨内以正规中小学为代表的基础教育机构在"实施基本的普通文化知识、培养公民基本素质，为继续升学或就业培训打好基础"②的教育实践活动中，不仅要帮助村寨年轻成员"传承本族的历史文化和优良传统，适应本族的社会文化环境，还要促进民族年幼成员在族际交往中与其他民族文化尤其是主流文化相适应，从而在多元民族文化和现代主流文化环境中，能够获得更好的生存和发展机会"③。因此，民族村寨的学校教育除了担负向年轻学生传承基本文化知识的功能之外，还应承担传授学生一定的农业职业技术及谋生技能的功能，让受教育者能够通过受教育过上丰衣足食的生活，最终实现教育对整个民族村寨社会的真正改造。

5. 重构农村地区学校教育的课程体系

作为传递知识与技能的重要场所之一，学校教育实质上也是对已有知识系统中的内容进行有目的的选择和传承的一个具体过程。已有知识是否在学校教育中得到传承，关键就在于这些知识是否被纳入到了学校已有的教学内容之中。学校的课程体系就是这些被选择出的知识的系统化展现。当知识进入既定的学校课程体系之后，也就是说这些知识是有特定价值和意义的，是符合社会和人的发展需要的，是要继续传承下去的。换句话说就是说明这些选择出来的知识是有价值的、值得学习和传播的。与之对应，没有被选择成为学校课程内容的那些知识则会呈现出日趋明显的边缘化倾向。长期以来我国一直将主流文化与城市文化作为官方认可的学校课程知识的主要来源，多元的少数民族文化和差异化的地方性知识资源则处于学校课程内容选择的边缘位置。然而，基于村落城市化和工业化思路所设立国民教育体系及培养目标，在课堂上教授的知识技能是为了满足主流文化和城市工业文化需求的，与传统的民族文化知识相比，在某些方面存在着不容忽视的客观冲突。这种教育体制及课程体系是国家力量向村落乡土社会渗入的强力手段，它更注重引导村落以国家或城市所期待的面貌参与到外部世界的运行之中。正如李书磊在《村落中的"国家"——文化变迁中的乡村学校》中所言："确实，现行国民教育的课程设计就不是为现在的农村生活准备的。渗透在各种课程中大规模的思想政治教育指的是国家体制内的生活，而广泛的自然科学教育与精准的语文知识教育指向的是城市与工业体系内的生活。现行学校课程对乡村生活的某

① 贾春增. 民族社会学概论[M]. 北京：中央民族大学出版社，1996：220-222.
② 顾明远. 教育大辞典(增订合编本)[G]. 上海：上海教育出版社，1998：627-629.
③ 达万吉，青克尔. 新疆边境少数民族基础教育功能及发展对策研究[J]. 民族教育研究，2012，（5）：73-76.

种满足只是一种附带产生的结果：学生在学习以国家、城市和工业为目标的课程时自然学会识字、算账，而能识几个字、会算几笔账则是乡村生活所需要的。当然，学校教育也能够提高农民子弟的某种文化消费能力，如上过学再看电视就能够看得更懂些，但这种能力对乡村社会的生活的改进却没有实质性帮助。"①

从过去到现在，我国都是实施国家统一标准的学校课程体系，课程内容强调学而优则仕、为现代化服务等社会功能，在社会发展和提高人们素质等方面发挥了积极的作用。但随着生产力的快速发展和时代更替，如今这种单一的学校课程模式及内容因过分强调国家主义、社会本位而受到越来越多的质疑，学校教育的功能、价值和意义被不断弱化。为什么会出现这些问题？究其原因可知，在很大程度上是因为学校教育的课程内容远离学生实际生活经验而引起的，学生在学校所接受的知识技能与自己日常生活经历相差太远，根本无法在两者之间建立有机的联系，造成学生对学校教育的课程内容感到陌生、无法领会，最终导致厌学情绪，丧失学习动力。唯有学校教育所选择的课程内容与当地的文化情境相关，与民众和学生的实际需求相符合时，学校和学生才能获得真正的发展。正如巴登尼玛教授在其著作《文明的困惑：藏族教育之路》中所指出："在我们的学校教育中处理好汉文化与民族文化的关系是非常重要的。在学校教育中既要包括汉文化的基本内容，又要包括其他各民族的文化内容；既要让学生了解汉民族的文明发展史，也要让学生熟知本民族的文明发展史和其他民族的文明发展史。学校教育的这项任务……在整个中华人民共和国都需要。"②

分析肇兴侗寨教育变迁历程可知，该村寨的学校教育在历史上呈现出迟缓、反复变化态势的原因是多方面的，但是在很大程度上还是因为当时该村寨的学校教育所传授知识内容与当地的社会文化现实相脱节，进而使村寨学校与村寨社区相互分离造成的。无论是国民政府时期的小学课程、中华人民共和国成立后的学校课程内容，还是当下肇兴侗寨中小学的课程知识体系，不同时期的学校教育都毫无例外地选择主流文化作为课程知识的主要来源，对村寨的地域知识及侗民族的文化知识技能重视不够，最终对民族村寨教育的变化产生了消极的影响。为了消除这些消极负面的影响，民族村寨教育应该走向多元性和差异性的教育之路，在学校教育场域之中，构建校本课程、开发乡土教材就是促进多元文化教育的有效途径之一。第一次全国民族村寨学校教育工作会议的会议报告明确提出："民族学校的教学大纲与教学计划应以教育部的规定为基础，结合各民族的具体情况加以变通或补充。民族各级各类学校的学制应遵照中央人民政府政务院《关于改革学制的决定》，结合具体情况有步骤的实行改革和建立。""民族村寨学校教

---

① 李书磊. 村落中的"国家"——文化变迁中的乡村学校[M]. 杭州：浙江人民出版社，1999：120-122.

② 巴登尼玛. 文明的困惑：藏族教育之路[M]. 成都：四川民族出版社，2000：271-275.

育的内容和形式问题、课程教材问题，既要照顾到民族特点，又不忽视整个国家教育的统一性。"①也就是说，在政策允许的范围之内，在民族村寨学校教育中适当加入反映村寨乡民历史、文化、传统科技的课程是有必要的、有价值的、可行的，不过，民族村寨学校教育的课程还是要以教育部的规定即现行的国家课程标准为基准。从学校教育活动的实施过程来看，民族村寨的学校教育一样是有计划、有目的、集中的、系统的教育教学实践活动，是在规范统一的教育教学体制之下，依托完备的文字符号系统和多样的教学设备，采用高效率、低成本的班级授课形式，发挥传递文化、教化人心、服务社会的功能。要在学校现有课程体系中加强对地方课程和校本教材的重视和运用，就需要重新建构民族村寨学校教育的课程体系，通过地方课程、校本课程及乡土教材的开发，在选择与设置课程内容时，既要体现出传统民族文化的特殊性及地域文化的多样性，又能接收到外部最先进的主流文化知识和观念，在教学过程中实现对村寨民族学生群体的多元文化熏陶，增强他们的跨文化理解能力，为他们未来能够顺利融入多元社会奠定坚实基础。此外，民族村寨地方课程、校本课程在选择内容时，还应重视选择那些有利于民族学生生存能力养成的内容，将民族学生群体从村寨社会、家庭获得的知识和从学校学习获得的知识密切联系起来，实现知识的学以致用和学生升学与就业的两不误，使学生群体通过参与村寨内的自己熟悉的家庭教育、社区教育活动，形成对自己的家庭、村寨乡土社会的认同感和归属感，最终实现对以学生为代表的民族村寨乡民群体深层次生命的关怀。

6. 合理设置民族地区农村学校教育中的地方性知识

地方性知识是指居住在一定地域内的民族或种族所固有的生产生活方式和社会意识的凝聚，与地域成员的生产生活密不可分，是历史的、地域的、发展的知识体系。一般情况下，"地方性知识往往是与传统的血缘格局、地方宗族、宗教等因素联系在一起的，是乡土社会实现地方自我治理的形式"②。因此，"地方性知识必须在地方人们的文化框架中才能得到理解。将其与它的文化背景相分离就忽视它在社区生存和团结中所发挥的作用。所以，地方性知识不能通过将其包括在图书馆或记录在纸上或以电子产品的形式而得到充分的保存。就像保存生活的多样性一样，地方性知识只有在不断地使用过程中才能得到保存，充满生气"③。著名的人类学家克利福德·格尔茨（Clifford Geertz）在继承文化相对论的基础上，把地方性知识理解为一种知识体系，目的是为了表达和组织地方文化。对民族地区的少数民族聚居村寨而言，乡民族群和村寨社区本身也是地方性知识体系的重

① 王铁志. 新中国民族教育政策的形成与发展（上）[J]. 北京：民族教育研究，1998，（2）：3-13.
② 庄西真. 国家的限度："制度化"学校的社会逻辑[M]. 南京：南京师范大学出版社，2006：54-58.
③ 石中英. 知识转型与教育改革[M]. 北京：教育科学出版社，2001：321-325.

要组成部分。但是现代学校教育却因忽视地方性知识，而在民族村寨里产生了日渐壮大的、游离于地方文化和主流文化之外的边缘群体，这些群体既不能融入外部的现代化社会，又无法安心扎根于村寨乡土社会里，已成为民族村寨社会发展、民生改善的拦路石，最终迫使民族村寨乡民重新审视村寨教育的作用和功能。由此，人们在解决教育现实问题和保护民族文化诉求的矛盾过程中，开始关注地方性知识的价值和意义。

目前，肇兴侗寨学校教育的实施是为了使受教育者更好地脱离民族村寨社会，村寨现代学校在教育内容设置与选择方面以主流文化为主，在学校教育的管理制度方面强调低级向高级逐级升迁的等级制，强调通过学校教育使民族村寨的受教育者通过考试或升学等选拔方式摆脱农民的生活方式，使受教育者脱离民族地方社会，实现从乡野到庙堂、农村到城市的生境转换，而受教育者为了能够达到这一目标，必然会以牺牲地方性知识的传承为代价。学校教育使民族村寨的受教育成员既失去了维系村寨社会成员之间纽带的地方性知识及其传承空间，又失去了大量宝贵的时间和精力，成为国家设置的正规学校教育模式的牺牲品，导致的直接后果是学校教育造就了大量不能适应民族村寨乡土社会的受教育失败者。之所以这样，是因为民族村寨的受教育者，不仅是生活在由学校教育的课堂和书本所形成的知识系统中，更是生活在客观存在的民族村寨社会生活大系统和村寨地方文化无时无刻地渗透之中[①]。因此，对民族村寨内大多数的受教育者而言，由于低质量的学校教育使继续升学的希望十分渺茫，这里的学校教育更应从根本上转变城市化、工具化的教育设置，重视满足村寨乡民现实的生存需要目标，使其在力所能及的范围内通过学校教育获得最大程度的发展提升，真正通过受教育获得改善生活的机会与能力。一般而言，"发展本土化的民族基础教育可以通过选择、保存、传递和发展地方性知识，使本土学生认识到自己完整、历史悠久的地方性知识体系，展现地方性知识在本土发展过程中的巨大贡献，唤起他们对地方性知识的价值意识，通过地方性知识的传播，加强他们对本土社会的文化认同，使他们从小就认识到本民族文化的价值、对其确立信心，这样才能保证民族文化的可持续发展，保证发展多样化的民族文化"[②]。不过，在现代化和经济一体化的大趋势下，民族村寨的学校教育应秉持谨慎而灵活的态度来看待、维护和传承民族村寨地方性知识与技能。对体现国家意志的学校教育与民族村寨的地方性知识的兼顾问题，从结构设置层面上来说，属于全局性的教育问题；从操作层面上来说，则是教育选择权利下放的问题，即需要通过下放一定的教育权利到民族村寨，实现把反映民族村寨地域文化特点的知识内容引入到学校教育之中的目标。由此，

---

① 刘铁芳. 乡村的终结与乡村教育的文化缺失[J]. 书屋，2006，（10）：45-49.
② 石中英. 知识转型与教育改革[M]. 北京：教育科学出版社，2001：161-165.

在面对多元的教育需求和改善民生的背景下，民族村寨学校教育的新战略应是：
"面对公民"——教育体系将确保公民有同等机会接受高质量的教育，在接受教育
的类型和数量上有所选择，并能开发人的技能，建设繁荣的经济、和谐多样的社
会；"面对世界"——教育体系将获得全球性知识，开设国际水平的课程，使国
家、民族有能力参与国际知识经济的竞争；"面对市场"——教育体系将适应经
济变化的需要，培养学习者在变化的劳动力市场中成功的技能，促进信息自由传
播，发挥市场作用，使决策具有良好的信息基础。[①]因此，民族村寨教育要获得
良好的发展，就需要以满足民族村寨乡民的实际需求为依据，正确认识民族村寨
的地方性知识所具有的价值和功能，努力增强地方性知识的文化能动力，尝试建
构出民族村寨乡民群体所认同的本土文化地位，将村寨学校教育中对村寨地方性
知识进行有机的设置与整合，使具有不同文化背景的村寨学生群体在学校教育中，
学会尊重和认同彼此之间的不同价值观念和生活理想，使代表国家意志的学校教
育能够更好地为民族村寨社会和个人的发展服务。民族村寨的学生群体，不仅要
学习主流文化的知识、技能，还要学习民族村寨稳定的地方性知识与技能，以增
强本民族的自豪感、使命感、认同感和归属感。在目前推行的农村教育改革中，
民族村寨的学校教育应在立足满足乡民实际教育需求和国家现有教育目标的基础
上，依据民族村寨学校教育的现实状况，在学校教育的内容体系中科学合理地安
排一定比例的以地域文化为代表的村寨地方性知识及相关内容，让民族村寨的学
生能够学习到本地生产生活所需的知识和技能，最终掌握民族村寨的地方性知识
系统。学校教育要重点选择那些富含意蕴、吸引力、感染力的与学生生活密切相
关的，并能使其终身受益的优质内容。例如，在肇兴中心小学里，将侗族村寨社
会中富含地域特色的文化内容和游戏等活动纳入到学校教育的教育内容和活动设
置之中，使村寨学校和民族村寨地域文化之间保持着有机的联系。

　　总之，为了促进民族村寨教育的发展，在我国民族地区农村教育方面，既要
考虑学校教育的整合功能，完成基础性的国民教育，同时又要考虑到民族地区少
数民族聚居村寨特定的自然地理环境因素及历史形成的地域文化的影响，重视对
优质地方性知识的选择与传递，使民族村寨的学校教育在实践过程中，能满足不
同地域、不同文化和不同民族的教育需要，在教育系统内部实现国家的"大传统"
和地方的"小传统"之间的良性互动，这将是我国民族地区农村教育今后发展的
一条正确道路，同时也是民族教育合理性的具体表现[②]。

　　总之，我国民族地区农村教育是满足村寨社会进步、乡民们生存和发展的有

---

　　① 张力. 2000 年中国教育绿皮书[Z]. 北京：教育科学出版社，2000：132-133.

　　② 滕星，关凯. 教育领域内的国家整合与地方性知识[J]. 中南民族大学学报（人文社会科学版），2007，(9)：
31-34.

机生命活动，因此，民族地区农村教育的教育事业，应当以满足村寨社会发展进步的需要，乡民生存和发展的需要，提升乡民生命质量的需要为立足点，切实增强民族村寨教育的生命活力，最终促进民族村寨社会整体及各个部分的和谐发展、全面进步。

结　语

我国的 55 个少数民族在全国范围内呈大杂居、小聚居的分布状态。"截止到 2017 年，按照行政建制统计全国少数民族聚居地共 1427 个，其中乡村级别的共有 1248 个，仅贵州就有 253 个民族聚居乡村。"[①]因聚居村寨所在地的地理气候条件、民族历史风俗、生产生活方式间存在较大的差异性，不同民族聚居村寨的教育呈现出多样化的形态。

在正规学校教育介入民族村寨之前，这些各自不同的村寨教育形态曾承担着传承本村寨乡民群体的民族传统文化、促进个体完成社会化、促进村寨社会向前发展等多个角色，即承担着传承文化、教化人心的重要作用。对居于少数民族聚居村寨之中的乡民而言，在正规的学校教育尚未介入之前，个人在生产生活中所需经验或技能知识，基本上都是依靠家庭中父母及其他长辈的言传身教，以及自己参与村寨中各种集体活动时习得的，统称为村寨社会教育。其中，村寨社区教育就是个人通过参加各种集体性的生产和节日活动等方式来实施的，例如，在村寨集体生产劳动中，年轻人向经验丰富的老年人学习生产劳动中所需的技巧、技能等知识；在各种各样的集体节日中，年幼者通过参与各种各样的集体社会活动，从具体的宗教仪式、生动的节日风俗里掌握相应的社会规范，实现个体的社会化。随着时代的发展，正规学校教育在少数民族聚居村寨内落地生根。作为一种有计划、有目的、有组织的专门活动，学校教育有专门的活动场所、专职教师、教学内容和组织规范等，在培养村寨乡民和促进村寨社会的发展方面，有着社会教育活动不具备的巨大作用，并随着村寨社会的变迁而变迁。

从最初自发的村寨社会教育到如今的正规现代学校教育，少数民族聚居村寨的教育变迁受到多方面因素的影响，历程十分曲折，时而盛兴，时而颓废。一般情况下，当符合并能够满足乡民正当教育需要时，村寨教育就会受到乡民的欢迎，呈现出繁荣的局面，反之，当村寨教育与人的教育需求不一致或者相悖时，村寨教育就会陷入迟缓发展或者停滞状态之中而被人们抛弃。因而，如何正确认识少数民族村寨教育的变迁规律，以便通过促进村寨教育健康发展而改善乡民的生活，已成为关涉民族地区教育与人和社会发展的一个重大问题。

---

① 国家民族事务委员会经济发展司，国家统计局国民经济综合统计局. 中国民族统计年鉴 2013[M]. 北京：中国统计出版社，2014：828.

　　本书重点考察了贵州肇兴侗寨教育的变迁历程，作为著名的少数民族聚居村寨之一，其教育变迁历程历经数百年，是我国众多少数民族聚居村寨教育变迁的一个生动例子。通过对肇兴侗寨所处场域的自然地理环境、气候条件、经济、文化、教育的全面考察和重点研究发现：肇兴侗寨教育作为一种特殊的教育形态，其存在和变迁都有其客观必然性。肇兴侗寨所在区域内特定的自然环境、地理条件，造就了肇兴侗寨教育变迁的社会背景，又为村寨教育的变迁奠定了现实基础。为了准确揭示肇兴村寨教育的变迁规律、变迁的特殊性和根本原因，笔者在查阅文献、多次田野调查及综合分析的基础上，对肇兴侗寨教育变迁历程进行了深入的研究。在研究内容、方法、具体路径上有所创新，具体内容包括：第一，在研究内容上，以肇兴侗寨教育自身变迁所呈现出的阶段性特征为依据，将其变迁历程划分为不同的历史阶段，并将其变迁置于村寨社区的内部关系网络，综合分析教育与社会各要素的关系，与已有的以主流社会政治制度更替为依据，从外部划分村寨教育变迁的研究相区别；综合运用大量第一手资料及正规史料，包括口述史、州府县志、地方志、大事记、族谱、侗歌、党政文件与内部资料、明清及民国文史选录、各种统计资料、古迹等，其中大量未公开出版的资料，是本书赖以进行的基础，丰富了研究内容。第二，在研究方法上，基于跨学科的视角，将口述史、田野调查、文献法等有机结合，是研究方法的创新。通过综合运用口述及田野调查等方法，了解文献资料记载较少的肇兴侗寨教育变迁的现状、影响因素、存在的问题，实现在口述、田野、文字之间来回的穿梭，构筑了一个小型民族社区教育变迁的历程，为人们提供了一幅真实的教育变迁的图景，并为后来的研究者提供借鉴。第三，在研究路径上，从"宏大叙事"走向"小叙事"研究，将宏观背景分析与微观深描相结合，坚持由内而外、自下而上的研究路径，从肇兴侗寨教育自身变迁历史出发，逐渐集中到肇兴侗寨教育变迁社会背景的描述上，并探讨在大的社会文化背景中民族村寨教育的变迁状态及规律和特点。

　　随着研究的不断深入，也暴露出了研究过程中存在的一些局限和问题。一方面，肇兴乡位于贵州省黔东南苗侗聚居区黎平县境内东南部，黔、湘、桂三省交界的云贵高原向湘、桂丘陵过渡地段，全乡总面积 133 平方公里。截止到 2014 年年底，全乡辖 22 个，56 个自然寨，肇兴侗寨是乡镇府所在地，当地侗族人口比例为 100%，其附属村寨多分布在山高路远的高山、沟壑之中，且地理位置偏僻、交通不便，有一些村寨直到目前还没有通公路。因此，受研究时间与精力的限制，本书只能在较小的范围内展开，仅选择了侗族聚居区内的肇兴侗寨及周边较近的几个村寨为研究对象，重点对乡政府所在地肇兴侗寨进行了详细的民族志调研和问卷调查，存在研究范围狭小、民族群体单一的不足。另一方面，本书根据研究的实际需要，在借鉴以往研究的基础上，最终选取了质、性研究相结合的研究范式，在长期的田野调查工作中运用观察、访谈、口述史、问卷等方法，深入侗寨生活现场收集资料。但是在多次实际的调研中笔者发现，由于当地青壮年多外出打工，留守群体中的侗族老年人及妇女多不会说普通话，只能使用侗语交流，而笔者又不懂侗语，在访谈时存在交流障碍，唯有求助于翻译者才能顺利进行，所以造成本书在选择访谈对象时，多以侗寨内能用汉语流利交流的中老年男性群体和中小学生为主，对村寨侗族女性的访谈相对较少，存在遗漏一些重要信息的可能。而在问卷调查阶段，也因时间和精力的因素，重点面向肇兴侗寨内的各类群体发放相应的调查问卷总计 333 份，实际回收有效问卷 316 份，但是肇兴侗寨人口总计 3300 余人，远远大于样本的数量，所以本书还存在样本取样偏少的不足。总之，本书对肇兴侗寨教育变迁历程进行了深入的考究，探讨其变迁的原因、特点、出现的新问题和应有的反思，由此对民族地区村寨教育的合理定位与选择进行了理性思考，是需要研究者进一步探讨的问题。

　　我国多样化的地域环境和多元化的民族形态，造就了各个少数民族群体独特的生计方式和思维模式，不同民族村寨的教育也各有特色。本书探讨肇兴侗族村寨教育变迁的历程，旨在通过对个案的深描、纵向比较和透视，力求通过一滴水折射整个太阳，实现揭示其背后蕴含的教育规律的目的，截止到目前，笔者认为基本实现了这个研究设想。但是，运用个案研究的方法，也使本书带有个案研究所不能避免的局限，在研究过程中研究者对纷繁资料的处理和运用还比较生硬；还因多次实地调查经历，笔者对肇兴的人与事产生了深厚的情感，虽有明确的研究意识，但在研究工作时还是有所体现，这是今后研究应当克服的局限。那么，在社会急剧变迁的当下，肇兴侗寨与其他少数民族村寨教育变迁之间的有何异同？广大民族地区的乡村教育应当如何健康发展，如何促进乡民更好地生存和发展，如何实现民生改善目标等一系列问题归结起来，就是广大民族地区的村寨教育在未来应该走向哪、应该怎么走的问题。这是研究者和教育者都必须思考的问题。笔者基于已有的研究纵向探讨了肇兴侗寨建寨以后的教育变迁历程，时间跨度漫长，因研究范围和取样的限制，对关涉教育变迁的某些内容的研究还有待深入。因此在后续研究中，首先要适当拓展研究的范围，对不同侗族聚居村寨教育的变迁状况进行研究和比较，适当增加研究范围与样本容量，以便获取更全面的资料；其次要适当增加调查样本的人群成分、问卷调查的样本量，补充遗漏的信息与资料，以提升样本的代表性和说服力，使研究者能更加客观、科学地认识侗寨的教育变迁历程。

　　另外，在整个研究过程中，通过对肇兴侗寨教育变迁的实地考察和理论分析，笔者多次意识到民族村寨教育变迁是一个极其复杂的问题,涉及的影响因素太多。不同的时期，同一个村寨的教育变迁是不尽相同的；同一个时期内不同村寨的教育变迁也是不相同的，因而，本书的所感所得不可能用于解释所有民族地区的农村教育变迁的问题。还需要特别说明的是，本书提出的理性思路或者具体的策略都只是基于笔者的初步设想,虽然是针对肇兴侗寨教育变迁提出的相关政策建议,但却无法在实践中验证其可行性,即在类似地区的可推广性也是一个需要进一步考证的问题,唯待未来才能进一步论证和检验,这些都将是本书的后续研究需要进一步努力解决的问题。

附 录

附录一 调查问卷

一、肇兴侗寨教育变迁调查问卷（家长）

尊敬的家长：

您好！

我们在进行关于肇兴侗寨教育变迁情况的调查，问卷所列问题的答案没有对错之分，希望您将真实的情况或想法提供给我们，我们将对您的回答保密，不必有任何顾虑。问卷实行不记名方式填写，您可以选择最符合自己情况的选项并将相应代码填入括号内，或在横线上填写您的具体情况或想法。除特别说明外，所有题目都只选一个答案。谢谢您的支持与合作！

1. 您所在的村名为＿＿＿＿＿＿＿＿＿＿＿＿＿＿，您的年龄为＿＿＿＿岁，您家里有＿＿＿＿个孩子，孩子的年龄分别为＿＿＿＿＿＿＿岁，孩子现在的学业情况分别是＿＿＿＿＿＿＿＿＿＿＿＿。

2. 您是孩子的（　　　）。

A. 父亲　　　　　　　　　　　B. 母亲

C. 祖父母　　　　　　　　　　D. 其他亲戚

3. 孩子父亲的职业是（　　　），孩子母亲的职业是（　　　）。

A. 工人　　　　　　　　　　　B. 农民

C. 教师　　　　　　　　　　　D. 公务员

E. 其他（请说明具体工作）＿＿＿＿＿＿＿＿＿＿＿＿＿

4. 您家庭年收入在（　　　），这样的收入能否满足家庭生活及孩子上学?＿＿＿＿＿＿＿＿＿＿＿＿＿＿能/否（选一）。

A. 2000 元以下　　　　　　　　B. 2001～3000 元

C. 3001～5000 元　　　　　　　D. 5001～10 000 元

E. 10 000 元以上

5. 孩子父亲的文化程度是（　　　），孩子母亲的文化程度是（　　　），您希望孩子达到的文化程度是（　　　）。

A. 小学　　B. 初中　　C. 高中　　D. 中师、中专　　E. 大专　　F. 本科以上

6. 您送孩子读书主要是为了（　　　）。

A. 希望孩子多学点文化知识，成为对社会有用的人

B. 希望孩子能够做一个热心肠、有爱心的人

C. 希望孩子今后能找到一份稳定的工作，改变家庭状况

D. 尽父母的责任

E. 没有具体要求，只要孩子多学点知识就可以了

F. 其他（请填写）＿＿＿＿＿＿＿＿

7. 您希望孩子将来从事什么职业？（　　　）。

A. 工人　　　　　　B. 农民　　　　C. 教师　　　　D. 公务员

E. 其他（请填写）＿＿＿＿＿＿＿＿

8.您认为学校的任务是对孩子进行（请按重要性从大到小排列）（　　　）。

A. 思想品德教育　　　　B. 科学文化教育　　　　C. 身体素质教育

D. 心理素质教育　　　　E. 审美教育　　　　　　F. 人际关系教育

G 其他（请填写）＿＿＿＿＿＿＿＿

9. 如果孩子希望不断学习，您会一直支持孩子读书吗？（　　　）

A. 支持　　　　　　B. 说不清　　　C. 不支持，原因是（请填写)＿＿＿＿＿＿

10. 您认为上学对孩子成长的影响（　　　）。

A. 决定性影响　　B. 影响较大　　C. 影响很小　　D. 没有影响

11. 您认为影响孩子学习成绩的最重要因素是（　　　）。

A. 家庭环境　　　B. 学校环境　　C. 社会环境　　D. 孩子的努力

12. 现在有很多大学生毕业后没有找到工作，只好去外地打工，您认为原因是（　　　）。

A. 没有真才实学　　　　　　B. 社会不需要这样的人工作

C. 学的东西没有用　　　　　D. 不懂得怎么找工作

E. 没有可利用的社会关系　　F. 地方相关部门不重视、没有管

G. 以上都不是，真实原因是（请填写）＿＿＿＿＿＿＿＿＿＿＿

13. 毕业大学生打工这件事情会不会影响您送孩子上学的积极性？（只选一项，并说明原因）（　　　）。

A. 影响，原因是＿＿＿＿＿＿＿＿＿＿＿＿＿＿＿＿＿＿＿＿

B. 不影响，原因是＿＿＿＿＿＿＿＿＿＿＿＿＿＿＿＿＿＿＿

14. 您认为肇兴的学校教育在哪些方面需要有所改善？

＿＿＿＿＿＿＿＿＿＿＿＿＿＿＿＿＿＿＿＿＿＿＿＿＿＿＿＿＿＿＿＿

＿＿＿＿＿＿＿＿＿＿＿＿＿＿＿＿＿＿＿＿＿＿＿＿＿＿＿＿＿＿＿＿

二、肇兴侗寨教育变迁调查问卷（学生）

亲爱的同学：

你好!

我们在进行关于肇兴侗寨教育变迁的情况调查，问卷所列问题的答案没有对错之分，希望你将真实的情况或想法提供给我们，我们将对你的回答保密，不必有任何顾虑。问卷实行不记名方式填写，你可以选择最符合自己情况的选项并将相应代码填入括号内，或在横线上填写你的具体情况或想法。除特别说明外，所有题目都只选一个答案。谢谢你的支持与合作!

1. 你的年龄为____岁，你就读的学校是_____，你就读的年级是____。

2. 你父亲的职业是（　　），你母亲的职业是（　　）。

　　A. 工人　　　　　　　B. 农民　　　　　　　C. 教师

　　D. 公务员　　　　　　E. 其他（请说明具体工作）_____

3. 你父亲的文化程度是（　　），你母亲的文化程度是（　　），你希望自己达到的文化程度是（　　）。

　　A. 小学　　　　　　　B. 初中　　　　　　　C. 高中

　　D. 中师、中专　　　　E. 大专　　　　　　　F. 本科以上

4. 你读书的目的主要是（　　）。

　　A. 学习文化知识，成为对社会有用的人

　　B. 报答父母，找到好工作，改变家庭状况

　　C. 同伴们都去读书了，自己不去跟不上潮流

　　D. 为了应付父母

　　E. 其他（请填写）_____

5. 你学习的动力来源于（　　）。

　　A. 为了学好知识、提高能力　　　　B. 为了通过考试

　　C. 为了回报父母　　　　　　　　　D. 为了得到老师的表扬

　　E. 没动力

6. 你认为学校的主要任务是进行（请按重要性从大到小排列）（　　）。

　　A. 思想品德教育　　　B. 科学文化教育　　　C. 身体素质教育

　　D. 心理素质教育　　　E. 审美教育　　　　　F. 人际关系教育

　　G. 其他（请填写）_____

7. 你希望自己将来从事什么职业?（　　）。

　　A. 工人　　B. 农民　　C. 教师　　D. 公务员　　E. 其他（请填写）_____

8. 父母会一直支持你上学吗?（　　）

　　A. 支持　　B. 不知道　　C. 不支持，原因是（请填写）_____。

9. 你认为影响自己学习成绩的最重要因素是（　　　）。

A. 家庭环境　　　B. 学校环境　　　C. 社会环境　　　D. 个人努力程度

10. 现在有很多大学生毕业后没有找到工作，多数都外出打工了，你认为原因是（　　　）。

A. 没有真才实学　　　　　　　B. 不懂得怎么找工作

C. 没有可利用的社会关系　　　D. 社会不需要这样的人才

E. 学的东西没有用　　　　　　F. 地方相关部门不重视、没有管

G. 以上都不是，真实原因是（请填写）＿＿＿＿＿＿＿＿＿＿＿＿

11. 大学生毕业后打工这件事情会不会影响你继续上学的积极性？（只选一项，并说明原因）（　　　）

A. 影响，原因是＿＿＿＿＿＿＿＿＿＿＿＿＿＿＿＿＿＿＿＿＿＿

B. 不影响，原因是＿＿＿＿＿＿＿＿＿＿＿＿＿＿＿＿＿＿＿＿＿

12. 您认为肇兴的学校教育在哪些方面需要有所改善？

＿＿＿＿＿＿＿＿＿＿＿＿＿＿＿＿＿＿＿＿＿＿＿＿＿＿＿＿＿＿＿

三、肇兴侗寨教育变迁调查问卷

尊敬的老师、村民：

您好!

这项调查目的是为了了解您对肇兴侗寨教育的认识和看法，共有10个题目，采用选择题的方式，您只要从选项中选出一个，把选项的字母填在括号里既可（如果有选其他，请在横线上填上您的答案)。这项调查是匿名的，调查结果完全应用于科学研究。您的答案对于研究结果很重要，请您一定认真、如实填写，这样的回答才有效。衷心感谢您的支持与合作!

请填写您的基本情况：

性别（　　）　　　年龄（　　）　　　民族（　　）

1. 您是否支持年轻人必须接受九年义务教育这项法规？（　　　）

A. 支持　　　　B. 无所谓　　　　C. 不支持

2. 您认为接受学校教育是否会减弱侗族传统文化的传承？（　　　）

A. 会　　　B. 可能会　　　C. 不会　　　D. 不知道

3. 您对目前肇兴侗寨的教育满意吗？（　　　）

A. 满意　　　B. 不满意　　　C. 不知道

4. 您认为肇兴中小学是否有必要开设侗族历史文化课程？（　　　）

A. 有必要　　　B. 没必要　　　C. 无所谓

5. 您认为村寨教育目标是否在变化？（　　　）

A. 没有变化　　　　B. 有变化

6. 您认为过去村寨教育的主要目标是（　　　），现在的主要目标是（　　　）。

A. 学习汉族文化

B. 当官吃皇粮

C. 学习生产劳动技能

D. 培养爱国情怀和责任感

E. 增加与其他民族交往与互动的可能

F. 提高社会地位

G. 其他＿＿＿＿＿＿＿＿＿＿＿＿＿＿＿＿＿＿＿＿＿

7. 您认为村寨传统社会活动最主要的教育功能是什么？（　　　）

A. 强化宗教信仰

B. 传授侗族历史、文化、哲学和生产科学知识

C. 强身健体，形成良好的行为习惯

D. 培养良好的品德习惯

E. 其他＿＿＿＿＿＿＿＿＿＿＿＿＿＿＿＿＿＿＿＿＿

8. 您对肇兴侗寨的历史及侗族文化风俗、日常禁忌、宗教信仰等知识的了解程度是（　　　）。

A. 了解　　　　　B. 有限了解　　　　　C. 不了解

9. 您所了解的侗族传统文化等知识主要来源于（　　　）。

A. 家人的言传身教

B. 各类媒体

C. 亲戚或朋友

D. 社区传统活动

10. 请您根据个人观念，将下列选项按照有效传承侗族文化历史的重要程度先后排序＿＿＿＿＿＿＿＿＿＿＿＿＿＿＿＿＿＿＿＿＿

A. 学校教育　　　　B. 家庭教育　　　　　C. 社区教育

11. 您认为当前肇兴侗寨教育水平和过去相比差别大吗？（　　　）

A. 很大差别　　　　B. 有些差别　　　　　C. 很小差别　　　　　D. 没有差别

附录二　访 谈 提 纲

一、肇兴侗寨学校教育变迁访谈提纲

请介绍一下您的基本情况（姓名、年龄、文化程度、职业、收入、家庭情况、孩子学业情况等）。

1. 您知道肇兴是什么时候开始建立学校的吗？
2. 当时寨子里对建立学校有什么反应？
3. 现在的学校和过去您读书时的学校有什么变化，变化的主要原因是什么？
4. 您觉得从何时起大家开始普遍重视学校教育了，为什么？
5. 您认为肇兴的学校教育和过去相比发展如何？
6. 您对肇兴的学校有什么看法和建议？
7. 您哪一年上学（工作）的，当时在校生总计有多少？
8. 您同龄的人当时是否有不上学的，不上学的原因是什么？
9. 您的同学是否有逃学、辍学的情况，他们为什么要逃学或者辍学？
10. 您上学时老师是否家访，家长和老师交流过您的学习情况吗？
11. 您的老师与村民平时的交流多吗，一般都是怎样交流的？
12. 您当时为什么要读书，那时的理想是什么？
13. 您的长辈是否支持您上学，为什么？
14. 家长对您读书有什么具体要求和期望吗？
15. 您的孩子在校时是否逃学或者辍学过，原因是什么？
16. 作为家长（教师），您对孩子读书有什么具体要求和期望吗？

（注：本提纲面向不同群体，包括在岗、退休教师及教育管理者、家长、村民等，根据受访者年龄等实际情况，从不同角度分别针对性地进行访谈。）

二、肇兴侗寨社会教育变迁访谈提纲

请介绍一下您的基本情况（姓名、年龄、文化程度、职业、收入、家庭情况、孩子学业情况等）。

1. 你是否了解肇兴侗寨的历史？
2. 在学校建立之前，年轻人通过什么途径获得侗族历史文化知识和劳动生产技能？
3. 与过去比较，现在的肇兴村寨有怎样的不同（衣食住行、婚姻、节日、风俗习惯等方面）？

4. 在村寨教育方面，过去与现在最大的不同（家庭、社区等在教育形式、内容、方法等方面）是什么？

5. 您是否参加过寨子里的传统集体组织及活动，现在还坚持参加？

6. 寨子里的"歌班""寨老"组织是否还存在，和过去比较有什么变？

7. 现在寨子里的寨老是怎么产生？您如何评价寨老？

8. 作为一名寨老，您入选的原因是什么，您觉得自己最大的责任是什么？（寨老回答）

9. 您平时主要负责寨子里的哪些事务，和过去相比，较大的变化有哪些方面？

10. 平时来找您的人大概多大年龄层次的人比较多，和过去相比有什么变化？

11. 您对寨子的发展及年轻人有怎样的期望，能否实现？

12. 您如何评价当下肇兴的教育，您认为用什么方式教育年轻人最好？

13. 孩子在家时，您对孩子在侗族文化、宗教信仰方面有最低要求吗？平时是否向孩子传播侗族历史文化宗教方面的知识？

14. 您认为村寨教育应该是什么样的？

（注：本提纲面向村寨众多人群，包括寨老、普通村民、乡镇公务员、外出打工村民等，根据受访者年龄等实际情况，从不同角度分别针对性地进行访谈。）

附录三　访谈对象统计表①（按照访谈时间的先后排序）

访谈对象简称	性别	民族	学历	职业	访谈时间
LMY	女	侗族	小学	商人	2013 年 1 月
ZSF	男	侗族	初中	客运司机	2013 年 1 月
YCX	男	侗族	小学	高鸟村村长	2013 年 1 月
L	男	侗族	小学	农民	2013 年 1 月
LT	女	侗族	高中	学生	2013 年 1 月
LWD	男	侗族	大专	教师	2013 年 1 月
LGH	男	侗族	大专	教师	2013 年 1 月
WGZ	男	水族	高中	平团村主任	2013 年 1 月
WGX	男	水族	小学	平团退休村长	2013 年 1 月
L	男	侗族	初中	外出农民工	2013 年 1 月
L	女	水族	小学	村民	2013 年 1 月
WBS	男	侗族	本科	教师	2013 年 1 月
LLS	男	侗族	大专	退休教师	2013 年 1 月
YLS	男	侗族	本科	校长	2013 年 1 月
LX	女	侗族	初中	商人	2013 年 1 月
L	男	侗族	初中	学生	2013 年 1 月
LQH	男	侗族	初中	学生	2013 年 10 月
LQL	男	侗族	小学	农民（歌师）	2013 年 10 月
LZC	男	侗族	高中	寨老	2013 年 10 月
LCL	男	侗族	小学	寨老	2013 年 10 月
LMH	男	侗族	初中	农民工	2013 年 10 月
YCW	男	侗族	大专	小学校长	2013 年 10 月
LSL	男	侗族	本科	教师	2013 年 10 月
WLS	男	侗族	大专	教师	2013 年 10 月
LCC	女	侗族	初中	退休教师	2013 年 10 月

① 该表格统计的访谈结果，是对 2013 年 1 月、2013 年 10 月、2014 年 6 月、2014 年 12 月四次田野调查工作中的访谈活动的综合统计，由笔者及团队其他成员在黎平县、肇兴侗寨及周边侗寨进行实地调研时共同完成的，并对其中某些访谈对象进行了后续的跟踪访谈。

续表

访谈对象简称	性别	民族	学历	职业	访谈时间
LZL	男	侗族	小学	农民	2013 年 10 月
WGQ	女	侗族	初中	学生	2013 年 10 月
LY	女	侗族	初中	学生	2013 年 10 月
WSL	女	侗族	初中	学生	2013 年 10 月
LQX	女	侗族	初中	学生	2013 年 10 月
LMG	男	侗族	本科	教师	2013 年 10 月
YLS	男	侗族	本科	初中校长	2013 年 10 月
LWZ	男	侗族	初中	退休教师	2013 年 10 月
LF	女	侗族	小学	学校职工	2013 年 10 月
LJ	男	侗族	大专	小学校长	2013 年 10 月
LXX	女	侗族	初中	学生	2013 年 10 月
LBZ	男	侗族	初中	平善村村长	2013 年 10 月
LB	男	汉族	大专	小学校长	2013 年 10 月
ZMX	男	汉族	本科	教师	2013 年 10 月
LWT	男	侗族	本科	小学校长	2013 年 10 月
SAL	男	侗族	本科	初中校长	2013 年 10 月
YJ	女	侗族	本科	小学副校长	2013 年 10 月
WHQ	女	汉族	本科	校政教主任	2013 年 10 月
MFZ	男	汉族	本科	中学校长	2013 年 10 月
WJY	女	侗族	中专	学生	2013 年 10 月
HHH	男	汉族	本科	职业学校校长	2013 年 10 月
LWL	男	汉族	本科	小学校长	2013 年 10 月
MXZ	男	侗族	本科	中学校长	2013 年 10 月
LX	男	侗族	本科	中学副校长	2013 年 10 月
LXC	男	侗族	中专	教师	2014 年 6 月
WYX	男	侗族	中专	教师	2014 年 6 月
YMJ	女	侗族	大专	教师	2014 年 6 月
SCF	女	苗族	大专	教师	2014 年 6 月
YCW	男	苗族	中师	教师	2014 年 6 月
LYZ	男	苗族	中师	校长	2014 年 6 月

续表

访谈对象简称	性别	民族	学历	职业	访谈时间
LYF	男	侗族	初中	寨老	2014 年 6 月
LMK	女	侗族	小学	农民（歌师）	2014 年 6 月
WHM	女	水族	初中	农民（歌师）	2014 年 6 月
LWD	男	侗族	大专	教师	2014 年 12 月
LGH	男	侗族	大专	教师	2014 年 12 月
LWZ	男	侗族	初中	教师	2014 年 12 月
LYF	男	侗族	初中	寨老	2014 年 12 月
LKM	女	侗族	小学	歌师	2014 年 12 月
WHL	女	水族	初中	农民	2014 年 12 月
YLP	男	侗族	高中	商人	2014 年 12 月
LYH	男	侗族	初中	寨老	2014 年 12 月
LGX	男	侗族	小学	寨老	2014 年 12 月
LXB	男	侗族	小学	寨老	2014 年 12 月

后　记

本书是在我西南大学教育学原理博士论文基础上充实、修改而成的。

首先要感谢我的导师孙振东教授，导师治学严谨、博学多才，而且其正直无私的学术品格和人格魅力，令人钦佩，在治学为人上都已成为我学习的榜样。承蒙导师不弃给予学生继续读书、深造的机会，在攻读博士学位期间，悉心传道授业、进行经济支持，在毕业论文的选题、构思、撰写、修改到定稿的整个过程中，都给予了全面的指导。可以说，本书的创新与亮点都是来自导师的指导与点拨，凝聚了导师大量心血。

在我博士学习期间，感谢蒋立松老师、陈荟老师对我的真诚关心与鼓励，他们认真工作与生活的态度、谦和有礼的交流方式，在学业和生活上给予我的教育和帮助，让我如沐春风、受益终生。感谢张晓燕、满忠坤、靖东阁、李仲宇及王秀波、李爽、朱慧、夏小燕、王朔等同门在求学期间给予我的诸多鼓励与帮助。与曾莉、顾尔伙、田晓伟、杨俊、马颖、汪明东、旦智多杰、程国华、张健、叶红英、杨慧琴、曹琪、潘慧兰、唐海鹏、彭欧等博士学友之间的交流和交往也让我受益良多。在西南大学、西南民族教育与心理研究中心这个大家庭里，他们以自己的方式关心和帮助我，几年间的真诚相处、共同学习的经历将是我终身的财富。

本书得以完成，更得益于求学期间曾教导过我的老师们。张诗亚教授、廖伯琴教授、何景熙教授、王鉴教授、巴登尼玛教授、张学敏教授、么加利教授、孙杰远教授、吴晓蓉教授对该选题与构思提出了中肯的意见和建议，在问题聚焦、内容拓展与体系建构方面提供了很大的参考价值，也为本书进一步修改与出版奠定了坚实的基础。

感谢父母、爱人与妹妹多年来一如既往的关怀与支持。他们默默的付出与支持，给了我经历挫折也绝不放弃的勇气与力量。因此，本书不仅饱含了我日夜辛劳的汗水，也凝聚了家人的关怀和亲情的温暖。

感谢我所在单位学院领导与同事的理解与支持。

　　回顾往昔，特别感谢导师及中国科学技术协会给我提供的资金支助，为我解决了在贵州肇兴四次田野调查的资金问题；特别感谢贵州黔东南州黎平县人民政府办公室陈启鹄主任在组织协调访谈对象时给予的大力支持，以及黎平县委办公室祝显德主任及黎平县教育局多个部门工作人员在我的数次村寨之行中所给予的政府层面的支持和大量宝贵的内部资料；特别感谢肇兴中心小学罗文德老师在生活上给予我的关心，并亲力亲为地协助我完成多次问卷调查、访谈调研和相关历史资料的收集，以及肇兴初级中学的陆江冰老师、韦峰老师等在款词、侗歌、日常交流等方面提供多次翻译帮助；感谢黎平县乡中心小学李斌校长、肇兴侗寨小学兰明光校长、肇兴初中杨昌茂校长，以及林静、兰文通、石安龙、杨静、孟凡彰、刘文龙、韩鸿鹄等多所中小学校长对我多次调研的支持，肇兴侗寨中小学参与调查的每位老师和同学们，以及陆江华、陆春林、杨昌卫、陆春蝉等多位寨老和众多村民，没有他们的积极参与和配合，本书不可能成稿；还要感谢本书写作中参考的众多文献的作者，他们的贡献为我提供了进一步思考的基础和内容；还要感谢科学出版社朱丽娜老师前期联系工作与认真细致的书稿审读。正是有了大家的协助与支持，才使此书得以出版。

　　民族村寨教育变迁涉及的内容多且复杂，我在写作过程中深切感到，其中还有诸多问题需要进一步的关注，研究资料需要进一步的补充，相应的理论思考还需进一步的深入。诚恳希冀各位读者给予本书的研究更多的建议和意见，以便我下一步能更好地开展研究。

王丽娟

2017 年 6 月